대학 글쓰기

경북대 글쓰기교재편찬위원회

경북대 글쓰기교재편찬위원(가나다순)

김경미(제5장 제1절 제안서 기획과 스토리 라인)

김도경(제4장 제1절 세계를 탐색하기)

김재웅(제3장 제2절 나를 성찰하는 글쓰기)

염 철(제1장 글쓰기와 읽기)

이승현(제5장 제2절 제안서 쓰기와 발표하기)

이원동(제2장 글쓰기의 과정)

정혜영(제4장 제2절 세계를 탐색하는 글쓰기)

홍미주(제3장 제1절 나를 성찰하기)

대학 글쓰기

초판 1쇄 2020년 2월 14일 | **개정 6쇄** 2026년 1월 26일
지은이 경북대 글쓰기교재편찬위원회
펴낸이 허영우 | **펴낸 곳** 경북대학교출판부 | **출판등록** 1973년 10월 10일 ㉶97호
주소 대구광역시 북구 대학로 80 | **전화** 053-950-3830 | **팩스** 053-953-4692
이메일 press@knu.ac.kr | **홈페이지** knupress.com
ISBN 978-89-7180-571-8 93710
정가는 뒤표지에 있습니다. 파본은 바꾸어 드립니다.

글쓰기의 읽기 · 글쓰기의 과정 · 자기 성찰과 글쓰기 · 세계 탐색과 글쓰기 · 공동 글쓰기와 발표

대학 글쓰기

경북대 글쓰기교재편찬위원회

경북대학교출판부

머리말

대학에서 글쓰기를 배워야 하는 이유는 무엇일까? 잘 알다시피 21세기는 정보화 시대이며, 그 정보들은 대부분 글로 유통된다. 그러니까 지금 우리는 글을 안 쓰고 사는 일이 거의 불가능한 시대에 살고 있다. 한미화가 「글쓰기는 살아남고 이겨내고 행복해지는 일이다」에서 말한 대로 "생각한 것을 글로 쓸 수 있는 개인에게는 새로운 가능성"의 문이 열리는 시대라고 해도 과언이 아니다. 자기소개서를 잘 쓰는 사람은 좋은 직장에 취업할 가능성이 높아지고, 좋은 기획안을 작성할 능력을 갖춘 사람은 승진할 가능성이 높아지며, 블로그나 카페에 글을 올려서 독자의 공감을 얻을 줄 아는 사람은 돈을 벌 가능성이 높아질 것이다.

또한, 글쓰기는 지나온 삶을 성찰함으로써 자기가 진심으로 원하는 삶을 찾아 나가는 데도 유용하다. 많은 대학생들이 시간이 없다는 핑계로, 정신적 여유가 없다는 핑계로 자기 성찰을 소홀히 하는 경우가 많다. 이처럼 자기를 성찰할 기회를 만들지 못하면 자기가 진짜로 원하는 것이 무엇인지를 알기 어렵고, 그렇게 되면 남이 원하는 삶을 살 수밖에 없다. 『글쓰기가 필요하지 않은 인생은 없다』의 저자 김애리는 자신의 20대를 "노동의 역사"라고 규정할 만큼 돈을 벌기 위해 하루도 빠짐없이 일을 해야 하는 삶을 살았다. 오로지 먹고살기 위해 일을 해야 했기에 그에게 노동의 의미와 가치 따위를 따지는 것은 사치스러운 일이었다. 하지만 십 년 동안 지속적으로 글을 쓰면서 그는 남들에게 주입받은 것이 아니라 자신이 스스로 정의한 행복이나 성공의 의미를 "영혼 한가운데 문신처럼 새기게" 된다. 글쓰기가 어떻게 이를 가능케 했을까? 그것은 십 년 넘게 글을 쓰는 동안 끊임없이 자기에게 질문을 던지고 그 질문에 답하는 과정들을 글쓴이가 견뎌 냈기 때문이다. 김애리는 이 글쓰기 과정에서 "100번의 심리 치료에 버금가는 치유와 자유"를 경험했다고 고백한다. 그러니까 글쓰기는 자기가 진심으로 원하는 삶이 무엇인지를 찾고 싶거나 심리적 치유가 필요한 학생들에게 큰 도움이 된다.

한편, 글쓰기는 자기가 살고 싶은 세상을 만들어 나가는 데도 도움이 된다. 김현은 「소설을 왜 읽는가」에서 소설가는 자신의 소설 속에서 세계를 변형시키려는 욕망을 드러낸다고 이야기한 바 있다. 다시 말해서 소설가는 소설을 쓰면서 "자기 욕망의 소리에 따라 세계를 자기 식으로 변모시키려" 한다는 것이다. 이것이 어디 소설가에게만 국한되는 설명이겠는가? 세계를 자기 욕망에 맞추어 바꾸고 싶어 하는 모든 장르의 작가들도 글쓰기를 통해 이러한 욕망을 드러내려 한다. 작가의 그 욕망이 독자들의 욕망과 조화롭게 소통할 때 역사는 거대한 변혁의 수레바퀴 위에 올라타게 되는 것이다. 1789년에 일어난 프랑스 혁명은 글쓰기가 현실의 변혁에 얼마나 큰 영향을 미쳤는지를 보여 주는 대표적인 사례이다. 프랑스에는 "그것은 볼테르의 잘못이라네, 그것은 루소의 잘못이라네."라는 관용구가 있다. 빅토르 위고의 『레 미제라블』 제5부에서 등장인물 가브로슈가 부르는 노래 가사에도 등장하는 이 표현은 루소나 볼테르와 같은 계몽사상가의 저작물이 프랑스 혁명의 기원과 밀접하게 관련되었다는 뜻으로 쓰인다.

이처럼 대학생들이 글쓰기를 배워야 하는 이유는 매우 다양하다. 그리고 이것이 대학에서 글쓰기 교육을 하는 이유이기도 하다. 이번 교재를 출간하면서 우리는 이러한 글쓰기 교육을 어떻게 하면 좀 더 효과적으로 진행할 수 있을지 고민했다. 그 결과 글을 잘 쓰기 위해서는 잘 읽는 것이 무엇보다 중요하다는 점을 강조하기로 하였다. 그래서 제1장에서는 글쓰기와 읽기의 의미, 읽기의 방법 등을 익히고, 제2장에서는 읽기를 활용한 글쓰기 방법에 대해 학습하도록 하였다. 이를 바탕으로 제3장 1절에서는 자신의 삶을 되돌아보거나 미래를 상상해 보고, 제3장 2절에서 그 결과를 활용하여 자기를 성찰하는 글을 써 보도록 하였다. 제4장 1절에서는 이 세계에 존재하는 다양한 대상 또는 문제점을 탐색해 보고, 제4장 2절에서는 1절의 학습활동을 토대로 세계를 설명하거나 자신의 의견을 주장하거나 대상의 가치를 평가하는 글을 써 보도록 하였다. 마지막으로 제5장에서는 대학에서 학습활동을 하거나 졸업 후 사회생활을 할 때 반드시 필요한 공동 글쓰기(협력적 글쓰기), 그중에서도 제안서 작성 방법과 발표 방법을 연습할 수 있게 하였다.

이 책은 대학생에게 글쓰기를 가르치는 데는 여전히 부족한 점이 많다. 우리의 역량이 부족한 점이 가장 큰 원인이겠지만 교육 과정이 대학의 교육 목표와 무관하게 자주 바뀌거나 글쓰기 교육의 비중이 점점 줄어들고 있는 현실도 무시하기 어려운 이유이다. 앞으로 이러한 문제들을 해결함으로써 보다 완성도 높은 대학 글쓰기 교재가 나오기를 간절하게 기대해 본다. 마지막으로 이 책을 만들기까지 도움을 주신 많은 분들께 감사의 말씀을 전한다. 특히 교재에 인용문을 싣도록 허락해 준 학생들과 전문 필자들, 그리고 편집을 맡아 주신 경북대학교출판부에 고맙다는 인사를 드린다.

2020년 2월

경북대 글쓰기교재편찬위원회

대학 글쓰기

Contents

Contents

Contents

5

제5장 공동 글쓰기와 발표

1

글쓰기와 읽기

제 1 장 글쓰기와 읽기

1. 글쓰기의 의미와 글쓰기 윤리

1.1. 글쓰기의 의미

소설가 김영하가 대학에서 글쓰기 강의를 하면서 학생들에게 '나는 용서한다'로 시작하는 글을 쓰라고 했을 때, 한 학생이 '아직도 그 사람을 용서할 수 없다'며 글쓰기를 포기한 일이 있었다고 한다. 아마도 그 학생은 글쓰기가 문장을 단순하게 나열하는 것이 아니라 문장 속에 자기 삶의 일부 혹은 전부를 담는 행위라고 생각했을 것이다. 다시 말해서 글에는 거짓이 아니라 진심을 담아야 하며, 그 진심이 독자에게도 그대로 전달되리라고 생각했을 것이다. 글이 인간과 사회에 미치는 힘이 강한 이유 중 하나가 이것이다.

글의 힘이 강한 또 다른 이유는, 글을 매개로 다른 사람과 의사소통이 가능하다는 점이다. 개체의 신체적 능력으로만 따지면 인간이 동물보다 뛰어난 존재라고 말하기 어렵다. 하지만 인간은 자기의 생각과 감정을 글로 표현함으로써 이를 다른 사람과 공유하고 서로 연대할 줄 아는 능력을 지녔다. 이 때문에 인간은 동물과 달리 문화를 발전시키고, 그 문화를 후손들에게 전승할 수 있었다.

그렇다면 글이 현실에 미치는 실제적인 영향력은 얼마나 될까? 그 힘을 가장 잘 보여 주는 역사적 사건 중 하나는 진시황이 자행한 '분서(焚書)'이다. 물론 이는 글이 현실에 미치는 강력한 힘을 사전에 차단하려는 의도로 이루어진 매우 끔찍한 사건이었다. 진시황은 재위 34년(기원전 213년) 함양궁에서 천하통일을 축하하는 잔치를 벌인다. 이 자리에서 순우월이라는 사람이 『서경』에 언급된 은나라와 주나라의 역사를 인용하여 진시황이 채택한 군현제를 비판했다. 그러자 승상 이사가 상소를 올려 민간에 퍼져 있던 『시경』과 『서경』을 포함한 제자백가의 책들을 모두 수거하여 태워야 한다고 주장한다. 이사의 상소를 받아들인 진시황은 의약, 복서(卜筮), 농사에 관한 서적을 제외한 모든 책을 불사르는 '분서' 조치를 단행한다. 진시황과 이사는 그와 같은 책들이 현실에 미치는 강력한 힘을 알고 있었던 것이다. 로버트 단턴이 『책과 혁명』에서 밝힌 대로 프랑스 혁명이 일어나는 데 책이 미친 실제적 영향이 매우 컸던 것처럼 말이다.

그렇다고 글이 현실을 변혁하기 위한 수단으로만 이용되는 것은 아니다. 어떤 사람들은 글쓰기를 통해 자신의 삶을 성찰하면서 자신의 정체성을 찾거나 정신적 상처를 치유하기도 한다. 누군가는 글을 쓰면서 세상을 조금 더 폭넓고 깊이 있게 이해하고, 이를 바탕으로 논리적이고 비판적인 사고 능력을 키우기도 한다. 어떤 사람들은 글쓰기를, 자기를 개발하는 수단으로 삼거나 돈을 버는 수단으로 여기기도 한다. 또 누군가는 학문을 효율적으로 하기 위해 글쓰기를 활용하기도 한다.

학습활동 01 다음 글을 참고하여 자신이 생각하는 글쓰기의 의미를 간략하게 서술해 보자.

[가] 한두 번은 절대 모른다. 아무것도 바뀌지 않는다. 누구든 그럴 것이다. 그

러나 한 해, 두 해 지나고 매일 쓰는 시간이 십 년을 넘어서자 인생이 왈칵, 방향을 틀었다. 알고 보니 나는 쓰는 내내 아주 미세하게 나를 바꿔가고 있었다. 그렇다고 내가 위대한 진리를 발견했거나 인생의 심연을 밝혀 줄 눈을 갖게 되었거나, 하다못해 관상만 봐도 미래가 보이는 점쟁이처럼 남들의 내면을 잘 보게 되었거나 하는 건 아니다. 그저 나 자신에 대한 이해의 폭이 2차선에서 4차선 정도로 확장되었으며, 그로 인해 남들이 주입한 가짜 행복이나 성공의 의미 말고 내가 정의하는 것들을 영혼 한가운데 문신처럼 새기게 되었음이 전부다. 그리고 그것으로 충분하다. 그건 말하자면 최고 명문대학에서도 배울 수 없는 인생의 지혜, 세계 일주를 다섯 바퀴 해도 얻지 못할 귀한 가치이기 때문이다.

– 김애리, 『글쓰기가 필요하지 않은 인생은 없다』

[나] 글을 쓴다는 것은 문자를 통하여 사실이나 생각을 말하는 것이며, 지속성을 갖고 담화의 상대에게서 자신을 새롭게 발견하는 것이다. 글을 쓴다는 것은 정해진 독자에게 자신의 뜻을 전하는 것이기도 하지만 아직 정해지지 않은 예상 독자에게 말을 거는 행위이기도 하다. 또한 자신의 입장을 설득하는 가운데 소통의 장(field)에 참여하는 것이고, 소통의 판을 짜는 일이다. 이때 내 글을 읽을 상대가 누구인지, 어떤 사람들이기를 기대하는지에 따라 글의 성격이 규정된다. 이렇게 세상과 소통하고 상대방이 알아듣게 글을 쓰는 과정에서 새로운 의미를 발견하거나 만들어 내기도 한다.

– 김경훤 외 2인, 『창의적 사고 소통의 글쓰기』

[다] 이제 글쓰기는 요즘 유행하는 말로 자기계발의 한 방식이 되었다. 생각한 것을 글로 쓸 수 있는 개인에게는 새로운 가능성이 열리기 때문이다. …(중략)… 자기소개서를 잘 써서 직장에 좀 더 쉽게 취직할 수 있을 것이고, 보도 자료를 잘 쓴다면 당신이 애써 일궈 놓은 상품을 세상에 더 쉽게 알릴 수 있을 것이고, 기획서를 잘 쓴다면 동료보다 자신의 능력을 더

많이 인정받을 것이다. 물론 글을 잘 쓴다고 성공하는 것은 아니지만, 탁월한 글쓰기가 성공 확률을 높여 줄 것임에는 틀림없다. 근대 사회란 기본적으로 문서화시키는 방법을 통해 조직화되어 있기 때문이다.

– 한미화, 「글쓰기는 살아남고 이겨내고 행복해지는 일이다」

1.2. 글쓰기 윤리

앞 절에서 이야기한 대로 글의 힘은 매우 세기 때문에 글을 쓰는 사람에게는 윤리적 책임감이 강하게 요구된다. 글쓴이가 윤리적 책임을 다하지 않으면, 우선, 글쓴이 자신뿐만 아니라 글쓴이가 속한 조직에 심각한 경제적 손실을 끼칠 수 있다. 둘째, 타인에게 정신적 상처를 입히거나 심지어 타인을 죽음으로 몰아갈 수도 있다. 셋째, 새로운 것을 창조하려는 사람들의 의지를 꺾어 버리기도 한다.

이와 관련하여 가은아는 글쓴이가 지켜야 할 윤리적 덕목을 '정직하게 쓰기, 진실하게 쓰기, 사실대로 쓰기, 배려하며 쓰기' 등 크게 네 가지 범주로 정리하였다.(「중고등학생을 위한 쓰기 윤리 교육의 방향과 지도 방안」, 『작문연구』 제8집, 한국작문학회, 2009, 233~237쪽) 가은아의 논의를 바탕으로 글쓰기 윤리의 범주를 조금 더 구체화해 보기로 하겠다.

첫째, 정직하게 쓰기는 표절하지 않고 쓰기, 즉 남의 생각이나 문장을 도용하지 않고 쓰는 것을 뜻한다. 표절의 유형은 다음과 같다.

표절의 유형	구체적인 표절 방법
아이디어 표절	남이 고안한 아이디어를 자신이 고안한 것처럼 사용하는 행위
베끼기(완전 표절)	남의 글 전부를 자기가 쓴 글처럼 사용하는 행위
짜깁기(모자이크 표절)	여러 문헌에서 발췌한 글을 모아서 한 편의 글을 완성하고, 이를 자기가 쓴 글처럼 사용하는 행위
위조, 변조된 자료 인용	발표된 적이 없는 글을 마치 발표된 글인 것처럼 간주하여 인용하거나, 현장 조사·관찰·실험 등의 결과를 조작하여 인용하는 행위
출처 표시 없는 인용	출처를 밝히지 않은 채 남의 글 일부를 직접 혹은 간접 인용하는 행위
자기 표절(중복 제출)	이미 발표하거나 제출한 자신의 글을, 내용을 전혀 수정하지 않거나 극히 일부분만 수정하여 다시 사용하는 행위
대필	남이 자신의 이름으로 대신 써 준 글이나 자료 판매 기관에서 구매한 글을 자신의 것처럼 사용하는 행위
무임승차(공동 저자의 부적절한 등록)	조별 활동이나 연구에 직접 참여하지 않거나 기여도가 매우 떨어지는 사람을 공동 저자로 표시하는 경우
의도하지 않은 표절	필자가 의도하지는 않았지만, 결과적으로 다른 사람이 이미 발표한 글과 일부분 혹은 상당 부분이 일치하는 경우

우리나라의 한 유명 통신사가 프랑스의 식빵 브랜드인 Harry's의 광고를 표절한 사례는 이러한 행위가 얼마나 부정적인 결과를 초래하는지 잘 보여 준다. 이 회사는 '음성 무한 자유 요금제'를 홍보하기 위해 광고 대행사에 옥외 광고 제작을 의뢰했다. 그런데 광고가 모두 게시된 후에 이 대행사가 Harry's의 광고 이미지를 그대로 베껴서 사용했다는 사실이 밝혀졌다. 결국 광고판은 모두 철

거되었고, 이로 인해 막대한 경제적 손실이 발생했다. 사정이 이러한데도 여전히 문학, 예술, 학문, 과학기술 등 다양한 분야에서 표절 소식이 끊이지 않고 들려온다. 대학생들의 보고서 작성 과정에서도 베끼기, 짜깁기, 자료 구입하기 등과 같은 표절 행위가 사라지지 않고 있다.

이렇게 표절이 횡행하면 창의적인 발상을 하려는 사람들이 줄어들 수밖에 없다는 점이 더 큰 문제이다. 수많은 어려움을 극복하고 애써서 만든 논문이나 작품 혹은 제품이 누군가에 의해 쉽게 도용될 수 있다면 누가 창의적인 작업을 하려고 하겠는가? 그리고 누구나 다른 사람의 작품을 표절하거나 모방하려고만 한다면 어떤 일이 벌어지겠는가? 그 결과는 불을 보듯 뻔하다. 경제 성장은 둔화하거나 퇴보할 것이며, 훌륭한 문학예술 작품을 감상하는 것도 불가능해질 것이다.

이러한 사태를 막기 위해 정부에서는 지적 재산권을 보호하는 법적·제도적 장치들을 강화하고, 대학에서는 글쓰기 윤리 교육을 강화하는 추세이다. 하지만 이것만으로는 충분하지 않다. 개인들 스스로 표절을 하지 않으려는 적극적인 노력이 필요하다. 올바른 인용 방법을 익히는 것은 그 출발점이라 할 수 있다. 인용의 방법에는 다른 사람의 글을 자신의 언어(문장)로 요약하고 정리하여 재기술하는 간접 인용, 다른 사람이 쓴 표현을 자신이 쓴 문장과 분리하여 독립적으로 제시하는 직접 인용이 있다. 두 경우 모두 출처를 밝히지 않으면 표절로 간주되기 때문에 다음과 같이 출처를 정확하게 표시해 주어야 한다.

〈간접 인용〉

> 미셸 푸코에 따르면, 근대 권력은 과학적 지식과 여러 가지 제도를 동원하여 성적 담론을, 누구나 다 아는 비밀이지만 공개적으로 이야기할 수 없는 담론으로 만들어 버렸다. 그렇게 함으로써 역설적으로 성적인 것에 대해 말하고 싶은 욕망을 더욱 증폭시켰다.[1] ㉮ (미셸 푸코, 이규현 역, 『성의 역사』 제1권, 나남, 1993, 49~53쪽)
>
> ㉯ 1) 미셸 푸코, 이규현 역, 『성의 역사』 제1권, 나남, 1993, 49~53쪽.

앞의 글에서 다른 사람이 쓴 글을 자신의 언어로 정리하여 제시한 부분, 즉 밑줄 그은 부분이 간접 인용에 해당한다. 이때 출처는 인용 내용이 포함된 문장의 끝부분에 ㉮처럼 표시하거나, 인용 내용이 포함된 문장의 끝부분에 각주 번호를 붙이고 본문 하단부 구분선 밑에 ㉯처럼 각주로 표시할 수 있다. 이때 각주의 글자 크기는 본문보다 1포인트 정도 작게 하는 것이 좋다.

〈직접 인용〉

(가) 인용문이 짧은 경우

> 임홍빈은 "수치와 죄의 감정들은 인간의 자기 형성 과정에서, 반드시 경험해야 하는 사태이기도 하다. 이 감정들을 배제한 정서적 성숙은 불가능하다."[1]라고 주장한다. ㉮ (임홍빈, 『수치심과 죄책감』, 바다출판사, 2014, 20쪽)
>
> ㉯ 1) 임홍빈, 『수치심과 죄책감』, 바다출판사, 2014, 20쪽.

위의 글에서 다른 사람이 쓴 글을 큰따옴표 안에 직접 끌어다가 쓴, 즉 밑줄 그은 부분이 직접 인용에 해당한다. 이때 출처는 인용문의 끝부분에 ㉮처럼 표시하거나, 인용문 끝부분에 각주 번호를 붙이고 본문 하단부 구분선 밑에 ㉯처럼 각주로 표시할 수 있으며, 각주의 글자 크기는 본문보다 1포인트 정도 작게 하는 것이 좋다.

(나) 인용문이 긴 경우

> 김수영이 연출가 안영일을 찾아간 동기는 무엇일까? 최하림은 이를 다음과 같이 기술한다.
>
> 김수영은 '미즈시나 연구소'에서 연출 공부를 하다가 왔다고 안영일에게 말했다. 안영일의 얼굴에 순간 빛이 떠오르다가 사라졌다. 미즈시나 아래서 연출을 배우던 환한 무렵이 떠올랐다. 안영일은 웃었다. 그리고 연극을 하고 싶으면 함께 하자고 했다. 김수영은 그의 제의를 받아들였다.[1] ㉮ (최하림, 『김수영 평전』, 실천문학사, 2018, 71쪽)

위의 인용문에 따르면 김수영과 안영일을 이어 주는 연결 고리는 '미즈시나 연극연구소'이다. 하지만 김수영이 일본에 머물렀던 1942년 무렵에는 '미즈시나 연극연구소'가 존재하지 않았다.

㉯ 1) 최하림, 『김수영 평전』, 실천문학사, 2018, 71쪽.

위의 글에서 다른 사람이 쓴 글을 자신이 쓴 글과 분리해서 독립적으로 제시한 부분, 즉 밑줄 그은 부분이 직접 인용에 해당한다. 이때 출처는 인용문의 끝부분에 ㉮처럼 표시하거나, 인용문 끝부분에 각주 번호를 붙이고 본문 하단부 구분선 밑에 ㉯처럼 각주로 표시할 수 있다. 인용문은 본문보다 좌우 여백을 조금 더 많이 주고, 인용문과 각주의 글자 크기는 본문보다 1포인트 정도 작게 하는 것이 좋다.

둘째, 진실하게 쓰기는 솔직하게 쓰기, 즉 자신의 생각, 감정, 경험 등을 거짓으로 표현하지 않는 것을 뜻한다. 실제로는 자기 자신의 이익만을 중시하면서 다른 사람에게는 공정하고 정의로운 삶을 살라고 강요하거나, 자기는 방탕한 삶을 살면서 남에게는 도덕적으로 살아야 한다고 주장하거나, 슬프지도 않으면서 슬픈 척하거나, 자신이 경험하지 않고서 마치 경험한 것처럼 표현하는 글을 써서는 안 된다는 말이다.

그런데 다른 사람의 비난을 피하거나 눈앞의 이익을 얻으려고 자신의 경험, 생각, 감정 등을 속여서 쓰는 사람들이 꽤 많다. 물론 인간이 완벽하게 진실한 글을 쓰기는 어렵다. 그러나 손바닥으로 하늘을 가릴 수 없듯이, 불순한 의도가 담긴 거짓말은 언젠가는 탄로 날 수밖에 없다. 그렇게 되면 자신이 얻었던 이익보다 훨씬 더 큰 손해를 입게 될 것이 분명하다. 따라서 가능한 한 진실하게 글을 쓰려고 노력해야 하며, 이를 위해서는 자신의 삶과 가치관에 대해 깊이 있게 성찰하는 자세를 갖추어야 한다.

셋째, 사실대로 쓰기는 애초에 없는 사실을 꾸며 내거나, 사실을 인위적으로 조작하거나, 사실을 의도적으로 은폐·축소·과장하거나, 사실을 확대 혹은 축소하여 해석하지 않고, 있는 그대로의 사실을 바탕으로 쓰는 것을 의미한다. 사실을 왜곡하면 개인이나 집단의 명예를 훼손하거나, 타인에게 법적·정치적·경제적 손실을 입히는 결과를 초래할 수 있기 때문이다. 최근에 와서 더욱 심각해진 가짜 뉴스의 폐해를 생각해 보길 바란다.

실제로 '수업시간 퀴어축제 보여 준 여교사'(『○○일보』, 2017. 8. 25.)라는 제목의 가짜 뉴스 때문에 기사에 언급된 여교사는 해당 신문사와 법정 다툼을 벌이기도 했다. 결국 이 기사에 허위 사실이 적시되었다는 법원의 판결에 따라 해당 신문사는 정정 보도를 내야만 했다. 정정 보도에 따르면 이 기사에 나타난 허위 사실은 첫째, 사실인지 거짓인지를 확인하기 어려운 내용이었다. 최 모 교사가 수업시간에 퀴어축제 동영상을 보여 준 이후 학생들 사이에 "야, 너 게이냐" 등의 말이 유행함, 최 모 교사가 트위터에서 남성 혐오 인터넷 커뮤니티의 회원이라고 밝힘, 자신에 대한 비판이 불거지자 남성 혐오 트윗 1,000여 건을 삭제함 등과 같은 내용이 여기에 해당한다. 둘째, 애초에 일어나지 않은 일을 마치 일어난 것처럼 보도한 경우이다. 최 모 교사가 남학생들에게 "말 안 듣고 별난 것들은 죄다 남자"라고 질책했다는 내용이 그것이다. 마지막으로, 극히 일부가 이야기한 내용을 "학부모 220여 명이 최 모 교사의 수업 중단을 요구"한 것처럼 부풀려서 보도한 경우이다. 이와 같은 가짜 뉴스 때문에 '최 교사'가 받았을 정신적·물질적 피해가 얼마나 컸을지 생각해 볼 일이다.

넷째, 배려하며 쓰기는 다른 사람에게 정신적 상처를 입히지 않고, 나아가 자신과 공동체의 건전한 발달을 도모하는 글쓰기이다. 이는 앞에서 언급한 정직하게 쓰기, 진실하게 쓰기, 사실대로 쓰기 등의 덕목을 제대로 이행하려고 노력할 때 가능하다. 남의 글이나 아이디어를 도용하고, 독자를 속이고, 사실을 조작하거나 왜곡하면, 그로 인해 정신적으로 상처를 입거나 경제적으로 피해를 보는 사람들이 생겨날 수밖에 없기 때문이다. 또한, 누군가를 비판하는 글을 쓸 때에도 상대방을 배려하는 자세를 지녀야 한다. 그러기 위해서는 타당하고 신뢰할 만한 근거를 충분히 제시해야 한다. 근거 없이 남을 비판하는 것은 비판이 아니라 비난일 뿐이다. 여기에 차마 입에 담지 못할 비속어까지 덧붙으면 비난의 당사자는 정신적으로 극심한 충격을 받을 수 있으며, 심한 경우 자살에 이르기도 한다. 최근 몇몇 연예인의 자살은 이러한 비난이 얼마나 심각한 문제를 유발하는지를 잘 보여 준다.

이와 같은 글쓰기 윤리 덕목을 제대로 지켜서 글을 쓰기란 쉽지 않다. 하지만 너무 걱정하지는 말자. 첫술에 배가 부를 수는 없는 일이다. 지금부터라도 글쓰기 윤리를 반드시 지키는 습관을 들이려고 최선의 노력을 기울이면 된다. 그러려면 글을 쓸 때 다음과 같은 항목들을 반드시 점검하는 것이 좋다.

범주	점검 항목	예	아니요
정직하게 쓰기	타인의 아이디어나 글 전부를 무단으로 사용하지는 않았는가?		
	인터넷이나 여러 문헌 자료에서 발췌한 내용을 짜깁기하지는 않았는가?		
	출처를 밝히지 않고 남의 글의 일부를 사용하지는 않았는가?		
	참고 자료의 출처를 정확히 기록하였는가?		
	인용한 글과 자신의 글을 명확히 구분하여 썼는가?		
	자신이 전에 썼던 글을 다시 사용하지는 않았는가?		
	공동 저자로 등록해도 될 만큼 충분히 기여했는가?		
진실하게 쓰기	나의 생각과 글이 일치하는가?		
	나의 경험과 글이 일치하는가?		
사실대로 쓰기	없는 사실을 꾸며 내지는 않았는가?		
	실험, 관찰, 조사의 과정이나 결과를 조작하지는 않았는가?		
	사실을 은폐, 축소, 과장하지는 않았는가?		
	사실을 확대 혹은 축소하여 해석하지는 않았는가?		
배려하며 쓰기	거짓 정보를 써서 타인의 명예를 훼손하지는 않았는가?		
	타인을 일방적으로 비난하지는 않았는가?		
	욕설이나 비속어 등을 쓰지는 않았는가?		
	공동체의 건전한 발전을 해치는 글을 쓰지는 않았는가?		

– 가은아, 「중고등학생을 위한 쓰기 윤리 교육의 방향과 지도 방안」, 244쪽의 표를 수정 보완하여 만들었음

학습활동 02

문학, 예술, 학문, 과학기술 분야에서 일어난 표절의 사례들을 찾아보고, 이를 바탕으로 표절의 문제점에 관해 간략하게 서술해 보자.

글쓰기 윤리 서약서

1. 글쓰기 강좌의 모든 과제물은 본인이 직접 작성하여 제출하겠습니다.

2. 글쓰기 과제물에는 다른 사람의 글이나 생각을 무단으로 사용하지 않겠습니다. 만약 타인의 저작물을 인용하거나 참조할 때는 그 출처를 반드시 밝히겠습니다.

3. 글쓰기에 인용한 자료의 내용을 위조하거나 변조하지 않겠습니다.

4. 글쓰기 강좌의 조별 활동에 참여하지 않으면 과제 제출 시 본인의 이름을 올리지 않겠습니다.

5. 글쓰기 강좌에 제출했던 과제물을 다른 과목의 과제물로 제출하지 않겠습니다.

6. 이 강좌를 통해 배운 글쓰기 윤리를 학교생활은 물론 사회생활에서도 실천하겠습니다.

저는 위의 항목을 준수하여 글쓰기 과제물을 제출할 것을 서약합니다. 만약 이를 위반했을 때는 그에 따른 처벌을 감수하겠습니다.

20　　년　　월　　일

작성자　　　　(서명)

글쓰기 담당 교수　　　　귀하

2. 읽기의 의미와 방법

2.1. 읽기의 의미

좋은 글을 쓰기 위해서는 창의적인 주제를 정하고, 이를 뒷받침하는 적절한 근거를 충분히 제시해야 한다. 그러려면 다양한 유형의 자료를 최대한 많이 읽는 것이 좋다.

일반적으로 '읽기'는 '독서'와 같은 뜻으로 쓰인다. 즉 책, 잡지, 신문, 디지털 매체에 실린 문자화된 자료를 읽는 것이다. 읽기 행위가 오랫동안 문자와 밀접한 관련을 맺으며 이루어졌다는 점을 감안하면 이는 매우 자연스러운 현상이다. 하지만 문자로 이루어지지 않았을지라도 이 세상에 존재하는 모든 것들은 문자로 변환될 가능성이 있다. 이 점에서라면 도표, 동영상, 회화, 조각, 건축물, 만화, 자기 자신이나 시대의 분위기, 경험이나 사건의 의미 같은 것들도 읽기 대상이 될 수 있다. 이는 18세기 스위스 박물학자이자 심리학자인 보네(Bonnet)가 지구(地球)를 신이 지성적인 인간에게 부여한 '한 권의 책'이라고 말한 것과 비슷한 맥락이다. 다시 말해서 지구상에 존재하는 모든 것, 나아가 우주에 존재하는 모든 것이 '한 권의 책'처럼 읽기 대상이 될 수 있다는 말이다. 이처럼 읽기의 대상을 확장하면 자기와 세계를 보다 폭넓고 깊이 있게 이해하는 데 도움이 된다.

한편, 읽기는 텍스트에 적극적으로 의미를 부여하는 행위여야 한다. 아래의 그래프와 표는 '2018년 말 기준 연령별 인구 및 최대인구 연령을 나타낸 것이다.

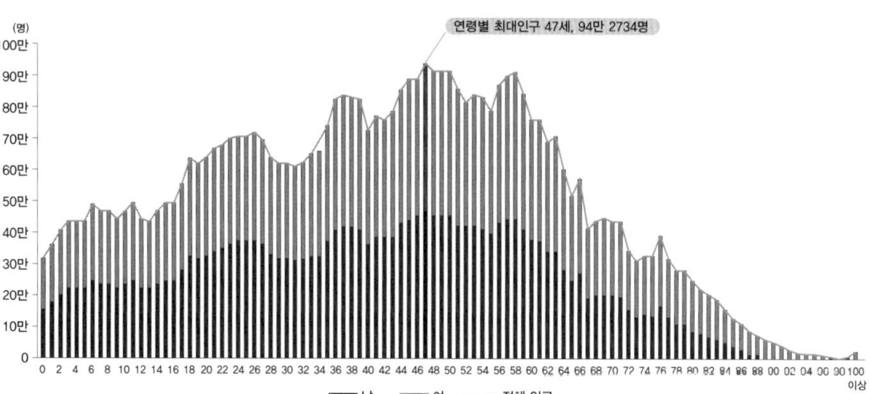

구분	최대인구 연령					
	전체 인구		남성 인구		여성 인구	
순위	인구(명)	연령	인구(명)	연령	인구(명)	연령
1	942,734	47세(71년생)	481,403	47세(71년생)	462,620	58세(60년생)
2	924,835	50세(68년생)	467,086	48세(70년생)	461,331	47세(71년생)
3	922,929	49세(69년생)	465,897	49세(69년생)	460,072	50세(68년생)

– 2018년 말 기준 연령별 인구 및 최대인구 연령(『2019 행정안전통계연보』, 행정안전부 제공)

이 그래프와 표에서 확인할 수 있는 사실은 인구가 가장 많은 연령은 1971년생인 47세로 94만 2천734명이라는 점, 남성은 47세(1971년생), 여성은 58세(1960년생) 인구가 가장 많다는 점 등이다. 하지만 이는 문자를 아는 사람이라면 누구든 읽을 수 있는 내용이며, 그 자체로는 어떠한 의미도 띠기 어렵다. 진정한 독서는 여기에서 한 걸음 더 나아가 그와 같은 사실이 '나'와 '세상'에 미치는 영향 등을 적극적으로 읽어 낼 때 이루어진다.

…(전략) 변경 밖에서 발원한 물이 장성을 뚫고 나와서 유하(楡河)·조하(潮河)·황화(黃花)·진천(鎭川) 등 여러 강줄기와 합쳐져 밀운성 아래를 지나며 백하(白河)가 된다. 나는 어제 배를 타고 그 백하의 하류를 건넜다. 내가 요동에 들어가기 전이었는데, 한여름이어서 뜨거운 햇볕 아래를 한참이나 지나다가 홀연히 큰 강을 만난 것이었다. 천 리 밖에서 폭우(暴雨)가 쏟아진 까닭에 붉은 물결이 산같이 일어나 강물의 끝이 보이지 않았다. 사람들은 모두 머리를 우러러 하늘을 보면서 강을 건너고 있었다. 처음에는 그것이 하늘에 묵도(默禱)하는 것인 줄로 알았다. 나중에 알고 보니 강을 건너는 사람들이 물이 사납게 흐르는 것을 쳐다보면, 자기 몸은 물을 거슬러 올라가는 것 같고, 눈은 강물과 함께 따라 내려가는 것 같아, 갑자기 현기증이 나서 물에 빠질 것처럼 느껴서 그랬던 것이었다. 그러니까 그들이 머리를 우러러 하늘을 보는 것은 하늘에 비는 것이 아니라, 물을 피하여 보지 않기 위함이었다. 하기는 그 짧은 순간에 어느 틈에 목숨을 위하여 기도할 수 있으랴. 그 위험함이 이와 같으니, 물소리는 듣지도 못한 채 "요동 들은 평평하고 넓기 때문에 물소리가 크게 울지 않는 거야"라고 모두들 말한다. 하지만 이것은 강물에 대해 잘 알지 못한 탓이다. 요

하(遼河)는 예전부터 울지 않은 적이 없다. 다만 그들이 밤에 건너 보지 않았기 때문에 그렇게 말할 뿐이다. 낮에는 눈이 오로지 위험한 강물을 쳐다보느라고 도리어 눈이 있는 것을 걱정하는 판인데, 소리를 들을 여유가 있겠는가?

나는 오늘 한밤중에 한 개의 강을 아홉 번이나 건넜다. 내 마부가 말굽에 발을 밟혀서 뒤차에 타는 바람에, 나 혼자 고삐를 늦추고 무릎을 구부려 발을 모으고 안장 위에 앉았다. 밤중에 물을 건넜으므로 눈으로는 위험한 것을 보지 못하는 대신에 귀에 들리는 소리로 강물의 위험함이 느껴졌다. 한 번 추락하면 강물에 휩쓸려서 죽을지도 모르는 상황이었기 때문에 나는 그 소리에 벌벌 떨면서 걱정을 이기지 못하였다. 하지만 추락하거든 강물로 땅을 삼고, 강물로 옷을 삼으며, 강물로 몸을 삼고, 강물로 내 본성과 기질을 삼으리라고 작정하니까 마음이 편안해졌다. 그러자 내 귀속에서 강물 소리가 사라지고 무릇 아홉 번 건너는데도 걱정이 없어서 마치 의자 위에 앉아서 생활하는 것 같았다. 그때 나는 비로소 도(道)를 깨달았다. 마음이 고요한 자(외적 현상에 휘둘리지 않는 자)는 보고 듣는 것이 장해(障害)가 되지 않지만, 이목만을 믿는 자는 보고 듣는 것을 더욱 세밀하게 따지는 탓에 그것이 오히려 병이 된다. (후략)…

— 박지원 지음, 염철 옮김, 「일야구도하기(一夜九渡河記)」

정조 때 연암 박지원은 청나라 사신의 일행으로 요동 지방을 여행하면서 하룻밤에 아홉 번 강을 건넌다. 이 경험에서 박지원은 외적인 현상에 얽매이면 현상의 본질을 파악하지 못할 수도 있음을 깨닫는다. 그 강을 함께 건넜던 사람들과 달리 연암은 이 경험에서 특별한 의미를 읽어 냈고, 이를 글로 표현한 것이다.

직접 경험이든 간접 경험이든 간에 우리는 죽을 때까지 수많은 경험을 한다. 하지만 그것들을 의미 있는 경험으로 만들려면 연암처럼 그 경험의 의미를 적극적으로 읽어 내고, 이를 표현할 수 있도록 노력해야 한다. 이러한 노력을 통해 우리는 자신과 세계를 보다 능동적이고 주체적으로 이해하고 판단하는 능력, 대상에 대해 공감하는 능력, 자신의 생각을 효과적으로 표현하는 능력, 타인과 자연스럽게 의사소통할 수 있는 능력 등을 기를 수 있다.

학습활동 03

앞에서 제시한 그래프와 표(2018년 말 기준 연령별 인구 및 최대인구 연령)에 나타난 사실이 '나의 삶' 혹은 '세상'에 어떠한 영향을 미칠지 관련 자료를 참고하여 간략하게 서술해 보자.

2.2. 읽기의 방법

텍스트를 제대로 읽기 위해서는 첫째, 내용을 이해하며 읽기, 둘째, 맥락을 파악하며 읽기, 셋째, 비판적으로 읽기, 넷째, 요약하고 논평하기 등 크게 네 단계의 과정이 필요하다.

1) 내용을 이해하며 읽기

내용을 이해하며 읽기는 텍스트가 담고 있는 정보를 정확하게 이해하는 활동으로, 훑어 읽기 단계와 자세히 읽기 단계 등으로 나누어서 진행하는 것이 좋다.

먼저 훑어 읽기 단계에서는 작가, 제목, 출처 등을 확인하고, 텍스트의 구성

요소가 무엇인지를 파악한다. 그리고 중심 화제와 텍스트의 창작 목적이 무엇인지를 개략적으로 이해한다. 그다음으로 자세히 읽기 단계에서는 어휘 및 어구의 의미 등을 이해하고, 사실과 의견을 구분하고, 중요한 정보와 덜 중요한 정보가 무엇인지를 가려내서 핵심 주장과 핵심 논거를 정리해야 한다. 이를 통하여 필자가 글을 쓴 목적, 그리고 필자의 관점이나 태도를 정확하게 파악해야 한다. 이러한 작업을 효과적으로 수행하기 위하여 다음과 같은 질문을 던지는 것이 좋다.

＊ 작가는 누구이고 제목은 무엇인가?
＊ 중심 화제는 무엇인가?
＊ 어휘와 어구의 의미는 충분히 이해되는가?
＊ 사실은 무엇이고 의견은 무엇인가?
＊ 상대적으로 더 중요한 정보는 무엇인가?
＊ 핵심어는 무엇인가?
＊ 핵심 주장과 핵심 논거는 무엇인가?
＊ 이 글을 쓴 목적은 무엇인가?

알프스 영양(羚羊)들이 당신들을 잘 피할 수 있었던 것은 아마도 그들이 사람들과 같이 생각을 하거나 말을 할 수 없었기 때문일 것입니다. 그들의 모든 기능은 산악 지대에서 어떠한 공격을 만나도 몸을 안전하게 피할 수 있도록 특수화되어 있습니다. 어떤 동물종은 자연도태의 결과로 어떤 특정한 육체적 기능을 거의 완벽에 가까울 정도로 발달시키고 있습니다. 그럼으로써 동물종은 생존경쟁에서 살아남기 위하여 바로 이러한 특수화된 기능에 의존하고 있는 것입니다. 까닭에 외계의 조건이 심하게 변하면 이들은 변화된 환경에 순응하지 못하고 죽고 맙니다. 적에게 전기적인 충격을 가하여 자기 안전을 도모하는 물고기도 있으며, 외관을 물 밑의 모래와 완전히 조화시켜 모래와 자기를 구별할 수 없게 만들어 자기를 보호하는 물고기도 있습니다.

유독 사람의 경우에만 이 특수화가 다른 방식으로 일어나고 있는 것입니다. 사람으로 하여금 생각하게 하고 말할 수 있게 하는 인간의 신경계를 사람이 동물보다 공간적으로나 시간적으로 훨씬 큰 규모를 갖게 만드는 하나의 기관으로 간주할 수 있을 것입니다. 사람은 과거에 무엇이 있었는지를 기억할 수 있고, 미래에 무엇이 일어날 것인가를 내다볼 수도 있습니다. 공간적으로 먼 곳에서 일어나는 것을 상상할 수도 있으며, 다른 사람들의 경험을 이용할 수도 있습니다. 따라서 인간은 어느 의미로는 동물보다 훨씬 더 융통성이 있고 환경에 잘 순응할 수도 있습니다.

그러므로 인간은 이와 같은 융통성으로 특수화되었다고 말할 수 있을 것입니다. 그러나 이 같은 사고와 언어의 우선적인 발달로 말미암아 — 더 일반적으로 표현한다면 지능의 과도한 발달로 말미암아 — 개체적인 목적에 따르는 본능적인 동작에 대한 능력은 오히려 위축되었다고 말할 수 있습니다. 그러므로 인간은 많은 점에서 동물보다 열등한 것입니다. 인간은 동물처럼 예민한 후각을 갖지 못하고 있으며, 저 알프스 영양들같이 마음대로 산을 뛰어 오르내릴 수도 없습니다. 그러나 사람은 공간적·시간적으로 광범위한 영역을 지배함으로써 이와 같은 결점을 보충하고 있다고 말할 수 있을 것입니다. 이 경우에 언어의 발달은 아마 결정적인 첫걸음이었을 것임에 틀림없습니다. 그 까닭은 언어란, 그리고 사고한다는 것은 — 다른 모든 육체적인 능력과는 달리 — 개체적인 개개인 안에서 발달한 능력이 아니라, 개체들 사이에서 발달한 능력이기 때문입니다. 우리는 언어를 다른 사람들로부터 배웁니다. 따라서 언어란 인간들 사이에 펼쳐진 그물인 것입니다. 그리고 우리 각자는 자기의 사고, 즉 자기의 인식과 행동의 가능성으로써 이 그물에 매달려 있는 것입니다.

– 하이젠베르크 지음, 김용준 옮김, 『부분과 전체』

위의 질문들을 활용하면 이 글은 다음과 같이 정리할 수 있다. 우선, 이 글은 하이젠베르크가 쓴 『부분과 전체』의 일부분이며, 중심 화제는 '인간의 언어와 사고 능력'이다. 또한 인간은 언어와 사고 능력을 지녔기 때문에 동물에 비해 융통성이 많고 환경에 잘 순응하지만 동일한 이유 때문에 동물에 비해 신체적 능력은 열등하다는 것이 핵심 주장이다. 핵심 근거는 인간의 언어와 사고 능력이 개체로 구성된 사회 속에서 발달한 능력이라는 점이다. 그리고 이 글의 목적은 인간의 인식과 행동은 언어라는 틀 안에서 이루어질 수밖에 없다는 점을 밝히는 데 있다.

2) 맥락을 파악하며 읽기

하나의 텍스트는 무에서 갑작스럽게 생겨나지 않는다. 텍스트는 그것이 생겨나는 데 필요한 다양한 조건들 속에서 비로소 탄생한다. 그리고 한 번 산출된 텍스트는 시간과 공간이 변화하면서 새로운 의미들을 생성하기도 한다. 따라서 하나의 텍스트를 조금 더 정확하게 이해하려면, 그 텍스트를 둘러싼 다양한 조건, 즉 맥락을 파악해야 한다. 텍스트가 산출된 시기의 사회적·문화적 배경, 텍스트의 갈래(장르, 양식), 다른 텍스트와의 연관 관계, 텍스트가 후대에 미친 영향 등이 그것이다.

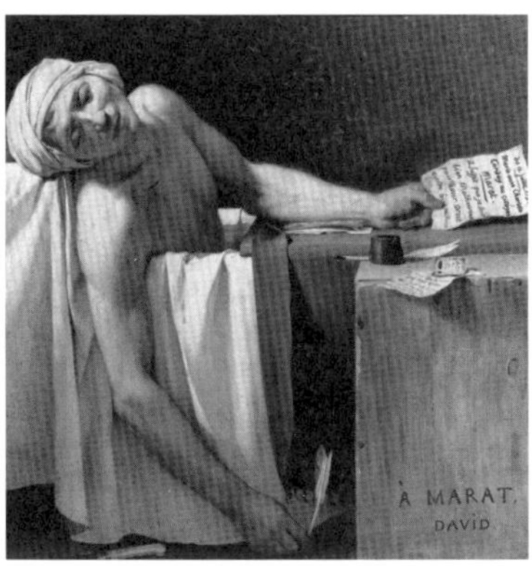

자크 루이 다비드(1748~1825), 1793년 작, 〈마라의 죽음〉

이 그림을 제대로 읽으려면 우선, 이 그림의 역사적 배경이 되는 프랑스 혁명 전후의 정치 상황, 이 그림의 대상이 된 '장 폴 마라'와 그를 죽인 '샤를로트 코르데' 그리고 화가 '자크 루이 다비드'에 관한 전기적 사실 등을 파악해야 한다. 이 당시 프랑스는 진보 세력인 '자코뱅 당'과 보수 세력인 '지롱드 당'이 격렬하게 대립하는 상황이었다. '장 폴 마라(1743~1793)'는 자코뱅 당의 지도자 중 한 사람이었으며, 과격한 행동을 통해서만 자유와 평등이 확립된다는 점을 강조하면서 수많은 정적들을 단두대로 보냈다.

마라를 암살한 사람은 노르망디 태생의 젊은 여성 샤를로트 코르데(1768~1793)였다. 그녀는 지롱드 당원으로서 자신의 동료들을 무참하게 처형한 마라를 암살하는 것이 프랑스를 구하는 길이라고 확신했다. 1793년 7월 13일 그녀는 자루가 검고 날이 15㎝ 정도 되는 조리용 칼을 사서 들고, 저녁 7시 30분쯤 마라의 집에 찾아가 거짓 탄원서를 제시했다. 당시 마라는 피부병 때문에 터번을 두르고 식초를 탄 목욕물에 몸을 담근 채 업무를 처리하고 있었다.

그는 샤를로트에게 반혁명분자들의 이름을 대라고 했고, 샤를로트가 국민공회의 대의원 열여덟 명의 이름을 말하자 이를 받아 적었다. 잠시 후 마라는 그들이 파리의 단두대에서 처형될 것이라고 말했고, 그 순간 그녀는 미리 준비한 칼을 꺼내서 마라의 심장을 찔렀다. 마라는 큰 소리로 아내를 불렀고, 몇 분 뒤 아내의 품에서 숨을 거뒀다.

마라가 죽은 다음날 자코뱅 당의 지도부는 다비드에게 마라의 장례식에 쓸 초상화를 그리도록 요청했다. 다비드는 자코뱅의 핵심 당원이며, 혁명 정부의 고위 간부이자 마라의 친구였다. 그는 마라가 살해되기 하루 전날 마라의 집에 방문했던 기억을 바탕으로 욕조를 덮은 푸른색 천, 나무 상자, 펜 등을 최대한 사실적으로 그렸다. 샤를로트가 제출한 거짓 탄원서도 원본과 거의 같게 그려서 마라의 왼쪽 손에 들려 놓았다. 하지만 원래 마라의 집에 있던 여러 가지 장식품과 마라의 소지품은 화면에서 제외하여, 감상자들이 마라의 얼굴과 가슴에 난 상처에 집중하도록 만들었다. 이렇게 함으로써 다비드는 마라가 '혁명의 순교자'라는 점을 부각시켰다. 또한 나무 상자에 "마라에게, 다비드"라고 씀으로써 마라에 대한 개인적인 친분과 친구를 잃은 지극한 슬픔을 드러냈다.

이처럼 자크 루이 다비드의 <마라의 죽음>을 제대로 감상하기 위해서는 당대의 정치적 상황, 마라와 샤를로트 그리고 다비드의 정치적 성향, 마라와 다비드의 친분 등 다양한 맥락의 자료를 읽어야 한다. 이 밖에도 <마라의 죽음>이 신고전주의 양식으로 그려졌다는 점, 폴 자크 에메 보드리의 그림(1860년 작)에서는 주인공이 마라가 아니라 샤를로트 코르데라는 점 등을 알게 된다면 이 작품을 훨씬 더 폭넓게 이해할 수 있을 것이다.

3) 비판적으로 읽기

(1) 사실의 진위 판단

글에 제시된 근거가 사실과 다르다면 그 글의 내용은 신뢰하기 어렵다. 그뿐만 아니라 그러한 글은 사회적으로 큰 혼란을 일으킬 수 있다. 거짓된 정보를 바탕으로 가치관을 형성하거나, 사업을 기획한다고 가정해 보면 그것이 미칠 폐해를 쉽게 짐작할 수 있다. 따라서 근거의 진위 여부를 따지는 일은 매우 중요하다. 하지만 거짓말 같지 않은 거짓말이 우리 주위에 너무나 많기 때문에 사실과 거짓을 구별하기란 쉽지 않다. 이 때문에 사실의 진위를 판단하기 위해서는 다양한 자료들을 비교하고 대조하는 노력이 수반되어야 한다.

2021년 4월 13일, 국내의 한 유제품 생산 기업이 자사에서 생산한 ○○○○를 마시면 코로나 바이러스를 77.8%나 억제할 수 있다는 연구 결과를 발표했다. 하지만 JTBC 최재원 기자의 취재 결과 이는 사실과 달랐다.

그는 우선, 다양한 자료를 조사함으로써 근거로 활용된 실험이 연구 결과를 뒷받침하기에 적절하지 않다는 점을 밝혔다. 그것은 "원숭이 폐세포에 코로나 바이러스를 감염시킨 뒤 거기에 ○○○○ 제품을 섞는 방식"의 실험으로, "의료기기에 쓰는 살균소독제가 바이러스를 얼마나 줄이는지 확인할 때나 하는 실험"이었다. 이는 사람을 대상으로 하는 임상실험과는 거리가 먼 것이다. 따라서 이 실험으로 ○○○○를 마셨을 때 사람 몸속에서 코로나 바이러스가 얼마나 줄었는지를 검증할 수는 없다.

이어서 그는 전문가(명승권: 국립암센터 대학원장, 가정의학과 전문의)와 인터뷰를 하여 해당 발표가 사실과 부합하는지 확인했다. 전문가에 따르면 이 기업은 "최소한 수백 명, 수천 명 이상을 대상으로 해서 그 효능과 안전성을 평가해야 하는데 너무 원시적인 수준에서의 연구 결과를 가져다가 침소봉대하면서 혼란을 초래했다"라고 한다.

또한 최재원 기자는 해외의 유명 학술지를 검토하여, "유산균 성분이 코로나 바이러스를 억제하는지 논쟁이 벌어지기도 하고, 효능이나 원리를 검증해 보려는 연구들"이 있기는 하지만 아직까지 유산균 성분에 코로나 바이러스 억제 효과가 있다는 것을 과학적으로 증명한 사례는 없다고 밝혔다. 그리고 미국의 한림원에서 "유산균이 코로나19를 예방하거나 치료한다는 증거는 발견되지 않았다"라고 밝힌 사실도 덧붙였다.

– 최재원, 「○○○○ 마시면 코로나 바이러스 억제된다?」, JTBC 〈팩트체크〉(2021. 4. 14.)를 참조하여 기술하였음

앞의 사례에서 보듯이, 최재원 기자는 기업이 발표한 연구 결과에 의문을 품고, 해당 기업의 발표 내용이 사실과 다르다는 점을 밝혀냈다. 그는 우선, 여러 자료를 바탕으로 해당 기업이 근거로 내세운 실험이 연구 결과를 뒷받침할 수 없다는 점을 확인했다. 이후 전문가의 의견, 해외 유명 학술지의 논문, 미국 한림원의 발표 등을 근거로 연구 결과가 사실과 다르다는 점을 분명하게 드러냈다.

최재원 기자의 보도 이후 해당 기업은 "임상시험 전 단계라 인체 효능에 대해서는 단정 지어 말할 수 없다"라고 태도를 바꾸었다. 그런데 일부 언론사들이 사실 검증도 하지 않은 채 기업의 연구 결과를 그대로 보도하면서, 보도 당일이 기업의 주가가 8% 넘게 오르고, 일부에서는 해당 제품을 사재기하는 현상도 벌어졌다. 이는 어떤 사실이 참인지 거짓인지를 확인하는 일이 무척 중요하다는 점을 다시 한번 일깨워 준다.

(2) 추론의 적절성 판단

추론이란 어떠한 사실(근거, 글쓴이의 의견이 개입되지 않은 논거)이나 판단(이유, 글쓴이의 의견이 개입된 논거)을 바탕으로 다른 판단(주장)을 이끌어 내는 사고 행위를 가리킨다. 이와 같은 추론의 과정이 적절하지 않다면 필자의 주장은 설득력이 떨어질 수밖에 없다. 따라서 글을 정확하게 평가하기 위해서는 논리적 추론의 과정을 반드시 분석해 보아야 한다.

> 보건복지부가 지난 5월 6일에 성인 2,110명을 대상으로 조사한 2021년 1분기 '코로나19 국민 정신건강 실태조사' 결과를 발표했다. 이에 따르면 20·30대의 우울지수가 다른 연령대에 비해 현저하게 높게 나타났다. 20대와 30대의 우울 위험군(총점 27점 중 10점 이상) 비율은 모두 30%대로, 14.4%인 60대보다 2배 이상 높았다. 극단적인 생각을 한 비율도 20·30대에서 20%대로 가장 높게 나타났다. 1년 전에는 모든 연령대 중 20대의 우울지수가 가장 낮았다는 점을 감안하면, 이는 매우 심각한 수준이다.
>
> 이처럼 20·30대 청년들의 우울지수가 높아진 가장 중요한 이유는 취업에

대한 불안감이 크다는 점이다. 2021년 2월 2일에 발표한 대통령 직속 사회적 대화 기구인 경제사회노동위원회 청년위원회의 '청년 구직자 실태조사'(2020년 11~12월 구직 중인 29세 이하 청년 596명을 설문 조사함)에 따르면 코로나19 확산 이후 구직이 어려워졌다고 응답한 비율이 91.7%(547명)나 되었다. 또한 구직 기간이 1년을 넘은 응답자의 '우울척도검사' 점수는 평균 25.9점이었는데, 이는 전문가의 상담이 필요할 만큼 중증 우울증에 해당한다.

따라서 코로나19로 심각한 우울증을 겪는 청년들을 돕기 위해 청년 취업과 청년 창업 지원 제도를 강화해야 한다. 좋은 일자리를 많이 만들고 관련 예산을 대폭 늘려야 한다. 무엇보다도 중요한 것은 실패하더라도 다시 도전할 수 있는 가능성을 열어 두어야 한다는 점이다. 한 번 실패하더라도 언젠가는 취업이나 창업에 성공한다는 믿음이 생기면 불안감과 우울감에서 벗어날 가능성도 높아지기 때문이다.

이 글의 추론 과정은 다음과 같이 정리할 수 있다.

[근거 1] 20대와 30대의 우울 위험군(총점 27점 중 10점 이상) 비율은 모두 30%대로 14.4%인 60대보다 2배 이상 높았다.

[근거 2] 극단적인 생각을 한 비율도 20·30대에서 20%대로 가장 높게 나타났다.

[주장 1] 1년 전에는 모든 연령대 중 20대의 우울지수가 가장 낮았다는 점을 감안하면, 이는 매우 심각한 수준이다. ···› [이유 1]

[주장 2] 20·30대 청년들의 우울지수가 높아진 가장 중요한 이유는 취업에 대한 불안감이 크다는 점이다. ···› [이유 2]

[근거 3] '청년 구직자 실태조사'에 따르면 코로나19 확산 이후 구직이 어려워졌다고 응답한 비율이 91.7%(547명)나 되었다.

[근거 4] 구직 기간이 1년을 넘은 응답자의 '우울척도검사' 점수는 평균 25.9점이었는데, 이는 전문가의 상담이 필요할 만큼 중증 우울증에 해당한다.

[주장 3] 따라서 코로나19로 심각한 우줄증을 겪는 청년들을 돕기 위해 청년 취업과 청년 창업 제도를 강화해야 한다.

이 글에서 필자가 말하려는 핵심 내용은 [주장 3]이다. 이를 정당화하기 위해 필자는 우선, [주장 1]에서 [근거 1]과 [근거 2]를 바탕으로 청년들의 우울증이 매우 심각한 수준이라는 점을 드러낸다. 이어서 [주장 2]에서 [근거 3]과 [근거 4]를 토대로 청년들의 우울증이 심각한 이유는 취업에 대한 불안감이 크기 때문이라고 밝힌다. 마지막으로 [주장 3]에서 [주장 1 ⋯▸ 이유 1]과 [주장 2 ⋯▸ 이유 2]를 논거로 삼아 "코로나19로 심각한 우줄증을 겪는 청년들을 돕기 위해 청년 취업과 청년 창업 제도를 강화해야 한다"라고 주장한다. 근거와 이유가 타당하게 제시되었다는 점에서 이 추론의 과정은 적절하다고 평가할 수 있다.

(3) 윤리적 판단

글을 포함한 모든 텍스트에는 세계에 대한 창작자의 윤리적 태도가 담겨 있다. 윤리란 인간의 생활 방식을 결정하는 기준이다. 즉, '사람으로서 마땅히 지키거나 행해야 할 도리나 규범'을 가리킨다. 문제는 그와 같은 도리나 규범이 누구에게나 똑같은 것은 아니라는 데 있다. 공동체의 가치보다 개인의 내면을 중시하게 된 근대 이후의 인간에게는 더더욱 그렇다. 그러므로 독자가 지닌 윤리적 판단 기준이 무엇인지에 따라, 다시 말해서 독자가 어떠한 '삶의 방식'을 더 중시하느냐에 따라서 텍스트에 표현된 창작자의 윤리적 태도에 대한 공감 여부는 달라진다. 그리고 텍스트를 읽으면서 기존에 지녔던 독자의 윤리적 판단 기준이 바뀔 수도 있다.

2014년 4월 16일 '세월호 참사'가 발생하자 많은 국민들은 당시 정부와 집권 여당의 무능함에 분노했다. 하지만 이로부터 얼마 지나지 않아 2014년 6월 4일에 치러지는 지방선거에서는 여전히 국민의 안전에 신경 쓰기보다는 '아파트값을 올려 줄' 후보를 선택하려는 유권자들이 늘어났다. 이러한 상황에서 김용민 화백은 한 컷의 만화를 통해 '민중들이 각성하지 않으면 권력자의 지배에서 끝

– 『경향신문』, 김용민의 그림마당, 2014년 5월 16일 자
사진 제공: 경향신문

끝내 벗어날 수 없다'는 점을 매우 효과적으로 보여 준다. 또한 제대로 투표를 함으로써 그러한 현실을 변혁해야 한다고 독자들에게 요구한다. 그러므로 현실의 변화가 필요하다고 생각하는 민중의 관점에 선 독자라면 이 만화의 내용에 쉽게 공감할 수 있을 것이다. 하지만 민중의 관점에서 자신들을 비판하는 것이 불편하다고 생각하는 권력자나, 어떻게 하더라도 세상은 바뀌지 않는다고 생각하는 숙명론자의 관점에서 보면 이 만화의 내용은 공감하기 어려울 것이다. 이처럼 어떠한 윤리적 관점을 견지하느냐에 따라 동일한 내용일지라도 그것을 받아들이는 방식은 달라질 수밖에 없다.

4) 요약하고 논평하기

마지막으로 요약하고 논평하기는 읽기의 마지막 과정이면서 쓰기의 출발점이라 할 수 있다. 텍스트를 효과적으로 요약하고 논평하기 위해서는 우선 '내용을 이해하며 읽기' 단계에서 던졌던 질문을 활용하여 핵심 내용을 정리해야 하는데, 이때 '맥락을 파악하며 읽기'를 활용할 수 있다. 그런 다음 '비판적으로 읽기' 과정에서 결정했던 텍스트에 대한 공감 여부와 그 근거를 간략하게 기술하면 된다.

> 여자들이 남자들에게서 가장 흔히 느끼는 불만 가운데 하나는, 그가 자신의 이야기에 귀를 기울이지 않는다는 것이다. 남자들은 보통 여자가 말을 하면 그냥 무시해 버리든가, 아니면 몇 마디만 듣고 자기 마음대로 문제가 무엇인지 판단하고는 자랑스럽게 수리공 모자를 눌러 쓰고 그녀의 기분이 나아질 수 있는 해결 방안을 제시하는 것이다. 여자가 이 사랑의 표시를 별로 고맙게 여기지 않는 듯하면 그는 어리둥절해 한다. 왜 귀를 기울여 주지 않느냐고 몇 번이고 말을 해도 그는 알아듣지 못하고 같은 일을 되풀이한다. 여자는 공감을 기대하는데, 남자는 그녀가 문제를 해결해 주기를 바란다고 생각하는 것이다.
>
> 남자들이 여자들에게서 가장 흔히 느끼는 불만 가운데 하나는, 여자들이 늘 그들을 변화시키려 한다는 것이다. 한 여자가 남자를 사랑하게 되면 그녀는 그가 조금이라도 나아지게 하는 것이 자기가 할 일이라고 느끼고, 그때까지의 그의 생활을 개선시키려고 노력하게 된다. 그녀는 가정진보위원회를 조직하고, 그를 일차적 대상으로 삼는다. 그가 아무리 도움을 마다해도 그녀는 기회가 있을 때마다 그에게 할 일을 일러 주고 도움을 제공하려 든다. 그러면서 여자는 자기가 그를 보살피고 있다고 생각하겠지만, 남자는 조종당하고 있다고 느낀다. 하지만 남자는 인정받기를 원한다.
>
> – 존 그레이 지음, 김경숙 옮김, 『화성에서 온 남자 금성에서 온 여자』

이 글의 핵심 주장은 '여자와 남자가 서로에게 불만을 갖는 이유는 상대방을 제대로 이해하지 못하는 데 있다'이다. 핵심 근거는 '여자는 자신의 이야기에 남자가 공감해 주기를 바라지만 남자는 여자의 문제를 해결하는 데 관심이 많고, 남자는 여자에게 인정받기를 원하지만 여자는 남자의 생활을 개선하는 데 관심이 많다'이다.

한편, 이 글은 대조의 방법을 활용하여 여자와 남자의 성격 차이를 선명하게 제시했다는 장점을 지닌다. 하지만 여자를 변화시키고 싶어 하는 남자들과 남자에게 인정받기를 원하는 여자들도 많다는 점에서 이 글은 남녀의 성격을 지나치게 단순화했다는 비판에서 자유롭지 못하다. 이 때문에 이 글에 대해 현실에 존재하는 구체적이고 개별적인 남녀의 성격을 무시하게 할 소지가 있다는 점을 문제로 지적할 수도 있다.

이상의 내용을 바탕으로 이 글을 요약하고 논평하면 다음과 같이 서술할 수 있다.

> 이 글에서 존 그레이는 여자와 남자가 서로에게 불만을 갖는 이유가 상대방을 제대로 이해하지 못하는 데 있다고 주장한다. 그는 그 근거로 여자는 자신의 이야기에 남자가 공감해 주기를 바라지만 남자는 여자의 문제를 해결하는 데 관심이 많고, 남자는 여자에게 인정받기를 원하지만 여자는 남자의 생활을 개선하는 데 관심이 많다는 점을 제시한다.
>
> 그런데 여자의 생활을 변화시키려는 남자들과 남자에게 인정받고 싶어 하는 여자들도 많다는 점에서 이 글은 남성과 여성의 성격을 지나치게 단순화하고 있다. 이 때문에 독자들로 하여금 개별적인 여성과 남성의 성격을 무시하게 할 소지가 많다. 하지만 대조의 구성 방식을 활용하여 남녀의 성격 차이를 선명하게 드러낸 점은 이 글의 미덕이라 할 만하다.

적·바·림 !

적·바·림

적·바·림 /

2

글쓰기의 과정

- 자료 읽고 주제 정하기
- 근거 찾아 내용 배치하기
- 집필하고 퇴고하기

대학 글쓰기

제 2 장 글쓰기의 과정

1. 자료 읽고 주제 정하기

좋은 글을 쓰려면 우선 좋은 주제를 찾아야 한다. 이를 위해서는 다양한 자료를 찾아야 한다. 자료를 읽으면서 주제를 찾을 때, 아래의 4가지 질문을 하면 좋다.

* **참신하고 흥미로운가?**
* **구체적인가?**
* **독자를 고려했는가?**
* **필자가 다룰 수 있는가?**

다만, 이와 같은 질문을 던지는 최종적인 목표는 '창의적 주제'를 찾는 것이다. 사전에 따르면 창의성이란 '새롭고 남다른 것을 생각해 내는 성질'이다. 좋은 주제란 결국 새롭고 남다른 생각을 의미한다. 그런 점에서 주제 정하기 단계에서 다양한 자료 읽기는 창의적 주제를 찾기 위한 과정이라고 보면 된다.

1.1. 창의적 주제 찾기

새롭고 남다르게 생각하는 힘은 저절로 길러지지 않는다. 다양한 체험을 하거나 책을 읽되, 거기서 자기만의 독특한 문제의식 혹은 해석을 발견해야 한다. 그리고 이를 바탕으로 대상을 바라보는 일관된 관점을 세워야 한다. 물론, 경우에 따라서 그 관점을 수정할 수 있는 유연성도 필요하다. 그러나 이제 막 인생을 본격적으로 시작하는 대학생, 특히 새내기가 그와 같은 능력을 단기간에 갖는 것은 어렵다. 오히려 글을 쓰고자 하면, 글의 주제가 구체적으로 떠오르지 않는다고 봐야 한다. 이럴 경우 첫째, 대상을 보는 자신의 시점을 달리하거나, 둘째, 주제를 더 구체적으로 만들거나, 셋째, 글의 독자를 고려해 보자.

1) 관점 달리하기

아무리 창의적이라 하더라도 하늘 아래 새로운 것은 없다. 기존의 주제에서 출발한다고 해도 그 대상이나 사안을 바라보는 관점을 달리해 보자. 일반적으로 관점이란 '사물이나 현상을 관찰할 때, 그 사람이 보고 생각하는 태도나 방향'을 의미한다. 이와 같은 태도나 방향을 확장하거나(관점 확장하기), 바꾸어서 살필 때(판단의 기준 전환하기, 시점 전환하기) 의외로 좋은 주제를 찾아낼 수 있다. 자세한 사항은 제4장 1절에서 다루므로, 여기서는 '시점 전환하기'에 대해서 알아보자. 예를 들어, 예수 그리스도의 십자가 관련 이미지를 생각해 보자. 이 주제를 다룰 때 화가들은 대체로 감상자인 우리들의 시선에서 예수 그리스도의 고통스러운 얼굴을 보는 구도를 선택한다. 그러나 시점을 달리해서 십자가 위 예수 그리스도의 시선에서 같은 사건을 바라보면 어떨까. 화가 제임스 티소의 그림 〈우리 구세주가 십자가에서 내려다본 것은〉을 살펴보자.[1] 여기서 중심 내용은 '고통스러운 예수의 얼굴'이 아니라 사건의 현장에 있던 사람들의 다양한 반응이다. 화면의 아래쪽 중앙에 그리스도의 발이 보이는 한편, 사람들은 슬퍼하거나 그리스도를 조롱하고 있다. 이처럼 시점을 달리하면, 기존의 주제가 달리 보인다.

1 홍옥희, 제임스 티소, 그림 읽어주는 여자, 유튜브 채널 〈KTV 스콘〉을 참고했다. (https://www.youtube.com/watch?v=O9CaOlYlWrg&list=PLjJkBVTdisTtKoflVa0ZmpD_OgxS0MNw0&index=179)

2) 주제 구체화하기

자신이 쓰고자 하는 주제를 조금씩 구체화하는 방법도 흥미롭고 창의적인 주제 찾기에 도움이 된다. 예를 들어, '연애에 대하여'라고 주제를 잡기보다는 '연애의 달콤한 환상에 대하여'라고 주제를 잡는 것이 좋다. 혹은 '연애의 달콤함과 씁쓸함'이라고 주제를 잡으면, '연애는 달콤하다'는 인식에 더해서, 연애의 복합적인 특성을 다룰 수 있으므로 더 좋은 주제가 된다.

〈주제 구체화〉 연애 → 연애의 달콤함 → 연애의 달콤함과 씁쓸함 → … → …

3) 독자 고려하기

창의적 주제를 찾으려면, 자기가 쓰고자 하는 글이 누구에게 어떤 의미가 있는지를 따져 보는 것도 좋은 방법이다. 예를 들면, 다음과 같다.

예시 1

1. **화제:** 연애하기
2. **목적:** 설명
3. **독자:** 대학생

예시 2

1. **화제:** 연애하기
2. **목적:** 설명
3. **독자:** 아직 연애를 해 보지 못했지만 간절히 바라는 새내기

글의 화제와 목적이 같더라도 쓰고자 하는 글의 독자에 대해서 구체적으로 연구하면 새롭고 흥미로운 주제를 찾을 수 있다. 예시 1보다 예시 2가 좋은 글이 될 가능성이 높다. '대학생'이 아니라 '연애를 간절히 바라는 새내기'를 독자로 설정했기 때문에 독자들의 관심사나 체험의 범위 등을 고려해서 더욱 좋은 글을 쓸 수 있다.

학습 활동 01

1. 아래에 제시한 자료는 미래 우리들의 삶과 연관된 메가트렌드를 정리한 것이다. 메가트렌드는 '현대 사회에서 일어나고 있는 거대한 조류'라는 뜻이다. 이 가운데에서 자신의 지식, 체험, 관점 등을 고려하여 글로 쓰고 싶은 주제 하나를 골라 보자.

1) 정보통신 기술, 바이오 기술, 인공지능 등이 세상을 어떻게 바꿀 것인가?
2) 세계적 차원에서, 그리고 사회적 차원에서 불평등이 심화되고 있다.
3) 1인 가족이 늘어나는 추세이며, 가족의 형태도 다양하게 변화되고 있다.
4) 대통령이나 국회의원을 민주주의적 절차로 뽑는 원칙을 넘어서서, 가족이나 직장, 학교, 남녀 등 일상적인 차원에서 민주주의적 감수성이 확장되고 있다.
5) 저출산 고령화가 장기화되면서 인구 구조가 변하고 있다. 그 결과 교육, 노동, 국민연금 등 사회 구조도 재편성되고 있다.
6) 포스트 코로나 시대, 우리 삶이 근본적으로 변화될 것이다.
7) 지구 온난화, 플라스틱 공해 등 지구 환경 문제가 미래를 위협하고 있다.

2. 자신의 지식, 체험, 관점 등을 고려해서 선택한 주제의 범위를 좁혀 보자. 그리고 이 주제로 글을 쓴다고 했을 때, 누구에게 쓸 것인지, 왜 쓸 것인지 생각해 보자.

주제 구체화:

목적:

독자:

1.2. 자료 찾아 정리하기

주제를 찾았다면 이제 자료를 찾고 그것을 정리해야 한다. 한 개인의 지식, 체험, 관점 등은 제한적일 수밖에 없는데, 자료를 찾아 정리하면서 그 한계를 극복할 수 있기 때문이다. 자료를 통해서 자신의 지식을 더 넓힐 수 있고 주장의 근거를 강화할 수도 있다. 특히, 자신의 관점과 다른 자료를 찾아 읽음으로써 사안을 좀 더 폭넓게 이해할 수 있다. 이 과정에서 글의 주제는 더욱 풍성하고 짜임새 있게 구체화된다. 좋은 필자가 되려면 자료를 찾아 정리하는 방법을 익혀야 한다. 이때 찾은 자료는 특정한 기준을 세워서 선별해야 한다. 자료를 찾는 기준은 다음과 같다.

1) 신뢰할 수 있는 자료 찾기

먼저 그 주제나 해당 분야에서 신뢰할 수 있는 전문가의 자료부터 찾는다. 그 신뢰성은 세 가지 질문을 통해서 확보할 수 있다.

> * 해당 주제와 관련된 지식이 풍부한가?
> * 그 주장이나 근거를 신뢰할 수 있는가?
> * 같은 분야의 다른 전문가의 평가는 어떤가?

2) 최신의 자료 찾기

최신의 자료부터 찾고, 이를 실마리 삼아서 그 이전의 자료를 찾는다. 최신의 자료는 앞선 필자들이 해당 주제를 어떻게 다루었는지에 대한 다양한 정보를 담고 있기 때문이다.

> * 앞선 필자들이 다룬 그 주제의 범위
> * 관련 주제에 대한 사실, 해석, 관점
> * 그 주제를 다룬 구체적인 방법

3) 다양한 유형의 자료 찾기

다양한 유형의 자료를 되도록 많이 찾는다. 신문, 잡지, 도서, 동영상, 그림, 그래프 등의 자료들은 각각 그 특성이 다르기 때문이다.

> * 신문은 짧은 호흡의 시사 정보, 잡지는 긴 호흡의 전문 정보
> * 문자 매체는 다양한 정보를 체계적으로 전달
> * 영상 매체는 핵심 정보를 직관적으로 전달

학습활동 02 자신의 지식, 체험, 관점의 한계를 극복하는 데 도움을 주는 자료를 세 편 골라서 그 서지 사항을 아래와 같이 정리해 보자.

〈예시〉 **제목:** 우리는 빈곤세대입니다

저자 및 역자: 후지타 다카노리 지음, 박성민 옮김

출판사: 시공사

출간 연도: 2016

주제: 청년 빈곤의 원인과 해결 방안

〈자료 1〉 **제목:**

저자 및 역자:

출판사:

출간 연도:

주제:

〈자료 2〉 **제목:**

저자 및 역자:

출판사:

출간 연도:

주제:

〈자료 3〉 제목:

저자 및 역자:

출판사:

출간 연도:

주제:

4) 맥락을 고려해서 찾기

자료를 찾으면서 정리할 때에는 필자의 주제 의식이 특정한 맥락을 형성한다는 점을 자각해야 한다. 사전에서 맥락은 '어떤 일이나 사물이 서로 연관되어 이루는 줄거리'로 정의되어 있다. 자신이 하고 싶은 말이 다른 주장이나 생각과 연결되어 하나의 줄거리를 이루고 있다는 사실을 분명하게 자각하면, 주제를 훨씬 풍성하고 입체적으로 찾을 수 있다. 예를 들면, 다음의 자료를 살펴보자.

이 자료는 구본권의 책 『로봇 시대, 인간의 일-인공지능 시대를 살아가야 할 이들을 위한 안내서』(어크로스, 2015)의 표지이다. 제목을 실마리로 생각해 보면 저자가 책에서 하고 싶은 말은 '로봇이 인간의 노동을 대체할 것이다, 로봇이 일을 대신하면 인간의 삶은 달라질 것이다' 등이 될 것이며, 한마디로 '로봇 시대, 인간 노동의 변화'로 요약할 수 있다. 이러한 주제 의식은 그 자체로 사회적 사실의 변화를 보여 주는 것이자 그에 대한 저자의 주장을 담고 있다. 그러나 저자의 이러한 주제 의식은 사실 좀 더 구체적이고 세부적인 주장들과 관계를 맺고 있다.

chapter 1. 알고리즘 윤리학: 무인자동차의 등장, 사람이 운전하는 차가 더 위험하다?

chapter 2. 언어의 문화사: 자동 번역 시대, 외국어를 배울 필요가 있을까

chapter 3. 지식의 사회학: 지식이 공유되는 사회, 대학에 가지 않아도 될까

chapter 4. 일자리의 경제학: 제2의 기계 시대, 내 직업은 10년 뒤에도 살아남을 수 있을까

chapter 5. 여가의 인문학: 노동은 로봇이, 우리에겐 저녁 있는 삶이 열릴까

chapter 6. 관계의 심리학: 감정을 지닌 휴머노이드, 로봇과의 연애 시대가 온다?

chapter 7. 인공지능 과학: 인공지능의 특이점, 로봇은 과연 인간을 위협하게 될까

chapter 8. 호기심의 인류학: 생각하는 기계에 대해 인간이 경쟁력을 갖추려면?

chapter 9. 망각의 철학: 망각 없는 세상, 우리가 기억해야 할 것은 무엇인가

chapter 10. 디지털 문법: 우리가 로봇의 언어를 배워야 하는가

이 자료는 『로봇 시대, 인간의 일』의 목차이다. 자세히 살펴보면, 저자는 '로봇 시대, 인간 노동의 변화'에 대한 자신의 주장을 '무인자동차, 자동 번역, 지식 공유 사회, 직업, 로봇 노동, 휴머노이드, 인공지능, 생각하는 기계, 망각, 디지털 문법' 등 세부적으로 나누고 있다. 이처럼 특정한 주제는 좀 더 구체적이고 세부적인 층위의 생각들을 포함한다. 그런데 생각해 보면, 『로봇 시대, 인간의 일』의 주제는 보다 추상적이고 포괄적인 층위의 생각에 포함된다. 다음의 자료를 살펴보자.

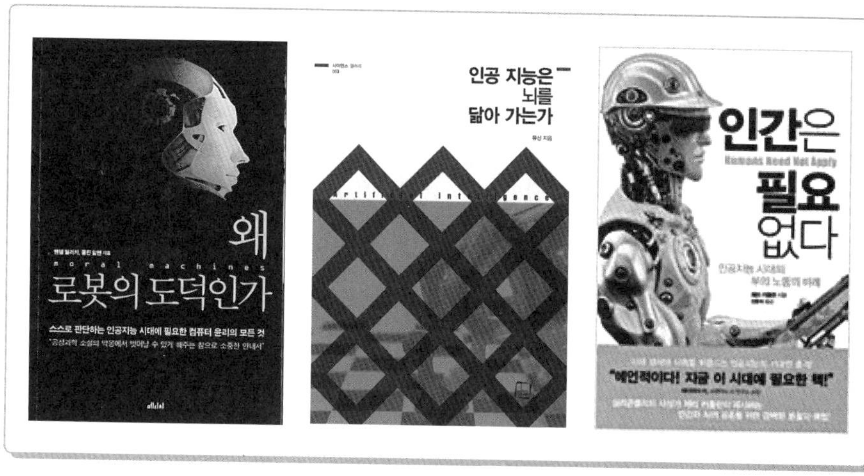

이 사진 자료들은 각각 웬델 월러치, 콜린 알렌의 『왜 로봇의 도덕인가』(메디치미디어, 2014), 유신의 『인공 지능은 뇌를 닮아 가는가』(컬처룩, 2014), 제리 카플란의 『인간은 필요 없다-인공지능 시대의 부와 노동의 미래』(한스미디어, 2016)의 표지이다. 제목으로 책의 주요 내용을 추론해 보면 다음과 같이 정리할 수 있다.

* 『왜 로봇의 도덕인가』: 인간의 도덕 문제를 참고해서 로봇의 도덕을 생각해 보자.
* 『인공 지능은 뇌를 닮아 가는가』: 인공지능의 작동 방식과 뇌의 작동 방식을 비교한다.
* 『인간은 필요 없다』: 인공지능의 시대, 인간의 노동이 부를 창출하지 않는다.

이렇듯 이 책들은 '로봇, 도덕, 인공지능, 인간의 노동'이라는 키워드를 매개로 연결되어 있으며, 『로봇 시대, 인간의 일』도 그 속에 포함된다. 이처럼 어떤 생각은 또 다른 생각이나 주장과 연결되어 있다. 그 연결은 크게 두 가지 차원의 관계로 정리할 수 있다. 하나는 좀 더 세부적이고 구체적인 생각이며, 다른 하나는 좀 더 포괄적이며 추상적인 생각이다. 자료를 읽으면서 주제를 결정하는 과정에서, 맥락을 충분히 고려하면 좋은 글이 될 가능성이 높다.

1.3. 주제 정하기

자료를 찾아서 정리했다면 다음으로 주제를 정해야 한다. 구체적으로 두 가지 활동을 하면 되는데, 먼저 집필 의도를 써 보고 다음으로 주제문을 쓴다. 집필 의도를 씀으로써 글의 맥락을 구체화할 수 있다. 그리고 주제문을 써서, 자신의 생각이 전체적으로 잘 드러나는지 점검할 수 있다.

1) 집필 의도 쓰기

집필 의도는 300자 이내로 쓰되, 누구에게, 무엇을, 왜 쓰는지를 중심으로 쓰면 된다. 그러면서 자신이 다루고자 하는 주제, 하고 싶은 핵심 주장 등이 놓인 맥락을 점검해 보자.

〈설명〉

인공지능과 로봇 기술이 발달하면서 청년 세대의 일자리에 대한 고민이 생겨나고 있다. 따라서 어떤 일자리가 사라지고 어떤 일자리가 새로 생길지 설명하고, 나아가 청년들이 어떤 능력을 길러야 할지에 대해서 알려 주고자 한다.

〈설득〉

인공지능과 로봇 기술이 발달하면서 청년 세대의 일자리에 대한 고민이 생겨나고 있다. 역사적으로 살펴보면, 새로운 기술이 등장하면 일자리가 사라지거나 생겨나기도 하는데, 현재의 변화는 근본적으로 다르다는 것이 문제이다. 이때, 우리들에게 필요한 자세가 무엇인지 고찰하고, 나아가 미래를 준비하는 보다 입체적이고 거시적인 관점을 갖추어야 한다는 점을 설득하고자 한다.

2) 주제문 쓰기

주제문을 쓸 때에는 첫째, 주어와 서술어를 갖출 것, 둘째, 자신의 생각을 확실히 담을 것, 셋째, 글의 전체적 흐름을 암시할 것 등의 요건을 고려해야 한다.

〈설명 주제문〉

4차 산업 혁명의 시대, 새로운 일자리의 특성은 인공지능과 로봇 기술에 의해서 결정된다.

〈설득 주제문〉

4차 산업 혁명 시대의 일자리 문제는 직업 재교육은 물론, 소득 재분배 차원에서 해결해야 한다.

학습활동 03 앞서 찾은 자료를 바탕으로 집필 의도와 주제문을 써 보자.

집필 의도:

주제문:

2. 근거 찾아 내용 배치하기

주제문을 썼다면 이제 그 주제를 구체화할 수 있도록 다양한 근거를 마련하고 그것을 체계적으로 배치해야 한다. 이 과정에서 관련 자료를 읽고 분석해야 한다. 분석은 크게 두 가지 측면에서 실시한다.

> * 자료에서 사실과 의견을 구분하고 주장과 근거를 찾아본다.
> * 주제를 전달하는 방법을 분석한다.

2.1. 자료 읽기와 내용 배치하기

사실 주제문을 썼다고 해서 글이 저절로 완성되지는 않는다. 글이란 하나의 생각, 즉 주제를 구체적으로 드러내는 것이기 때문이다. 이를 위해서 주제와 관련된 다양한 자료를 본격적으로 검토해야 한다. 쓰고자 하는 글의 주제에 대해서 깊이 조사하고 연구함으로써, 주제를 더욱 구체적으로 이해하고 나아가 자기 글에서 활용할 수 있는 내용을 풍성하게 확보할 수 있다. 예를 들어, '인공지능과 로봇 기술'에 관한 글을 쓰기 위해서 자료를 검토한 결과 다음과 같은 주제문을 썼다고 생각해 보자.

〈설명 주제문〉

4차 산업 혁명의 시대, 새로운 일자리의 특성은 인공지능과 로봇 기술에 의해서 결정된다.

〈설득 주제문〉

4차 산업 혁명 시대의 일자리 문제는 직업 재교육은 물론, 소득 재분배 차원에서 해결해야 한다.

그렇다면 이제 아래의 사항을 고려하면서 자료를 읽고 내용을 배치해야 한다.

1) 핵심어 정리하기

필자는 자신이 쓰고자 하는 글의 주제와 관련해서, 핵심적인 사안이나 관점에 대해서 충분히 이해해야 한다. 그러기 위해서는 핵심어인 '4차 산업 혁명, 새로운 일자리, 인공지능, 로봇 기술'(설명의 사례), 혹은 '4차 산업 혁명, 일자리 문제, 직업 재교육, 소득 재분배'(설득의 사례) 등에 대해서 정리해야 한다. 이때 핵심어는 필자가 자료를 찾는 데에 있어서 실마리가 된다.

2) 자료 골라서 내용 분석하기

다음으로 다양한 유형의 자료를 최대한 많이 찾는다. 보고서, 인터뷰 기사, 신문 기사, 저서, 번역서, 텔레비전 다큐멘터리, 유튜브 동영상 등 다양한 자료를 찾아 읽어 봄으로써, 쓰고자 하는 주제와 관련한 필자로서의 능력치를 최대한 확보해야 한다. 그러나 모든 자료를 자세히 분석하는 것은 불가능하다. 그러므로 여러 자료 가운데에서 자세히 분석할 자료를 '취사선택'해야 한다.

첫째, 주제 의식을 더욱 풍성하게 하고 구체화시켜 주는 자료를 선택한다. 둘째, 글의 목적이 설명인지, 설득인지를 고려한다. 만약 글의 목적이 설명이라면 독자에게 유용한 정보를 선택하고, 설득이라면 자신의 주장을 더욱 선명하게 제시하고 근거를 타당하게 만들어 주는 자료를 선택한다. 이어서 자료의 내용을 본격적으로 분석해야 한다. 이때, 사실과 의견, 주장과 근거를 구별해서 간결하게 정리한다.

*** 필자의 주제 의식을 구체화시켜 주는 자료를 선택하여 분석한다.**
*** 글의 목적이 설명인지, 설득인지 고려한다.**
*** 사실과 의견, 주장과 근거를 구별하여 정리한다.**

3) 글쓰기 전략 분석하기

자료를 읽을 때, 그 자료의 필자가 생각하는 글의 목적이나 독자, 나아가 글쓰기의 다양한 전략을 분석한다. 자료 읽기는 나 자신의 주제 의식을 더욱 풍성하게 만들어 주기도 하지만, 비슷한 주제 의식을 가진 다른 필자가 그 주제를 어떻게 다루고 있는지를 분석하는 데에도 도움이 된다. 사실 좋은 글은 필자의 창의적인 주제를 담고 있어야 한다. 그러나 그 주제를 효율적으로 전달하지 못하면 좋은 글이 될 수 없다. 따라서 다른 사람의 글을 읽을 때, 주제를 전달하는 방법도 철저하게 분석해서 자신의 것으로 만들어야 한다.

다음은 마틴 포드의 『로봇의 부상』(이창희 옮김, 세종서적, 2016)에서 읽은 일부분을 정리한 '자료 분석표'로서, 자료를 읽고 그 내용과 글쓰기 전략을 분석한 것이다.

<table>
<tr><td>자료</td><td>제목: 로봇의 부상
저자 및 역자: 마틴 포드 지음, 이창희 옮김
출판사: 세종서적
출간 연도: 2016</td></tr>
<tr><td colspan="2">주제: 최첨단 알고리즘의 인공지능이 인간의 전유물로 여겨지던 호기심과 창의성을 드러내기 시작했다.</td></tr>
<tr><td>요약하기</td><td>〈사실〉
1. 2012년 7월 런던 심포니 오케스트라는 <심연 속으로>라는 곡을 연주했다. 어떤 비평가는 이 작품을 "예술적이고 듣기 좋았다"라고 평했다. 이 곡의 작곡자는 야머스로, 야머스는 음악적으로 특화된 알고리즘 집단이다.
2. 런던 대학교의 크리에이티브 컴퓨팅 교수인 사이먼 콜턴은 '그림 그리는 바보'라는 인공지능 프로그램을 개발했는데, 브리검 영 대학교의 연구팀이 제작한 '다르시'라는 소프트웨어 애플리케이션과 결합하여 추상적 초상화는 물론, 상상 속의 물체도 그려 낸다.
3. 코넬 대학교의 호드 립슨과 마이클 슈이트는 2009년, 스스로 물리 실험을 진행할 능력이 있는 인공 과학자를 탄생시켰다.</td></tr>
</table>

<table>
<tr><td>요약
하기</td><td>〈주장〉 뇌 자체는 진화의 산물이므로 호기심이나 창의력이라는 개념을 오직 인간의 두뇌하고만 연관 지어 생각해서는 안 된다.

〈이유, 근거〉
1. 컴퓨터 알고리즘은 기본적으로 유전자 프로그래밍을 이용하여 자연선택의 과정을 거쳐 스스로를 설계해 나간다.
2. 컴퓨터도 어엿한 예술가가 될 수 있다. 작곡자 야머스는 인간의 도움을 받지 않고 매우 복잡한 곡을 작곡했는데, 이 곡을 들은 청중이 감동했다.
3. 사이먼 콜턴은 '그림 그리는 바보' 소프트웨어에 '감상 능력과 상상 능력'이라고 명명한 기능을 탑재했는데, 이 소프트웨어는 사진 속 인물의 표정을 보고 그 감정을 알아냈다.</td></tr>
<tr><td colspan="2">전달 방법
1. 주제와 관련된 다양한 자료를 찾아 정리하여 글을 쓰고 있다.
2. 영화 <아이, 로봇>(2004)의 한 장면을 인용해서 흥미를 유발하고 있다.
3. 주장을 뒷받침하기 위해서, 공신력 있는 학자들의 다양한 자료를 체계적으로 제시하고 있다. 즉, 자신의 생각을 직접 표출하기보다는 믿을 만한 자료들에서 실험 결과를 인용하고 있다.</td></tr>
<tr><td colspan="2">논평
1. 자료를 광범위하게 찾아서 잘 정리하였다.
2. 정보가 나열되는 경향이 있고, 정보가 많아서 한눈에 파악하기 어렵다.
3. 영화 속의 대사를 잘 활용해서 흥미롭다.</td></tr>
</table>

이와 같이, 쓰고자 하는 글의 주제와 관련된 자료를 읽고 필요하다고 생각되는 부분을 정리해 보자. 예시와 같은 자료 분석표가 많아질수록 쓰고자 하는 주제에 대해서 더욱 깊이 있고 풍성하게 이해할 수 있음은 물론, 글을 짜임새 있게 쓰는 데에도 도움이 된다. 예를 들어, 위의 예시에서 '사실' 항목에서 정리한 인공지능 작곡가 야머스의 예는 글의 서론에서 흥미를 유발하는 사례로 활용될 수도 있고, 필자의 주장을 뒷받침하는 구체적 근거가 될 수도 있다.

학습활동 04

1. 이 자료를 읽고 필자가 자신의 생각을 효율적으로 전달하기 위해서 어떤 방법을 썼는지 분석해 보자.

얼마 전, 고용노동부에서 올해 초에 시행했던 청년 구직 활동 지원금 정책 사업의 효과에 대해서 발표했다. 그런데 몇몇 신문에서 이 정책의 효과에 대해서 비판하는 기사를 썼다. 「'밥값'으로 전락한 청년 구직 활동 지원금」(『매일경제』), 「정부 매달 50만원씩 청년 구직 활동 지원금 지원, 예산 낭비 VS 청년층 기 살려야」(『세계일보』) 등이 대표적이다. 하지만 정책의 대상자인 청년으로서 필자는 이 비판 기사들이 다 옳다고 볼 수는 없다. 그래서 비판 기사 중에서 몇 가지 의견에 대해서 한번 짚어 보고 싶다.

먼저, 이 기사들은 청년 구직 활동 지원금 사용 내역에서 식비가 가장 많다는 점을 문제 삼았다. 이 기사에서는 지원금이 구직 활동의 목적보다는 소득 보전과 생활보조비로 전락했으므로, 이것은 이 사업의 근본 취지와는 다른 방향이라고 비판하고 있다. 하지만 식비가 구직 활동을 위한 사용이 아니라고 볼 수는 없다. 구직 활동에는 교재 구매, 시험 응시, 학원 등록과 같은 직접적 활동은 물론, 식비, 생활비 사용과 같은 간접적 활동도 포함된다. 이때, 간접적 활동 역시 청년들이 구직 활동에 전념할 수 있도록 하는 데에 상당히 중요하다. 인간의 기본적인 욕구를 충족시켜 주기 때문이다.

무엇보다도 청년에게 돈을 직접 지급하는 이 사업 자체가 예산의 낭비라고 이 기사들은 비판하고 있다. 그러나 청년의 고용 및 실업 문제가 매우 심각한 상황에서 국가가 청년들에게 경제적 도움을 직접 주는 것은 커다란 도움이 된다. 그것은 구직 활동을 하는 청년들에게 일종의 사회안전망 구실을 한다. 이러한 취지에서 프랑스에서도 2013년부터 청년보장제도를 수립하여 청년들의 고용을 위해 해마다 많은 예산을 투입하고 있다. 프랑스 정부의 조사 결과에 따르면 꾸준한 지원을 통해 제도를 적용한 집단의 청년 취업률이 대조군에 비해서 30~40% 증가하였다.

사실 청년의 구직 활동은 교재 구매, 시험 응시, 학원 등록 등에 한정되지 않는다. 구직 활동을 하면서 밥도 먹고 차도 마시면서 쉴 수 있어야 한다. 그것이 최소한의 인간 권리가 아닌가. 생활비 때문에 아르바이트를 해야 해서 정작 구직 활동을 못 하는 청년들은 또 어떻게 하라는 말인지. 물론 청년들에게 돈을 직접 지급하는 것이 우리 사회의 정서에 맞지 않을 수 있다. 그러나 프랑스의 예에서 확인되듯, 청년 취업률이 상당히 개선되었다. 그만큼 이 제도가 효과적이었다는 말이다. 그러니 정서에 맞지 않는다고 해서 정작 이 제도가 필요한 청년층의 목소리를 외면할 것인가.

– 학생 글

2. 주제와 관련된 다양한 유형의 자료를 찾아 핵심적이라고 생각되는 자료 5편을 골라서 읽어 보고 아래의 양식대로 정리해 보자. 단, 전달 방법 분석은 1편만 골라서 실시한다.

<table>
<tr><td>자료</td><td>제목:
저자:
출판사:
출간 연도:</td></tr>
<tr><td colspan="2">주제:</td></tr>
<tr><td rowspan="2">요약하기</td><td>〈사실〉</td></tr>
<tr><td>〈주장〉

〈이유, 근거〉</td></tr>
<tr><td colspan="2">전달 방법</td></tr>
<tr><td colspan="2">논평</td></tr>
</table>

4) 내용 배치하기

자료 읽기의 결과를 바탕으로 자기 글의 내용을 배치한다. 글의 전체적인 흐름을 스스로 파악하고 나아가 글의 체계를 만들기 위해서이다. 이때, 글의 전체적 흐름을 핵심어 중심으로 정리하면 좋은데, 이를 요점식 개요라고 부른다. 비유하자면 이 단계는 글의 뼈대를 세움으로써 필자 스스로 글 전체의 내용과 흐름을 파악하기 위한 과정이다. 그래야 체계적인 글을 쓸 수 있기 때문이다. 여기서 '체계'란 그리 어렵지 않다. 자신의 주제 의식이 특정한 맥락에 놓인다는 점을 명심하면 된다. 그런 차원에서 보면, 글은 '전체 층위의 주제(추상적 진술) – 각 문단별 주제(그 진술의 구체화)'로 체계화할 수 있다. 구체적으로 글의 체계는 다음과 같은 방법으로 갖추어 나간다.

＊ 첫째, 주제문에서 핵심어를 골라서 활용한다.
＊ 둘째, 각 문단에서 제시할 핵심어를 골라서 배치한다.
＊ 셋째, 글의 목적이 설명인지, 설득인지를 고려한다.

글의 목적에 따라서 요점식 개요를 간략하게 도해하면 다음과 같다.

〈설명 개요〉	〈설득 개요〉
1. 서론	1. 서론
2. 설명 항목 1	2. 주장과 근거 1
3. 설명 항목 2	3. 주장과 근거 2
4. 결론	4. 결론
독자에게 유용한 정보	주장의 선명성, 근거의 타당성

설명이 글의 목적일 때, 본문은 설명할 항목의 나열로 이루어지므로 지루해질 수 있다. 이때, 독자에게 정보로서 가치가 분명한 설명 항목을 골라야 한다. 한편, 설득이 글의 목적일 때는 필자의 주장을 분명히 하거나 뒷받침할 수 있는 항목을 골라야 한다. 이와 같은 기준을 바탕으로 아래와 같이 정리할 수 있다.

〈설명의 경우〉

주제문: 4차 산업 혁명의 시대, 새로운 일자리의 특성은 인공지능과 로봇 기술에 의해서 결정된다.

1. 서론: 흥미 유발, 주제 암시
2. 인공지능에 따른 새로운 일자리의 특성
3. 로봇기술에 따른 새로운 일자리의 특성
4. 결론: 요약, 여운

〈설득의 경우〉

주제문: 4차 산업 혁명 시대의 일자리 문제는 직업 재교육은 물론, 소득 재분배 차원에서 해결해야 한다.

1. 서론: 흥미 유발, 주제 암시
2. 직업 재교육을 통한 문제 해결
3. 소득 재분배를 통한 문제 해결
4. 결론: 요약, 여운

2.2. 체계 갖추기와 개요 확정하기

주제와 관련해서 글 전체의 내용과 흐름을 결정했다면, 이제 글의 세부적인 내용들을 정리해서 체계화해야 한다. 즉, 요점식 개요를 작성하여 글의 뼈대를 세웠다면 이제 거기에 뼈와 살을 덧붙여야 하는 것이다. 그렇게 함으로써 글의 체계를 갖추고 나아가 글의 전체와 세부를 이루는 내용을 완성도 있는 문장으로 정리할 수 있다.

1) 주제와 관점 다시 정리하기

글의 주제, 목적, 독자를 다시 확인하고 이어서 주제문이 제대로 표현되었는지 살펴본다. 그리고 글에서 활용하고자 하는 핵심어를 다시 점검해 본다. 자신이 그 핵심어를 제대로 정의하고 있는지, 핵심어들의 관계가 분명한지 등이 점검 대상이다.

2) 글의 체계 세우기

다음으로 주제와 관련해서 마련한 내용을 바탕으로 글의 체계를 세워야 한다. 이때, 학습활동 4-2의 결과물을 활용하면 된다. 다양한 자료를 읽고 요약한 사실, 주장, 그리고 근거 등에서 필요한 것들을 고른다. 여기서 상기하면 좋은 것이 바로 맥락이다. 즉, 어떤 생각은 또 다른 생각과 연결되어 있는데, 그것은 크게 두 자기 차원의 관계를 형성한다. 하나는 좀 더 세부적이고 구체적인 생각이며, 다른 하나는 좀 더 포괄적이며 추상적인 생각이다.

이를 고려해서 학습활동 4-2의 결과물에서 정리한 자료 분석표를 바탕으로, 필요한 내용을 골라서 체계화한 다음, 주어와 서술어가 갖추어진 문장으로 표현하면 개요가 완성된다. 글의 전체적 내용과 흐름을 핵심어 중심으로 제시하는 요점식 개요와 달리, 이를 문장식 개요라고 부르자. 문장식 개요는 글의 주제와 관련해서 구체적이고 세부적인 내용을 표현하고 있다.

〈문장식 개요-설명의 경우〉

주제문: 4차 산업 혁명의 시대, 새로운 일자리의 특성은 인공지능과 로봇 기술에 의해서 결정된다.

1. 서론: 일자리를 고민하는 어느 대학생의 사례를 들어서 시작한다.

2. 인공지능의 특성을 고려해서 일자리를 생각해 본다.
   - 2.1. 인공지능은 단순하고 반복적인 업무를 정확하고 빠르게 처리한다.
   - 2.2. 유연하고 창의적인 특성, 종합적 판단이 요구되는 일자리를 찾는다.

3. 로봇의 특성을 고려해서 일자리를 생각해 본다.

3.1. 로봇은 특정한 신체적 기능을 수행하는 데에 탁월하다.

3.2. 신체와 지능, 감성과 소통을 종합적으로 활용하는 업무를 찾아본다.

4. 결론: 인공지능이 지배하는 사회에 대한 스티븐 호킹의 경구를 활용해서 마무리한다.

〈문장식 개요 – 설득의 경우〉

주제문: 4차 산업 혁명 시대의 일자리 문제는 직업 재교육은 물론, 소득 재분배 차원에서 해결해야 한다.

1. 서론: 영화 〈허(her)〉를 화두로 삼아서 흥미를 유발한다. 그리고 단기적·장기적 관점에서 대책이 필요하다는 점을 어필한다.

2. 단기적 관점에서 직업 재교육을 위한 다양한 사회적 제도와 장치를 마련해야 한다.

2.1. 직업 재교육이 근본적인 대책은 아니지만 사회 변화 과정의 충격을 완화하는 데에 도움이 된다.

2.2. 전문대학 등의 기존 교육기관, 온라인 무료 강좌 등을 활용해서 직업 교육 과정을 탄력적으로 운영해야 한다.

3. 장기적 관점에서 소득 재분배 효과를 낳는 사회적 제도와 장치를 마련해야 한다.

3.1. 문제는 노동력 가치 하락에 의한 임금과 수요의 하락이므로, 가처분 소득을 실질적으로 확보해야 한다.

3.2. 최저 임금, 기본 소득 등 최소한의 경제적 안전장치를 마련하고 데이터세 등 새로운 유형의 세제도 만들어야 한다.

4. 결론: 경제적 불평등을 최소화하여 행복한 사회를 만들자고 제언하면서 마무리한다.

학습활동 05 앞서의 학습활동 결과를 바탕으로 요점식 개요와 문장식 개요를 써 보자.

〈요점식 개요〉

〈문장식 개요〉

3. 집필하고 퇴고하기

글쓰기에서 마지막 단계는 집필하고 퇴고하기이다. 이 단계에서 실시하는 다양한 활동은 필자의 생각을 독자에게 분명하고도 효율적으로 전달하는 것을 최종 목표로 삼는다. 글쓰기란 결국 의사소통의 수단이므로 그 본질은 상호작용이기 때문이다. 아무리 창의적인 주제를 선정하고 그 내용을 체계적으로 배치했다 하더라도 독자에게 제대로 전달되지 못하면 그 소통은 실패이다. 따라서 글쓰기에서 집필하고 퇴고하는 과정에 익숙해지는 일은 매우 중요하다. 그 기본적인 원리를 제대로 익혀야 좋은 글을 쓸 수 있기 때문이다. 소통 수단으로서의 글쓰기가 가진 성격은 또 다른 소통 수단인 말하기와 비교해 보면 쉽게 드러난다.

학습활동 06 두 가지 상황의 공통점과 차이점을 적어 보자.

〈말하기의 상황〉

봉구: 어제 <아바타> 봤어!

순영: 그래? 그거 오래된 영화 아냐?

봉구: 그래도 재밌더라. 엄마가 좋아하는 제임스 카메론 감독 영화라서...

순영: 그래? 재밌더냐?

봉구: 응, 재밌었어.

순영: 뭐가 그렇게 재미있었어?

봉구: 그래픽 캐릭터가 너무 자연스러웠고

순영: 응, 그리고?

봉구: 스토리도 생각해 볼 만한 내용이 많았어.

순영: 그래? 서부 영화 같다던데?

봉구: 맞아... 그런데 그냥 서부 영화가 아니라 약간 뒤집어 놓았지.

순영: 헐... 너희 어머님은 서부 영화를 좋아하셔?

봉구: 아니, 그건 아니고... 옛날에 개봉한 영화 중에서 <에일리언 2>나 <타이타닉>을 좋아하셔.

순영: 야, 배고프다, 밥 먹으러 가자.

봉구: 그래...

〈글쓰기의 상황〉

제임스 카메론의 영화 <아바타>는 여러 가지 점에서 블록버스터 영화의 역사에 길이 남을 것이다. 그동안 개봉되었던 영화와 달리, 컴퓨터 그래픽 캐릭터가 상당히 자연스럽게 표현되었고 배경과도 잘 어울린다. 게다가 영화가 메시지를 전달하는 방식도 생각해 볼 만하다. 미국의 서부 개척사를 이야기할 때 일반적으로 침략자 백인의 관점에서 원거주자 인디언을 바라보던 것이 이 영화에서는 원거주자 '나비족'(인디언)의 관점에서 침략자 지구인(백인)을 바라보게 만든다. 그래서 역사에서의 서부 개척사가 사실은 침략사가 아닌지 느끼게 만든다. <터미네이터 2>, <에일리언 2>에서 적극적이고 주체적인 여성 캐릭터를 선보였던 제임스 카메론답게, 이번 영화에서도 나비족 여전사가 등장하여 멋진 공중 액션을 선보인다.

– 이동진, 「〈아바타〉, 블록버스터 역사의 새 이정표」 중 일부를 재구성

두 가지 상황은 '제임스 카메론의 영화 〈아바타〉는 블록버스터 영화의 새로운 이정표가 될 것이다'라는 중심 생각을 보여 주고 있다. 그러나 말하기 상황에서 대화의 흐름을 주도하는 사람은 봉구가 아니라 순영이라고 말할 수 있다. 그것이 지나친 생각이라면, 적어도 봉구와 순영의 상호 관계가 중요하다. 그런데 글쓰기 상황에서는 순영에 해당하는 존재가 없다. 정리하자면, 말하기와 글쓰기는 모두 의사소통의 수단이다. 그런데 말하기의 맥락에서는 화자와 청자가 모두 드러나지만, 글쓰기의 맥락에서는 독자가 감추어져 있다. 그래서 필자는 보이지 않는 독자를 고려하면서 단어를 선택하고 문장을 만들고 문단을 구성하는 능력을 갖추어야 한다. 이때, 이와 같은 능력은 글을 쓰면서 다듬고 마무리하고 또 다듬는 과정을 거치면서 생성된다. 이 점을 깊이 생각하고 또 익혀야 한다.

3.1. 집필하기

이제 본격적으로 글을 써 보자. 여기서는 문단(300자 이내, 4~6문장)을 예로 들어 설명하겠다. 문단은 생각을 전달하는 기본 단위로서, 필자가 전달하고자 하는 핵심 내용을 표현한 주제문, 그리고 그 핵심 내용을 풀어서 뒷받침하는 문장으로 구성된다. 예를 들어, '제임스 카메론의 영화 〈아바타〉는 블록버스터 영화의 새로운 이정표가 될 것이다'는 중심 생각이다. 그리고 〈아바타〉가 어째서 '블록버스터 영화의 새로운 이정표'인지 구체적으로 설명해야 문단이 완성된다. 이처럼 문단이란 필자가 전달하고자 하는 주제와 그 주제를 구체화하는 부분으로 구성된다. 문단을 쓸 때 소주제의 단일성, 소주제의 구체화, 문장의 논리적 연관성 등 크게 세 가지 원리를 고려해야 한다.

1) 소주제의 단일성

하나의 문단에서 전달하는 생각은 하나여야 한다. 다음 예시에서 [가]는 '관동 대지진 당시 조선인들이 학살을 당했다'는 소주제, '관동 대지진 당시 일본인들이 조선인을 도왔다는 미담을 퍼뜨려 학살을 은폐했다'는 소주제 등 두 가지 생각을 포함하고 있다. 이럴 경우 독자는 이해할 내용이 많아서 부담된다. 따라서 예시 [나]처럼 두 개의 문단으로 나누어야 한다.

[가] 1923년 9월 1일 일본 도쿄 부근에서 대규모의 지진이 발생했다. 대지진으로 어수선해진 분위기 속에서 일본에 살고 있던 조선인들이 우물에 독을 풀어 일본인을 죽이려 한다는 등 조선인에 대한 유언비어가 유행했다. 그러자 관동지역뿐 아니라 일본 전역에서 조선인에 대한 반감이 극에 달했고, 일본인들은 조선인을 잡아 폭행하거나 살해했다. 많은 조선인들이 이러한 생존의 위협 속에서 조선으로 귀환했는데, 귀환의 과정에서도 끊임없이 폭력에 노출되어야 했다. 이후 관동 대지진 당시 일본인에게 공격을 당해 죽을 뻔했던 경험은 일본인 지인 덕분에 구사일생으로 목숨을 부지할 수 있었다는 미담으로 서술되었다. 이러한 미담을 통해 자신의 가족의 위험도 무릅쓰고 조선인을 구해 준 일본인들의 온정이 부각되었다. 즉 미담이라는 형식을 통해 조선인에 대한 폭력과 학살은 부분적인 것으로 축소하고, 조선인들을 보호하는 일본인의 의리와 인간애를 강조했던 것이다.

– 학생 글

[나] 1923년 9월 1일 일본 도쿄 부근에서 대규모의 지진이 발생했다. 대지진으로 어수선해진 분위기 속에서 일본에 살고 있던 조선인들이 우물에 독을 풀어 일본인을 죽이려 한다는 등 조선인에 대한 유언비어가 유행했다. 그러자 관동지역뿐 아니라 일본 전역에서 조선인에 대한 반감이 극에 달했고, 일본인들은 조선인을 잡아 폭행하거나 살해했다. 많은 조선인들이 이러한 생존의 위협 속에서 조선으로 귀환했는데, 귀환의 과정에서도 끊임없이 폭력에 노출되어야 했다.

이후 관동대지진 당시 일본인에게 공격을 당해 죽을 뻔했던 경험은 일본인 지인 덕분에 구사일생으로 목숨을 부지할 수 있었다는 미담으로 서술되었다. 이러한 미담을 통해 자신의 가족의 위험도 무릅쓰고 조선인을 구해 준 일본인들의 온정이 부각되었다. 즉 미담이라는 형식을 통해 조선인에 대한 폭력과 학살은 부분적인 것으로 축소하고, 조선인들을 보호하는 일본인의 의리와 인간애를 강조했던 것이다.

– 수정 글

2) 추상적 진술의 구체화

하나의 문단은 중심 생각을 담은 문장(소주제문)과 그 생각을 풀어서 서술하는 문장들(뒷받침 문장)로 구성된다. 대체로 소주제문은 추상적으로 진술되는데, 뒷받침 문장에서 이를 구체적으로 서술해야 한다. 다음의 예시 [가]는 '예술과 외설의 판단은 감상자가 내려야 한다'는 중심 생각을 전달하고자, 영화 〈향수〉를 그 근거로 활용하고 있다. 그러나 영화 〈향수〉에 대한 서술이 충분하지 않아서, 필자의 생각이 제대로 전달되지 않고 있다. [나]는 이 부분을 보충하고 있다.

[가] 예술과 외설에 대한 판단은 어떻게 해야 할까? 주관적이고 정신적인 영역이기에 각자의 표현의 자유에 의존해야 할까? 대답은 No이다. 혹시 <향수>라는 영화를 아는가. 영화의 주인공 그르누이는 처녀를 죽여 향수를 만든다. 그러면서도 그는 자신의 행위를 예술이라고 믿는다. 이처럼 외설도 단지 표현의 자유라고 하여 방치한다면 우리에게 어떤 영향을 끼칠지 미지수이다. 따라서 예술과 외설에 대한 판단은 작가의 입장에서가 아니라 감상자의 입장에서 그 작품의 질적 문제를 떠나서 우리에게 어떤 영향을 미치는지를 알고 판단해야 할 것이다.

– 학생 글

[나] 예술과 외설에 대한 판단은 어떻게 해야 할까? 주관적이고 정신적인 영역이기에 각자의 표현의 자유에 의존해야 할까? 대답은 No이다. 혹시 <향수>라는 영화를 아는가. 영화의 주인공 그르누이는 처녀를 죽여 향수를 만든다. 그러면서도 그는 자신의 행위를 예술이라고 믿는다. 주인공이 추구하는 예술은 결국 살인과 같은 반사회적인 범죄 행위로 이어졌다. 영화의

이와 같은 장면은 개인의 자유가 극대화되면 사회에 심각한 악영향을 미칠 수 있다는 것을 보여 준다. 이처럼 외설도 단지 표현의 자유라고 하여 방치한다면 우리에게 어떤 영향을 끼칠지 미지수이다. 따라서 예술과 외설에 대한 판단은 작가의 입장에서가 아니라 감상자의 입장에서 그 작품의 질적 문제를 떠나서 우리에게 어떤 영향을 미치는지를 알고 판단해야 할 것이다.

– 수정 글

3) 논리적 연관성

하나의 문단은 보통 5~7개의 문장으로 이루어져 있다. 그런데 이 문장들은 의미적으로나 형식적으로나 서로 연관되어야 한다. 예를 들어, ①번 문장은 ②번 문장과 연결되어야 하며, ②번 문장은 ①번 문장, 그리고 ③번 문장과 연결되어야 한다. 이런 식으로 각 문장은 앞과 뒤에 배치된 문장들과 서로 연결되면서 논리적으로 뚜렷해진다. 문장들이 논리적 연관성을 갖추려면 첫째, 핵심어 활용하기, 둘째, 지시어 활용하기, 셋째, 접속어 활용하기 등의 방법을 쓰면 된다.

[가] ① 시곗바늘이 움직여 시간을 알려 주는 시계를 아날로그 시계라 한다. ② 숫자가 바뀌어 시간을 표시하는 시계를 디지털 시계라고 한다. ③ 1970년대 미국에서 상품화되기 시작하면서 디지털 시계는 획기적인 발명품이라는 평가를 받았다. ④ 디지털 시계는 오차가 적어 정확도가 높으며, 구조가 간단해 가격마저 아날로그 시계에 비해 저렴하다. ⑤ 특히 영화 <007>의 주인공 제임스 본드가 최초의 디지털 손목시계를 차고 나오자, 일반인들도 디지털 시계에 관심을 가지게 되었다. ⑥ 디지털 손목시계는 바늘 시계에 밀려 차츰 사라졌다. ⑦ 사무실이나 강의실 한편을 차지하고 있는 것도 대부분 아날로그 시계이다.

– 학생 글

[나] ① 시곗바늘이 움직여 시간을 알려 주는 시계를 아날로그 시계라 한다. ② **이와 달리** 숫자가 바뀌어 시간을 표시하는 시계를 디지털 시계라고 한다. ③ 디지털 시계는 오차가 적어 정확도가 높으며, 구조가 간단해 가격마저 아날로그 시계에 비해 저렴하다. ④ 1970년대 미국에서 상품화되기 시작하면서 디지털 시계는 획기적인 발명품이라는 평가를 받았다. ⑤ 특히 영화 <007>의 주인공 제임스 본드가 최초의 디지털 손목시계를 차고 나오자, 일반인들도 디지털 시계에 관심을 가지게 되었다. ⑥ **그러나** 디지털 손목시계는 바늘 시계에 밀려 차츰 사라졌다. ⑦ 사무실이나 강의실 한편을 차지하고 있는 것도 대부분 아날로그 시계이다.

– 수정 글

3.2. 서론과 결론 쓰기

글쓰기에서 서론과 결론은 특별한 기능을 한다. 서론은 흥미를 유발하고 주제를 암시하며, 결론은 집필 의도와 본문 내용을 요약하고 독자에게 여운을 남긴다. 글의 서론과 결론을 쓸 때에는 이와 같은 서론과 결론의 기능을 완수할 수 있도록 다양한 방법을 활용해야 한다.

1) 서론 쓰기

(1) 예시로 시작하기

실제로 일어난 사건이나 구체적 사례로 글을 시작하면 독자들의 흥미를 끌 수 있다. 구체적 사건은 스토리적인 특성이 있기 때문이다. 다음 예시에서 필자는 첫 번째 문장과 두 번째 문장에서 사건을 비교적 자세히 서술하여 흥미를 끄는 데 성공한다. 그리고 마지막 문장에서 주제를 암시하고 있다. 층간소음이 사회적 문제가 되고 있다고 함으로써, 필자는 이 글이 층간소음 문제의 원인을 밝히거나 해결 방법을 다루는 글이 될 것임을 암시하고 있다.

올해 5월 서울 도봉구의 한 아파트에서 층간소음 문제로 다투다 아랫집에 사는 조 모 씨가 윗집 진 모 씨를 흉기로 찔러 살해하는 사건이 벌어졌다. 층간소음에 시달리던 아랫집에서 윗집에 항의를 하던 과정에서 몸싸움이 벌어져 결국 살인으로 이어진 것이다. 이 외에도 최근 다세대 주택에서 층간소음 문제가 빈번하게 일어나고 있으며, 살인, 폭력 등 형사 사건으로 이어지는 경우도 적지 않다. 인터넷 검색창에는 층간소음 복수 방법이 자동검색어로 저장되어 있을 정도이다. 이처럼 층간소음 문제는 이제 사회적인 문제가 되어 가고 있다.

– 학생 글

(2) 인용하기

유명한 인물이나 화제가 되고 있는 책에서 한 구절을 인용하면서 글을 시작할 수 있다. 다음 예시에서 필자는 독일의 철학자 한병철의 『피로사회』라는 책을 인용하면서 시작함으로써, 독자의 흥미를 유발한다. 그리고 마지막 문장에서 '우울증'에 대해서 해석함으로써 이 글의 주제를 암시하고 있다. 이 글을 읽은 독자들은 마지막 문장을 읽으면서, '이 글은 현대인의 우울증에 대해서 심층적으로 다루고 있겠구나'라고 짐작하게 된다.

한병철은 『피로사회』라는 책에서 21세기 사회를 '피로사회'라 명명하며, 오늘날의 질병이 "긍정성 과잉으로 인한 질병"이라고 지적했다. 그에 의하면 많은 현대인들이 시달리는 우울증은 이러한 과잉 긍정성에서 나온 것이다. 근대 이후 사람들은 오랫동안 긍정의 심리를 통해 "나는 할 수 있다"를 되뇌며 자신의 한계를 끊임없이 극복하기 위해 달려왔다. 이 과정에서 한계를 극복하지 못하고, 자기 자신을 실망시킨 사람들은 깊은 우울 속에 빠지게 되었다. 남이 정한 목표라면 정해진 틀을 거부하면 그만이겠지만, 스스로가 만들어 놓은 목표에 도달하지 못한 사람들은 자신을 부정할 수밖에 없다. 즉, 우울증이란 스스로의 목표에 닿지 못한 이들이 자신을 질책하는 과정에서 생겨나게 된 것이다.

– 학생 글

(3) 정의로 시작하기

자기가 쓰고자 하는 글의 핵심어를 사전적으로 정의하면서 시작할 수 있다. 핵심어를 정의하면서 시작하면, 글의 주제를 암시할 수 있다. 다음 예시에서 필자는 위키피디아 백과사전의 정의를 끌어온 다음, 우리나라 과학교육의 부실한 실상을 지적하면서 서론을 쓰고 있다. 상식적인 정의가 구체적 실상과 어긋난다는 점을 지적함으로써 필자는 독자들의 흥미를 유발하고 있다. 독자들은 자신의 학창 시절 과학 수업을 되뇌어 보면서 감정을 이입하게 된다.

> 위키피디아 백과사전에 의하면 과학(科學, Science)은 사물의 구조, 성질, 법칙 등을 관찰 가능한 방법으로 얻어진 체계적·이론적인 지식의 체계를 말한다. 일반적으로 과학이란 실험, 관찰을 통해 얻어진 지식을 의미한다. 이와 같은 과학의 정의는 굳이 다시 확인하지 않더라도 대부분 잘 알고 있다. 그런데 학교 교육 속에서 과학 교육은 실험이나 관찰과는 전혀 무관하게 이루어지고 있다. 중고등학생 시절 과학시간을 떠올려 보아도 실험이나 관찰을 통해 무엇인가를 배웠던 경험은 거의 없다. 과학시간은 그저 교과서에 있는 지식을 일방적으로 주입받는 시간일 뿐이었고, 각종 실험기기가 있는 과학실은 학생들의 출입이 엄격하게 통제되는 공간이었다.
>
> – 학생 글

2) 결론 쓰기

(1) 제언하기

글을 마무리할 때, 일반적으로 '~을 해 보자'라는 식으로 독자들에게 제언하는 방법이 있다. 특히, 글의 목적이 설득일 때, 제언하면서 마무리하는 방법이 유용하다. 다음 예시에서 필자는 '한 번쯤은 대체육으로 한 끼를 해결하자'라고 제언하며 글을 마무리하고 있다. 그러면서 이 글을 쓰게 된 동기, 그리고 이 글의 본문에서 다룬 내용을 간결하게 정리하고 있다.

> 여러분은 기후변화 및 핵무기로부터 위험 노출 정도를 알려 주는 지구 종말 시계가 현재 몇 시를 가리키고 있는지 알고 있는가? 시곗바늘이 자정을 가리키면 종말을 의미하는데, 2021년 기준 지구 종말 시계가 자정을 가리키기까지 단 100초밖에 남지 않았다. 이는 기후변화 문제가 매우 심각하다는 것을 의미한다. 이러한 문제 상황 해결을 위해 우리가 일상에서 쉽게 실천할 수 있는 일 중 하나는 기존 육류 대신 대체육을 소비하는 것이다. 앞서 설명했듯이, 우리는 대체육을 소비함으로써 산림을 보존할 수 있고, 온실가스 배출을 줄일 수 있다. 만약 환경을 생각한다면 한 번쯤은 대체육을 통해 한 끼를 해결하는 것은 어떨까?
>
> – 학생 글

(2) 전망하기

'앞으로 어떻게 될 것이다'라는 식으로, 미래를 전망하면서 글을 마무리하는 방법도 있다. 주로, 필자가 주목했던 새로운 사회적 현상에 대해서 글을 쓰거나, 필자가 제시했던 문제 해결 방법을 실천하면 좋아질 것이라는 식으로 전망하거나 할 때, 이 방법을 활용한다. 다음 예시에서 필자는 '다양성 영화에 지원한다면 영화의 양과 질 모두 성장할 것'이라고 전망하면서 글을 마무리 짓고 있다.

> 우리 영화계는 최근 십여 년간 비약적으로 발전했다. 천만 영화가 드물지 않고 영화 <명량>은 총 관객 수 1700만을 돌파하는 등 유래 없는 흥행을 자랑하기도 하였다. 그러나 이러한 흥행은 몇몇 영화의 이야기일 뿐이고, 여전히 좋은 영화를 만들어도 상영관을 찾지 못해 필름이 창고에 박혀 먼지만 쌓이는 일이 부지기수이다. 이러한 문제를 해결하기 위해 다양성 영화에 대한 다양한 지원 및 전용관 확대의 방안을 살펴보았다. 이렇게 되면 극장을 찾는 사람은 다양한 영화를 접할 수 있으며, 영화에 종사하는 사람 역시 팔릴 만한 영화가 아니라, 다양한 장르의 영화에 도전해 볼 수 있을 것이다. 이를 통해 결과적으로 우리 영화는 양과 질 모두 성장할 수 있을 것이다.
>
> – 학생 글

(3) 인용하기

유명인의 말이나 속담, 책의 한 구절 등을 인용하면서 글을 마무리할 수 있다. 필자의 주제 의식을 요약하는 말은 독자에게 깊은 인상을 남겨 줄 수 있다. 다음 예시에서 필자는 반려견 행동 전문가 강형욱 씨의 말을 인용하면서 결론 문단을 시작하고 있다. 강형욱 씨의 말은 '반려동물 입양자는 여러 가지를 고려해야 한다'는 필자의 주제 의식과 잘 어울린다.

> 반려견 행동 전문가 강형욱 훈련사는 KBS의 한 예능 프로그램에 출연해 1인 가구에서 반려견을 키우지 않기를 바란다고 말했다. 반려동물은 하나의 소중한 생명체이기 때문에 책임질 수 있을 때 입양하는 것이 올바르기 때문이다. 강형욱 훈련사 말처럼, 청년 1인 가구는 반려동물을 키우는 데 어려운 점이 많다. 따라서, 입양자 개인은 반드시 고려사항들을 점검하고 철저히 준비해야 한다. 무엇보다도 자신의 외로움을 덜기 위해 반려동물 양육을 고민 중이라면 신중하고 책임감 있는 입양을 하기를 바란다.
>
> – 학생 글

3.3. 퇴고하기

글쓰기의 마지막 단계가 바로 퇴고하기이다. 그러나 실제로 글을 쓰는 과정을 생각하면 집필과 퇴고는 거의 동시에 이루어진다고 봐야 한다. 대부분의 필자들이 원고지가 아니라 워드 프로세서로 글을 쓰는 시대라면 더욱 그러하다. 글쓰기는 쓰고 고치고 또다시 쓰는 반복의 연속이다. 훌륭한 필자는 글을 쓰면서 끊임없이 문장을 수정하고 단어를 다시 고르며, 심지어 글의 내용을 다시 배치하기도 한다. 좋은 글을 쓰고 싶다면, 첫째, 창의적인 주제를 체계화해야 한다. 둘째, 글을 쓰면서 끊임없이 다듬어야 한다. 특히, 글쓰기에서 퇴고하기는 글의 소통 가능성을 확보하는 중요한 방법이다. 퇴고하기 과정에서 필자는 '과연 나의 글이 독자에게 제대로, 효율적으로 전달되겠는가?'를 끊임없이 물어야 한다.

1) 의도 차원에서 퇴고하기

글을 쓰는 도중에, 혹은 글을 다 쓰고 나서도 자신이 쓴 글을 읽어 보자. 이때, ① 단어를 잘 골랐는지, ② 문체와 어조(tone)가 적절한지, 나아가 ③ 내용이 자연스럽게 배치되고 ④ 쓰기의 전략이 적절한지 살펴보자. 이때 적절한지 아닌지를 판단하는 기준이 바로 필자의 집필 의도이다.

> 독일의 작곡가 바그너는 "여행과 변화를 사랑하는 사람은 생명이 있는 사람이다"라고 말했다. 그러나 그 말과 달리 필자는 크로아티아의 자다르에서 낯선 풍경을 보고 신기했던 경험이 있다. 로마 시대의 거대한 유적지인 폐허 위에 크로아티아 사람들은 식당을 차리고 식사를 하고 있었다. 그 바로 옆에는 비잔틴 양식의 교회가 고딕 양식의 첨탑과 함께 나란히 서 있었다. 인터넷에서 관련 정보를 찾아서 안 사실이지만 자다르 해변의 낯선 풍경은 크로아티아의 독특한 역사를 잘 보여 준다.
>
> – 학생 글

예문에서 필자는 크로아티아의 도시 자다르를 처음 여행하는 사람들에게 정보를 제공하고자 한다. 특히, 자다르의 숙박이나 교통 등의 일반적인 정보가 아니라 크로아티아와 한국의 문화적 차이를 알려 주고 싶다. 이런 의도에서 바그너의 잠언과 필자의 직접 체험 등을 활용하고 있다. 그런데 다시 읽어 보면 바그너의 잠언이 필자의 의도를 강화해 주지 않는다. '그러나 그 말과 달리'를 삭제하고 그 대신 '낯선 풍경이 새로운 생각을 길러 준다'처럼, 바그너의 잠언을 필자 나름대로 해석하는 문장을 넣는 것이 자연스럽다.

한편, 필자의 체험을 활용하는 전략은 훌륭하다. 필자에게 익숙한 내용이거니와 독자의 흥미를 끌기 쉽기 때문이다. 그러나 필자가 직접 겪은 체험을 전달하는 문체가 다소 딱딱하다. 그래서 '~이리라, ~아닌가, ~이라니' 등 필자의 놀라움 혹은 주관적인 느낌을 드러낼 수 있는 표현을 활용해서 수정하는 것이 좋다. 또한 독자들이 글을 읽고 실감을 느끼도록 하기 위해서 경주의 황룡사와 비교하는 표현을 넣어 보자.

독일의 작곡가 바그너는 "여행과 변화를 사랑하는 사람은 생명이 있는 사람이다"라고 말했다. 낯선 풍경이 새로운 생각을 길러 준다는 뜻이리라. 이 말 뜻처럼 나는 아드리아해의 아름다운 도시 자다르에서 놀라운 광경을 목격했다. 폐허가 된 로마 시대의 거대한 유적지 위에 크로아티아 사람들이 레스토랑을 차려 놓고 식사를 하고 있는 것이 아닌가. 한국으로 치자면 경주 황룡사 절터에 차려진 식당에서 시민들이 저녁놀과 함께 식사를 즐기는 풍경이 눈앞에 펼쳐졌으니, 얼마나 놀랍고 또 흥미로웠겠는가. 게다가 로마 시대의 폐허 옆에는 중세 시대의 교회들이 우뚝 솟아 있었다. 그 의외의 광경 속에서 시민들이 도시의 옛날 영광은 아랑곳없이 저녁 식사를 즐기는 풍경이라니!

– 수정 글

2) 문장 차원에서 퇴고하기

(1) 문장성분 다듬기

첫째, 주요 내용 성분이 빠지지 않도록 문장을 다듬는다.

둘째, 주어와 서술어의 관계를 고려하면서 문장을 간결하게 다듬는다.

셋째, 수식 성분과 피수식 성분의 위치를 고려한다.

① 학교에서 학교 폭력 실태를 조사하여 결과가 집계되었는데, 앞으로 더욱 늘어나리라고 전망한다.

→

② 어린 시절 내 소박한 꿈은 교단에서 강의를 하고 싶었다.

→

③ 초계탕은 차가운 육수에 식초와 겨자로 맛을 낸, 일종의 면이 고기로 바뀐 냉면이다.

→

(2) 우리말답게 다듬기

첫째, '과, 및'을 쓰거나 내용을 나열할 때, 양쪽의 형태가 균형이 맞도록 다듬는다.

둘째, 부사어와 서술어 표현을 살려서 문장을 다듬는다.

셋째, 불필요한 사동, 피동 표현을 사용하지 않는다.

① 제품 번호는 제품 등록이나 설치할 때 필요합니다.

→

② 일본은 진지하고도 솔직한 해명이 있어야 한다.

→

③ 최근 그가 쓴 책이 많은 사람들에게 읽혀진다.

→

(3) 간결하고 의미가 분명하게 다듬기

첫째, 단어가 반복되거나 의미가 중복되는 표현은 다듬는다.

둘째, 문장이 길어지지 않도록 간결하게 다듬는다.

① 우리 사회가 올바른 방향으로 나아가기 위해서는 무엇보다 지도자의 자리에 있는 사람들의 솔선수범이 필요하다고 할 수 있다.

→

② 사람들은 이번 축제가 옛날을 회고하며 돌이켜 볼 수 있는 좋은 기회라고 말했다.

→

③ 사범대생의 취업에서 봉사활동은 필수적으로 요구되는 또 다른 요구 사항이다.

→

학습활동 07 아래의 글을 읽고 문장을 다듬어 보자.

데이트 폭력이 심각한 것은 그 개념을 잘 모르고 관심이 부족하다. 데이트 폭력이라고 하면 당신은 어떤 행동이 떠오르는가? 아마도 가해자가 피해자를 주먹으로 폭행하거나 뺨을 내려치는 장면 등을 생각할 것이다. 물론 이것도 데이트 폭력의 일종이다. 하지만 데이트 폭력은 폭행 상해 이외에도 다양하다. 다른 친구를 만나는 것을 막는 것, 옷차림을 지적하고 맞추도록 하는 것도 데이트 폭력에 해당된다. 또 동의 없는 성관계나 피임 거부 등의 성적 폭력도 데이트 폭력이다. 이렇게 데이트 폭력의 유형이 다양하지만, 사람들은 잘 알아차리지 못하고 단순한 사랑 싸움으로 치부한다. 이러한 무지함과 관심 부족이 데이트 폭력의 묵인을 야기시킨다. 따라서 우리는 무엇보다 정확한 데이트 폭력에 대한 인식을 해야 한다. 어떤 것이 데이트 폭력인지 인식을 가지는 것에서부터 데이트 폭력을 막을 수 있다.

적·바·림 /

적·바·림

3

자기 성찰과 글쓰기

대학 글쓰기

제3장 자기 성찰과 글쓰기

1. 나를 성찰하기

1.1. 나를 이해하기

1) 자기 이해와 자기표현 글쓰기의 의미

글쓰기란 기본적으로 자신의 목소리를 글로 풀어내는 것이다. 자신의 목소리는 명확한 생각이나 의견에서 나온다. 이러한 생각과 의견은 나에 대한 이해가 바탕이 되었을 때 나올 수 있다. 내가 어떤 생각을 하고 있고, 어떤 사안에 대해 어떤 태도를 가지고 있으며, 내가 평소에 어떤 가치관을 가지고 있는지 알아야 내 목소리를 낼 수 있는 것이다. 따라서 자기의 목소리를 내는 글을 쓰기 위해서는 자신이 어떤 사람인지 파악하고, 나아가 비판적인 관점에서 자신을 성찰할 필요가 있다.

자신이 어떤 사람인지 알아보는 자기 이해는 나를 있는 그대로 살펴보는 것을 말한다. 어떠한 편견이나 선입견 없이 있는 그대로의 나를 객관적으로 응시하는 것이다. 아울러 나를 애써 포장하거나 부정하지 않고, 있는 그대로의 나를 인정하는 것이다. 자신에 대한 편견 없는 인식과 성찰을 통해 나를 제대로 이해할 수 있고, 나에 대한 이해를 바탕으로 나만의 목소리를 낼 수 있다.

나아가 자기에 대한 이해는 다른 사람에 대한 이해, 다른 사람과의 관계 성찰의 출발점이 되기도 한다. 나를 잘 모르고서는 나와 관계 맺고 있는 다른 사람에 대한 이해로 나아가기 어렵기 때문이다. 나에 대한 이해, 나와 관계를 맺고 있는 타인에 대한 이해가 바탕이 될 때 내가 속해 있는 사회와 세계에 대한 이해도 가능해진다.

이런 점에서 나에 대한 글쓰기는 자신의 생각과 삶을 들여다볼 수 있는 기회가 될 것이다. 나에 대한 이해는 나만의 목소리를 내는 첫걸음이면서, 앞으로 어떻게 살아야 할지 인생의 방향을 결정하는 길이 되기도 한다. 그리고 나에 대한 이해를 바탕으로 타인, 더 나아가 사회와 세계를 제대로 인식할 수 있게 된다.

2) 나를 객관적으로 보기

나를 이해하는 것의 가장 기본은 나를 객관적으로 바라보는 것이다. 인정하고 싶지 않은 자신의 모습과 회피하고 싶은 경험도 있는 그대로 응시하고, 현재의 내가 있기까지 어떤 경험을 해 왔는지 객관적으로 살펴보는 것이다. 지금까지 어떤 경험을 했는지, 그 경험들이 어떻게 지금의 나를 만들었는지에 대한 이해를 바탕으로 지금의 나를 이해할 수 있게 된다.

나를 객관적인 시각으로 응시하면 내가 미처 알지 못했던 나를 만날 수도 있다. 평소에는 바라볼 기회가 없었던 나의 내면과 경험, 기억을 바라봄으로써 나에 대해 깊이 이해할 수 있게 된다. 물론 부정하고 싶은 행동이나 감정, 굳이 객관적인 관점에서 보고 싶지 않은 경험들도 있을 것이다. 하지만 용기를 내서 나를 응시한다면 미처 알지 못했던 자신을 보게 될 것이다.

나의 내면을 응시하고, 있는 그대로의 나를 본다는 것은 나 스스로 나를 인정하는 방법이 될 수 있다. 인정하고 싶지 않은 나와 인정할 만한 나를 다 살피는 것은 스스로 긍정할 수 있는 부분은 긍정하면서 부족한 점은 보완해 나갈 수 있는 첫걸음이 될 것이다.

> 나는 '나를 인정하는 삶'을 살고 싶다. 나는 나에게 크게 두 가지를 인정받고 싶다. '내가 잘한 것'과 '내가 잘못한 것'.
>
> 내가 잘한 것을 인정하는 것은 비교적 쉽고 당연한 것일지도 모른다. 하지만 내가 잘한 것을 스스로 인정함으로써 많은 것을 얻을 수 있다. 먼저 나의 강점을 찾아 그것을 더욱 발전시킬 수 있는 계기를 얻을 수 있다. 그리고 어쩌면 강점과 함께 흥미도 찾을 수 있을 것이다. 또 강점을 발전시키는 과정에서 얻은 성취감은 나의 자존감과 자신감을 올려 어떤 상황에서든 나의 강점을 살려 당당하게 행동할 수 있는 원동력이 되어 줄 것이다. 나는 그렇기 때문에 내가 잘하는 것은 무엇인지 끊임없이 생각하고 증명하려고 노력할 것이다.
>
> 다음은 내가 잘못한 것을 인정하는 것이다. 이것은 내가 잘한 것을 인정하는 것보다 훨씬 더 어려울지도 모른다. 하지만 이것을 실천하는 것이 가장 중요하다고 생각한다. 내가 잘못한 것을 인정함으로써 내가 더 성장할 수 있기 때문이다. 나는 인간으로서의 성장을 가장 중요하게 생각한다. 그러기 위해서 내 행동을 돌아보고, 타인의 입장을 고려해 보며 나의 잘못을 인정하고 그 잘못을 보완하기 위해 최선을 다하여 성숙한 인간이 되기 위해 노력할 것이다.
>
> – 학생 글

위 글의 필자는 자신이 어떤 사람인지 알기 위한 방법으로, 자신이 '잘한 것'과 '잘못한 것'을 인정하는 것에 대해 이야기하고 있다. 장점은 인정하면서 이를 살려 행동할 것임을 밝히고, 부족한 부분은 객관적으로 보면서 보완하려고 노력할 것이라고 하였다. 이를 통해 앞으로 어떻게 살 것인지 생각해 보기도 하였다. 이처럼 스스로 자신이 어떤 사람인지 살펴보는 것은 자신의 다양한 모습과 특성을 이해하는 방법이면서 미래를 계획하는 방법이 될 수 있다.

나를 객관적으로 이해하려면, 다른 대상에 빗대어 내가 지닌 특성을 생각해 보는 것도 좋다.

> 나를 한 단어로 표현한다면 어떤 단어가 좋을까. 나를 한 단어로 정의하기란 쉽지 않다. 사람은 입체적이고 다양한 부분이 존재하기 때문이다. 하지만 나에 대해 곰곰이 생각해 보니 나라는 사람과 미모사라는 식물이 유사한 점이 많다는 점을 알게 되었다. 미모사는 흔히 만지면 움츠러드는 식물로 잘 알려져 있다. 외부의 접촉에 예민해서 접촉이 잦으면 식물이 고사하기도 한다. 나는 이러한 미모사의 예민함이 나와 닮아 있다고 생각한다. 나는 나의 영역을 중요시한다. 다른 사람과 부딪히지 않고 편안하게 생활하는 공간이다. 만약 그 공간을 누군가가 무시하고 들어오면 예민하게 반응하고 종종 무시하기도 한다. 이런 내 모습이 마치 미모사가 자신을 만지면 움츠러드는 것과 같다. 그리고 지나치게 자주 타인과 접하게 되면 정신이 날카로워지고 스트레스를 받기도 한다. 그래서 꼭 나 혼자 에너지를 재충전하는 시간을 가진다. 이 부분은 꼭 미모사가 시름시름 앓다가, 접촉이 사라지면 다시 살아나는 것과 유사하다. 이런 예민함이 가끔은 나를 지치게 하지만 나에게 도움이 된다고 생각한다. 특유의 기민함으로 타인의 기분 등을 파악하기에 요긴하기 때문이다. 나의 예민함으로 외부의 상황을 파악할 수 있다는 것이다. 그래서 나는 미모사라는 식물이 나와 유사하다고 생각하고, 이런 점이 나에게는 퍽 만족스럽다.
>
> – 학생 글

위 글의 필자는 자신을 미모사에 비유하면서, 자신이 가지고 있는 여러 특성 중 '예민함'을 자신을 잘 드러낼 수 있는 특성으로 꼽았다. 그러면서 자신이 어떤 특성을 가지고 있는지 생각해 보고, 그것을 긍정적으로 보는 기회로 삼고 있다. 이처럼 자신이 어떤 사람인지 파악해 보는 과정을 거치면서 나에 대한 이해로 나아가고, 이런 이해는 자신을 성찰하고 발전시키는 출발점이 될 수 있다.

그리고 나를 이해한다는 것은 객관적인 시각에서 자신의 특성, 능력, 강점과 약점, 꿈 등을 파악하는 것이다. 현재의 나에 대한 객관적인 분석 없이 미래를 계획하거나 꿈을 설정하는 것은 불가능하다. 설령 그렇게 한다 하더라도 꿈을 이루거나 계획대로 되기 어려울 것이다. 내가 좋아하는 것이 무엇인지, 무엇을 하고 싶어 하는지, 무엇을 잘하는지, 꿈이 무엇인지 등을 파악하는 것은 내가 앞으로 무엇을 하고 살 것인지 결정하고, 여러 선택지에서 나에게 맞는 것을 골라내는 데 도움이 된다.

3) 경험을 구체적으로 인식하면서 성찰하기

내가 어떤 경험을 했고 그 경험에서 무엇을 느꼈는지 구체적으로 인식하려고 노력하면, 그 경험이 내 삶에 어떤 의미인지 잘 알 수 있다. 이렇게 경험과 그 속에서 느꼈던 감각과 감정을 일깨워 보는 것이 나 스스로를 바라보는 방법이 될 수 있다.

소설가 김영하는 한 강연에서 오감을 활용한 글쓰기가 경험을 더욱 생생하게 기억하게 하고, 자신만의 주관을 형성하는 데 도움을 줄 수 있다고 하였다. 시각에 집중된 글쓰기에서 벗어나 다양한 감각을 활용해 글을 쓰면 대상을 더 잘 느낄 수 있고, 경험과 자신의 감정을 더욱 정확하게 이해하게 된다는 것이다. 그리고 이렇게 파악된 경험과 자신의 감정을 기반으로 자신만의 주관을 형성할 수 있고, 다른 사람의 의견에 쉽게 휘둘리지 않는다고 했다. 다양한 감각을 활용해 '내 삶에서 가장 기억에 남는 한 장면'이라는 주제로 쓴 다음의 글을 살펴보자.

> **[가]** 어릴 때 할머니랑 같이 콩송편을 빚었던 기억이 난다. 가족 중 유일하게 깨를 못 먹는 손녀를 위해 할머니께서는 항상 콩송편을 만드셨는데 할머니랑 도란도란 얘기하면서 송편 만드는 게 무척이나 재미있었다. 할머니는 심심하지 말라고 옛날이야기를 들려주셨는데 그중 태몽 이야기가 가장 기억에 남는다.

[나] 어릴 때 할머니랑 같이 콩송편을 빚었던 기억이 난다. 가족 중 유일하게 깨를 못 먹는 손녀를 위해 할머니께서는 항상 콩송편을 만드셨다. 할머니가 큰 솥에 찌던 콩의 냄새는 반죽을 할 때부터 침이 고일 만큼 고소했다. 신문지를 깔고 반죽을 했었는데 처음에 물에 잘 녹지 않고 손에 달라붙던 고운 가루들이 점점 찰흙같이 변했다. 그렇게 만들어진 반죽을 비닐봉지에 넣고 방망이로 두들겼다. 할머니께서는 그렇게 해서 공기방울을 빼내야 더 찰진 반죽이 된다고 말씀하셨다. 어릴 때는 반죽을 숙성시키는 시간이 너무 무료해서 부스럭거리며 비닐봉지를 만지작거렸다. 할머니는 부스럭거리는 비닐 소리를 들으시고는 "순둥아"라고 부르며 옛날이야기를 해주셨다. 그중 가장 기억에 남는 이야기는 나의 태몽 이야기였다. 할머니께서 나긋한 목소리로 조곤조곤 이야기하시면 종종 잠들기도 했었는데 흰 접시에 푸른 솔잎을 깔고 따뜻한 콩송편을 놓은 채 나를 깨워 먹이셨다. 손에 느껴지는 부드럽고 따뜻한 콩송편의 고소함은 잊을 수 없다.

– 학생 글

[가]와 [나] 모두 어릴 적 할머니와 콩송편을 빚은 경험에 대해 쓴 글이다. [가]는 경험을 사실 위주로 전달하고 있지만, [나]에서는 콩의 고소한 냄새, 손에 달라붙던 반죽의 느낌, 비닐봉지가 부스럭거리는 소리, 손끝에 느껴지던 송편의 부드럽고 따뜻한 느낌 등 다양한 감각을 이용해 당시의 경험을 구체적으로 서술하고 있다. [가]와 [나] 중 어떤 글이 필자가 어릴 때 느낀 감정과 할머니의 사랑이 더 잘 느껴지는가? 사실만을 나열한 [가]보다 다양한 느낌을 활용해 구체적으로 쓴 [나]에서 필자와 필자가 말하려고 하는 주제를 더욱 잘 이해하고 공감할 수 있다. 또한 이런 글쓰기를 통해 필자는 자신의 경험과 감정을 스스로 잘 이해하게 되고, 이렇게 쌓인 경험과 감정은 자신만의 목소리를 내는 데 도움이 될 것이다.

학습활동 01

1. 다음 예와 같이 나를 키워드로, 발상 모으기를 한 후 발상들을 체계화하여 생각 지도를 그려 보자.

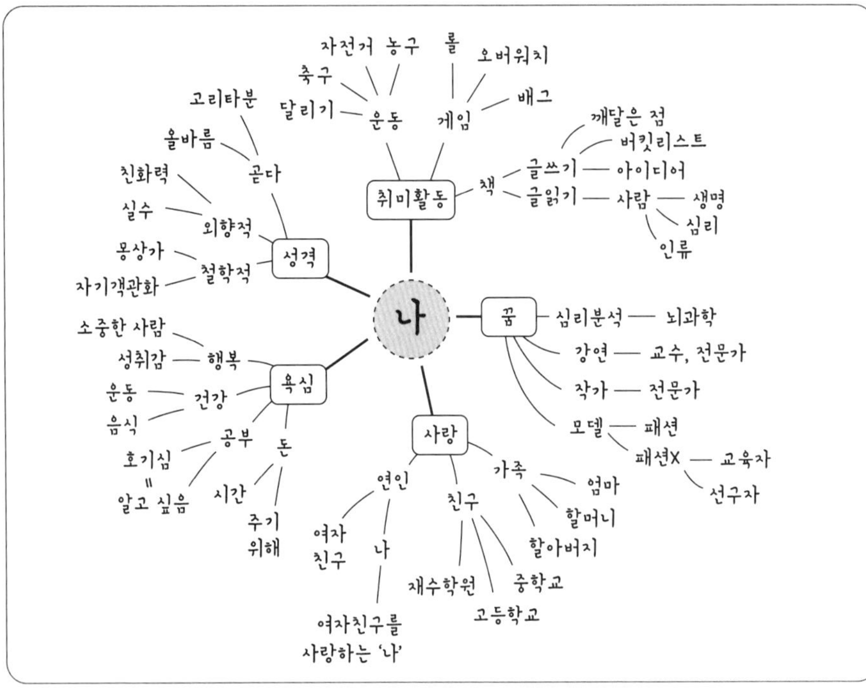

1) 발상 모으기(50개 이상)

2) 생각 지도 그리기

나

3) 1)과 2) 활동을 통해 나에 대해 무엇을 알 수 있는가?

4) 생각 지도 그리기의 여러 가지 중 어떤 가지가 자신을 잘 드러낸다고 생각하는가? 그 이유는 무엇인가?

2. 자신의 인생 그래프를 그려 보자. 지금까지 살아오면서 겪은 최고점과 최저점에 해당하는 시기나 사건을 이야기하고 그것이 왜 최고점과 최저점인지 말해 보자. 그리고 그 사건이나 경험이 자신에게 어떤 영향을 주었는지 객관적인 시각에서 이야기해 보자.

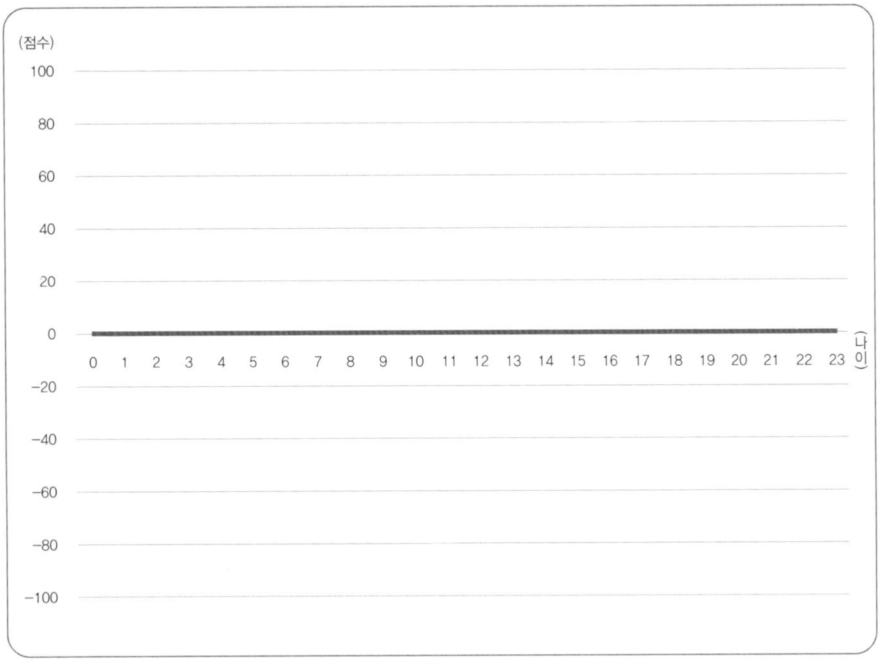

1.2. 타인과의 관계 속에서 나를 보기

1) 타인과의 관계 속에 있는 나를 이해하기

우리는 혼자서 살 수 없는 존재인 만큼 다른 사람과의 관계 속에서 살아갈 수밖에 없다. 그렇기 때문에 타인과 다양한 관계를 맺고 그 관계 속에서 내가 존재한다. 그래서 내가 맺고 있는 타인과의 관계, 타인이 나에게 차지하고 있는 의미를 성찰하다 보면 자기 이해로 이어질 수 있다. 즉 타인과의 관계 속에 존재하는 나에 대한 이해는 내가 어떤 사람인지 알아 가는 자기 이해의 한 방법이 된다.

범위를 확장하여 다른 사람과의 관계뿐만 아니라 내가 속해 있는 사회 및 세계와의 관계를 이해하는 것도 나를 이해하는 길이 된다. 나는 내가 속한 세계 속에서 존재하고, 세계와 사회 속에서 의미가 있는 존재이기 때문에 내가 느끼는 감정과 생각, 경험들도 내가 속해 있는 세계와 분리되어 존재할 수 없다. 따라서 나의 감정, 생각을 파악하고 경험을 사유할 때 타인과 나, 나와 세계의 관계 속에서 나를 파악할 수 있다.

> 내 삶에 가장 큰 존재가 무엇이냐고 누군가 내게 묻는다면 나는 망설임 없이 내 동생을 이야기할 것이다. 인생을 살면서 그다지 후회라는 것을 해 본 적은 없지만 단 한 가지 정말 후회되는 일이 하나 있다. 바로 동생과 관련된 일이다.
>
> …(중략)…
>
> 내가 과거에 아무 생각 없이 저질렀던 행동이 결국 남에게 의지하는 동생의 성격을 만들어 낸 것 같아 미안하다. 동생도 뭔가를 스스로 해낼 수 있다는 믿음을 가지고 조금만 더 동생에게 역할을 나누어 주었다면 현재 모습이 또 달라지지 않았을까 하는 복잡한 생각이 든다. 과거로 시간을 되돌릴 수 있다면 흔쾌히 어린 시절로 돌아가 동생에 대한 전폭적인 지지와 격려, 응원을 해 주고 싶은 마음이 크다.
>
> 이런 뼈저린 후회 탓인지 타인의 믿음과 지지가 인생에서 꽤 중요한 가치 중 하나라는 생각이 내 머릿속 깊이 자리 잡았다. 더불어 믿고 지지해 주는 만큼 기다릴 줄도 알아야 한다는 생각도 하게 되었다. 누구나 모든 일을 완벽하게, 모든 사람 마음에 들게 할 수 없다. 그건 당연하다. 하지만 과거의 나는 그 사실을 몰랐고, 결국 후회만 남게 되었다. 내가 가장 사랑하는 사람에게 부정적인 영향을 끼쳐 버린 셈이다. 정작 나는 타인의 지지가 부족할 때마다 힘들어했으면서 왜 가장 가깝고 소중한 가족에게 그렇게 행동했는지 모르겠다. 이 사실을 조금만 더 일찍 알았더라면 이런 일이 벌어지지 않았을 거라는 생각도 많이 든다. 응원과 격려가 한 사람의 인격 형성에 많은 영향을 끼칠 수 있다는 것을 지금에서야 깨닫게 되어 후회가 밀려오지만, 한편으로는 지금이라도 알게 되어 너무나도 다행이다. 조금 많이 늦기는 했지만, 지금이라도 동생 스스로 뭔가를 해낼 수 있도록 응원하고 독려해 주고 있다. 다른 사람이 내 마음에 들지 않는 행동을 하면 답답해하며 지켜보기를 힘들어했던 내 성격도 바꾸려

노력 중이다. 방법이 다를 뿐 누구라도 어떤 일을 멋지게 해낼 수 있다는 생각을 가지고 타인의 방식을 전적으로 믿어 보려 한다.

앞으로도 상대방에 대한 믿음을 가지고 오랫동안 지켜봐 줄 수 있는 사람이 되고 싶다. 그런 사람이 되어서 상대방에게 긍정적인 영향을 끼쳤으면 좋겠다.

– 학생 글

위 글의 필자는 동생과의 관계에서 자신이 어떤 역할을 했고, 자신의 행동이 동생에게 부정적인 영향을 끼쳤음을 이야기하고 있다. 그러면서 자신의 행동을 반성하며 앞으로 동생에게, 또 다른 사람들에게 어떤 사람이 되고 싶은지 밝히고 있다. 이처럼 타인과의 관계 속에 있는 나와, 나와 영향을 주고받는 사람들을 살펴보면 나에 대한 이해로 이어질 수 있다.

2) 타인을 통해 나를 보기

타인과의 관계 성찰을 통해 나를 이해하는 것은 우선 내가 맺고 있는 다양한 관계를 파악하는 데서 시작한다. 그리고 그 관계의 특성과 나에게 있어서의 의미, 관계를 맺고 있는 다른 사람이 나에게 미치는 영향 또는 내가 다른 사람에게 미치는 영향 등을 파악해 본다. 그리고 다른 사람과 어떤 관계를 맺고 싶은지, 그 관계에서 어떤 위치를 차지하고 싶은지도 생각해 본다. 이러한 관계에 대한 이해는 나를 다면적·입체적으로 이해하는 방법이 되고, 다른 사람과의 긍정적인 관계 맺기에도 도움이 된다.

다음은 타인과의 관계 속에서 자신이 어떤 사람이 되고 싶은지에 대해 쓴 글이다.

사랑받지 못한다는 것은 언제나 사람을 참 힘들게 한다. 자존감을 떨어뜨리고, 상처를 받게 한다. 또 받은 상처로 다른 사람에게 또 다른 상처를 주는 악순환을 반복하게 하기도 한다. 나는 사랑받지 못한다는 기분을 자주 느꼈었다. 특히 어렸을 때 오랫동안 사랑받지 못한 기억이 있어서 더 자주 느꼈다. 모든 사람이 나를 미워하는 것처럼 느껴지고, 나만 빼고 이 세상 모두가 행복해 보일 때도 있었다. 남이 하는 말이나 행동에도 크게 상처를 받지만, 사랑받지 못한다는 기분이 들면 더 심각하고 깊게 상처를 받았다. 그래서 그 상처로 나에게 다가오는 사람들에게 가시를 세우게 됐다. 나를 숨기고, 자신감이 사라지고, 다른 사람에게도 상처를 주게 된다. 범죄자들 중 어렸을 때 받은 사랑이 부족해서 범행을 저지른 사람들이 많은 것도 이런 과정들로 자기 자신을 싫어하게 되어서이다. 나도 그런 기분을 많이 느껴봤기 때문에, 다른 사람들을 사랑하는 것에 많은 관심을 기울이게 됐다.

사랑은 받는 것도 힘들지만, 주는 것 또한 힘들다. 내가 상대방에게 준 사랑만큼 나에게 돌아오지 않으면 상처를 받기 때문이다. 짝사랑이 힘든 것도 그만큼 많은 상처를 받아서이다. 애증의 관계는 더 힘들다. 사랑하는 마음과 증오하는 마음이 공존한다는 건 나뿐만 아니라 서로에게 힘든 관계가 된다는 것이다. 그렇기 때문에 사랑을 준다는 건 굉장히 힘든 일이다.

이 힘든 일을 잘 해내기 위해서는 꼭 먼저 선행되어야 하는 것이 있다. 바로 '나를 사랑하는 것'이다. 나의 있는 모습 그대로를 받아들이고 사랑하는 것이 쉬운 일은 아니지만, 모두가 나를 미워하는 상황에서도 나만은 나를 사랑할 수 있어야 한다. 그래야 나에게 다가오는 상처들에게서 나를 보호할 수 있기 때문이다. 또 나를 사랑해야 남을 사랑할 때 상처를 주지 않을 수 있기 때문이다.

나를 사랑하기 위해서는 나 자신을 잘 알고 있어야 한다. 나의 장점이 무엇인지, 단점이 무엇인지 명확하게 알아야 그 모습들을 받아들일 수 있다. 때로는 나의 모습에 '왜 이것밖에 안 되는 걸까'라고 자책을 할 수도 있지만, 자신에 대한 성찰의 시간들이 스스로를 성장시키고 더 괜찮은 사람으로 만든다.

나를 사랑할 수 있게 되면, 남을 용서할 수도 있게 된다. 사랑은 결합과 분리가 잘 되어야 한다. 누군가와 항상 함께 있는다고 해서 무조건 그 사람을 사랑하는 것도 아니고, 사랑한다고 해서 반드시 항상 함께 있어야 하는 것도 아니다. 누군가가 나에게 상처를 주는 행동을 했다면 그 사람에게서 분리되어 떨어질 필요가 있다. 그런 사람과 계속 가까이 지낸다면 미워하는 마음이 커지기 때문이다. 상대가 누구든, 일단 멀어져야 한다. 그리고 나 자신을 진정시킬 수 있어야 한다. 결국 내가 받은 상처들은 나만 기억하는 것이지 상대방이 기억하는 것은 아니기 때문이다. 아무리 싫어하고 미워한들, 상대는 신경도 쓰지 않는 경우가 대부분이다. 그렇기 때문에 스스로 회복하는 시간을 가진 후에 그 사람과의 관계를 고려해 보아야 한다. 시간이 지나고 그 사람을 신경 쓰지 않게 되면 나에게 상처를 준 사람이 어떤 사람인지 잘 보인다. 내가 보기 싫은 행동을 할 때면, '왜 저러는 거야'라며 미워하기보다는 그냥 '저런 사람도 있구나' 생각하면 된다. 상대방의 모습을 받아들이고 인정할 때 우리는 용서할 수 있다. 그 용서가 가능하다면, 사랑도 가능하다. 절대 사랑할 수 없을 것 같고 용서할 수 없을 것 같은 사람도, 내가 마음가짐을 어떻게 하느냐에 따라 사랑할 수 있게 된다. 사람은 고쳐 쓰는 게 아니라고 하는 말이 괜히 있는 게 아니다. 상대방의 단점을 미워하지 않고 사랑으로 덮을 수 있는 힘을 기르는 것이 인간관계에서 중요한 것이다.

나의 인생 목표는 '사랑이 많은 사람'이 되는 것이다. 다른 사람들이 사랑받지 못한다는 기분을 느끼지 않고, 상처받지 않았으면 좋겠다. 자기 자신을 망치는 행동들을 하지 않았으면 좋겠다.

– 학생 글

필자는 다른 사람과의 관계 속에서 '다른 사람을 사랑하는 것'을 중요하게 생각하고 있다. 어릴 때 사랑을 충분히 받지 못한 경험으로 자신은 다른 사람에게 사랑을 주는 사람이 되고 싶다는 생각을 갖게 되었다. 필자는 '사랑이 많은 사람'이 되기 위해서 선행되어야 하는 것이 있다고 하면서 나 자신을 잘 알아야 나를 사랑할 수 있고, 나를 사랑해야 다른 사람에게도 사랑을 줄 수 있다고 하였다. 다른 사람에게 사랑받고 사랑을 주기 위해서 가장 기본이 되는 것이 자신을 잘 알기라는 것이다. 필자가 말하는 것처럼 자신을 잘 아는 것은 타인과 관계를 맺고 그 속에서 성장하는 나를 위해서도 필수적이라고 할 수 있다.

학습활동 02

1. 나를 둘러싼 관계 지도를 그려 보고, 그 관계와 나에 대해 생각해 보자.

1) 나의 관계 지도 그리기

나

2) 위의 관계 지도에서 자신에게 중요하고 많은 영향을 끼치는 관계 가지를 2개 선택하고, 그 관계 속에 있는 사람들이 자신에게 어떤 영향을 미쳤는지, 자신은 그 사람들에게 어떤 존재이고 싶은지 이야기해 보자.

2. 닮고 싶거나 롤 모델로 삼고 싶은 사람이 누구인지, 어떤 사람인지 이야기해 보자.

1.3. 내가 만들어 가는 나

1) 내 삶의 목표와 가치관

내가 중요하게 생각하는 것이 무엇인지 살펴보고, 자신의 삶 전체를 관통하는 목표와 가치관을 세울 필요가 있다. '가치관'은 삶에서 자신이 중요하게 여기는 것으로, 이에 따라 태도와 행동을 결정하게 된다. 거시적인 목표와 가치관은 인생을 살아가는 데 있어 등대 역할을 한다. 삶의 거시적인 목표를 세운 사람은 그렇지 않은 사람에 비해 삶의 방향을 명확하게 잡고 앞으로 나아갈 가능성이 크다. 또한 삶의 목표와 가치관을 설정하는 것은 살아가면서 만나는 여러 갈림길에서 어떤 것을 선택할지 결정하는 데도 도움이 된다.

삶의 방향을 잡을 수 있는 가치관을 세우기 위해서는 우선 자신에 대한 이해가 선행되어야 한다. 내가 언제 행복했고 슬펐는지, 분노했는지 등 감정이 일어난 사건과 경험들을 떠올려 보면 무엇이 충족되었을 때 만족감을 느꼈고, 무엇이 좌절되었을 때 실망했는지를 알 수 있다. 이를 통해 내가 무엇을 중요하게 생각하는지, 즉 나의 가치관을 자연스럽게 알 수 있다. 이렇게 자신의 경험과 내면을 들여다보면 내가 무엇을 중요하게 생각하는지, 무엇을 추구하려고 하는지 알게 될 것이다.

다음 글은 '어른다움'이 무엇인지에 대해 필자 나름의 정의를 내리면서, 어떻게 살아가야 하는지에 대해 고민한 글이다.

"나이에 맞게 좀 행동해라!" 누군가는 나이는 숫자에 불과하다며 '나이에 맞는' 행동이 어디 있냐고 할 것이다. 하지만, 나이가 행동의 성숙한 정도에 비례한다는 것이 우리의 통념이다. 이는 해가 거듭할수록 새로운 경험을 하므로 나이를 경험과 배움의 정도의 척도로 생각하기 때문이다. 특히, 성인과 미성년자 간의 차이를 크게 생각한다. 성인이 되는 순간, 법적으로도 사회적으로도 자립된 존재로 인지되는 만큼, 책임을 대신 져 줄 보호자를 필히 요하지는 않는다. 그런데 성인으로서 스스로의 행동과 생각에 책임을 질 나이이지만, 그에 걸맞지 않은 행동을 하는 사람들이 있다. 그중에서도 나는 하면 안 되는 행동을 하는 사람은 '어른'이라고 할 수 없다고 생각한다.

아버지가 동생을 꾸짖다가 욕을 한 적이 있다. 나중에 아버지가 "큰소리 내서 미안하다"라고 사과를 하시면서 혹시 아버지가 잘못한 게 있냐고 물어보셨다. 약간의 망설임 끝에 "욕은 하지 않았으면 좋겠어요"라고 솔직하게 말했다. 이에 아버지께서 "화가 나는데 어떻게 욕을 안 하니?"라고 답하시고 조용히 방을 나서셨다. 평소에 누구에게든 욕하는 건 옳지 않다고 생각했던 나로서는 그 대답에 크게 실망했다. 물론 부모님도 사람이고 화가 날 수 있지만, 그 감정을 적나라하게 욕으로 자식에게 표출을 한 것은 옳지 않다고 생각했다. 이때, 하지 말아야 할 것을 하지 않는 것이 성숙함을 느끼게 하는 데에 큰 역할을 한다는 것을 느꼈다.

하지 말아야 할 것을 하지 않기 위해서는 자기통제력이 필요하다. '어른'은 확립된 자아를 가지고 자유의지에 따라 행동할 수 있어야 한다. 하지만 자유의지로 행동을 한다고 해서 모두 '어른'은 아니다. 교육과 경험을 통해 형성된 가치관을 바탕으로 도덕적 판단을 하고, 올바른 행위를 할 수 있어야 한다. 그런데 자기통제력이 부족한 사람은 자신의 '자율성'을 우선시하여 도덕적 판단 단계를 무시한다. 나도 내가 하고 싶은 행위를 할 자율성과 권리가 있다고 여겨 자신의 욕구를 억제하지 않고 행동하여 사회적 부적응자가 되고, 크게는 범죄자가 되기도 한다.

자신의 감정을 지혜롭게 드러내는 것도 자기통제의 일부이다. 지혜로운 감정 표현을 위해서는 충동에 휩쓸리지 않고, 감정적으로 대응하지 않는 것이 중요하다. 감정 표현을 특히 조심해야 하는 이유는 나의 표현 방식에 따라 누군가에게 상처를 줄 수도 있기 때문이다. 내가 부모님에게 기대한 '어른'의 모습은 화를 내지 않는 것이 아니라, 화가 난 것을 지혜롭게 표출하는 것이었다. 그래서 나는 아버지가 욕을 통해 자신의 분노를 표출한 것이 정당하다고 생각한 것에서 현명하지 못하다고 생각했다. 그 표현 방식으로 인해 동생이 상처를 받았기 때문이다.

물론 하지 말아야 할 것을 하지 않는 것만이 어른의 조건은 아니다. 고통을 참을 줄 아는 인내력도 있어야 하고, 자신의 지위나 역할을 걸머질 수 있는 책임감, 스스로를 사랑할 수 있는 자존감 등을 요한다. 그중에서도 하지 말아야 할 것을 하지 않을 줄 아는 것이 '어른'의 필수적인 조건이다.

당장에 반드시 지켜져야 할 사회의 법을 비롯한 각종 규칙만 봐도 금연처럼 특정 행위를 하지 말 것을 요구하는 내용이 포함된 경우가 많다. 이러한 금기된 사항을 지킬 줄 아는 것이 '어른'의 기본이다. 당신은 하지 말아야 할 것을 안 할 수 있는 정도의 자기통제력을 가지고 있는가? 지금 당장에, 과제를 위해서 하고 싶은 것을 포기할 수 있는가? 여기에 긍정의 답변을 할 수 있는 자만이 단순히 '성인'에서 머물지 않고 '어른'으로 나아갈 수 있는 자격을 가졌다고 생각한다.

– 학생 글

필자는 아버지와의 일을 통해 '어른다움'에 대해 생각해 보게 되면서, '하지 말아야 할 것을 하지 않을 줄 아는 것'이 '어른'의 필수 조건이라고 말하고 있다. 필자는 '어른'에 대해 필자 나름의 정의를 내리면서 앞으로 어떤 어른이 되어야 할지, 어떤 자세와 가치관으로 살아야 할지 진지하게 고민해 보고 있다. 이러한 고민과 성찰을 통해 자신만의 관점과 가치관을 가지게 되고, 이러한 가치관은 삶의 나침반이 될 것이다.

2) 내가 하고 싶은 일

미래를 계획하고, 되고 싶은 나를 설정하는 것은 나에 대한 이해를 바탕으로 한다. 내가 어떤 경험과 관계 속에서 성장해 왔는지, 내가 잘하고 못하는 것은 무엇인지, 내가 중요하게 생각하는 것은 무엇인지, 나는 어떤 사람이 되고 싶은지 등에 대한 파악이 우선되어야 구체적인 미래를 설계할 수 있고, 그에 따른 계획도 세울 수 있다.

나에 대한 객관적 이해를 통해 나의 능력과 적성, 강점과 약점 등을 정확하게 파악할 수 있고, 이를 바탕으로 미래의 나를 그려 볼 수 있다. 막연히 어떤 것을 하고 싶다 정도가 아니라, 현재의 자신을 정확하게 파악해서 자신이 원하고 할 수 있는 것을 목표로 설정한다면 그 목표를 이루기 위해 무엇을 해야 하는지도 분명하게 알 수 있을 것이다.

학습활동 03

1. 자신이 중요하게 생각하는 가치가 무엇인지 알아보기 위해 다음 활동을 해 보자.

1) 지금까지 살아오면서 가장 행복했던 일, 슬펐던 일, 분노했던 일들을 떠올려 보고, 그 일들을 통해 내가 중요하게 생각하는 것이 무엇인지 써 보자.

	사건 및 경험	중요하게 생각하는 것
예: 분노했던 일	부모님이 내 의사도 물어보지 않고 기숙학교에 보냈을 때	주체성, 소통, 배려
행복했던 일		
슬펐던 일		
분노했던 일		

2) 자신이 제일 중요하게 생각하는 가치를 표현하는 단어 3개를 골라 보고, 왜 그것을 중요하게 생각하는지 이야기해 보자.

2. 삶을 관통하는 목표와 꿈이 무엇인지 생각해 보자. 왜 그러한 목표와 꿈을 설정하게 되었는지, 목표와 꿈을 이루기 위해 무엇이 필요한지에 대해 이야기해 보자.

3. 자신이 잘하는 것 5가지를 들고, 그것이 어디에, 어떻게 활용될 수 있는지 써 보자.

	자신의 강점 또는 역량	활용 가능성
1		
2		
3		
4		
5		

4. 앞으로의 삶을 위해 미래에 어떤 계획을 가지고 있는지 써 보자.

시기	계획	상상하는 나의 모습
현재		
대학 3, 4학년		
대학 졸업 후		
30대		
40대		
50대		
60대		
70대		
80대		
90대		
~ 사망		

2. 나를 성찰하는 글쓰기

2.1. 나에게 말 걸어 보기

성찰의 시작은 나에게 말을 걸어 보는 것이다. 나와 대화하기 위해 글을 쓴다는 것은 자신의 내면과 만나는 일이다. 가끔 자신과 대면하여 글을 쓴다는 것이 무척 괴로울 때도 있다. 그냥 앉아서 자신의 과거를 무작정 회고한다고 해서 자기의 정체성을 이해할 수 있는 것도 아니다. 그럼에도 나에게 끊임없이 말을 걸어 보고 자기 내면을 성찰하는 글을 써 볼 필요가 있다. 나에게 진솔하게 말을 걸어 보는 심정으로 글을 쓰면 평소에 눈치 채지 못한 나만의 특성을 재발견할 수도 있기 때문이다. 여기서는 장정일의 「삼중당 문고」와 학생이 쓴 「독서에 대한 추억 더듬기」를 읽어 보기로 한다.

1) 나를 가장 잘 표현하는 단어 찾기

> 열 다섯 살, 하면 금세 떠오르는 삼중당 문고
> 150원 했던 삼중당 문고
> 수업시간에 선생님 몰래, 두터운 교과서 사이에 끼워 읽었던 삼중당 문고
> 특히 수학시간마다 꺼내 읽은 아슬한 삼중당 문고
> 위장병에 걸려 1년간 휴학할 때 암포젤 엠을 먹으며 읽은 삼중당 문고
> 개미가 사과껍질에 들러붙듯 천천히 핥아먹은 삼중당 문고
> 간행목록표에 붉은 연필로 읽은 것과 읽지 않은 것을 표시했던 삼중당 문고
> 경제개발 몇 개년 식으로 읽어 간 삼중당 문고
> 급우들이 신기해 하는 것을 으쓱거리며 읽었던 삼중당 문고
> 표지에 현대미술 작품을 많이 사용한 삼중당 문고
> 깨알같이 작은 활자의 삼중당 문고

> 검은 중학교 교복 호주머니에 꼭 들어맞던 삼중당 문고
> 쉬는 시간 10분마다 속독으로 읽어내려 간 삼중당 문고
> 방학중에 쌓아 놓고 읽었던 삼중당 문고
> 일주일에 세 번 여호와의 증인 집회에 다니며 읽은 삼중당 문고
> 국기에 대한 경례를 하지 않는다고 교장실에 불리어가, 퇴학시키겠다던 엄포를 듣고 와서 펼친 삼중당 문고
> 교련문제로 고등학교 진학을 포기했을 때 곁에 있던 삼중당 문고
> 건달이 되어 밤늦게 술에 취해 들어와 쓰다듬던 삼중당 문고
> 용돈을 가지고 대구에 갈 때마다 무더기로 사 온 삼중당 문고
> 책장에 빼곡히 꽂힌 삼중당 문고
>
> – 장정일, 「삼중당 문고」

이 시는 삼중당 문고에서 간행한 책을 통해서 자신의 삶을 성찰하고 있다. 시인은 15세에 150원 주고 사서 읽었던 삼중당 문고에서 출발하여 자신의 삶을 선입견 없이 객관적으로 제시한다. 시인의 다양한 인생 이력을 보여 주는 핵심적 대상이 삼중당 문고에서 간행한 책이다. 삼중당 문고의 책을 읽으며 청소년기를 보낸 시인은 개인적 차원의 사실을 성찰하면서도 당시 사회의 단면을 적나라하게 보여 준다. 따라서 「삼중당 문고」는 청소년기 시인의 생활모습이 개인의 차원을 넘어서 사회적 문제로 확장되고 있다.

이 글은 세 가지 배치 전략을 사용하고 있다. 첫째, '삼중당 문고'에 대한 객관적 사실을 제시하고 있다. 예컨대 책값이 150원, 현대미술 작품을 많이 사용한 표지, 깨알같이 작은 활자 등은 간행한 책에 대한 정보를 제시한 경우이다. 둘째, 청소년기 시인의 생활 모습과 삼중당 문고에서 간행한 책을 다양하게 연관시켜 제시하고 있다. 열다섯 살 하면 떠오르는 추억의 책, 수업시간 교과서 사이에 끼워 읽었던 책, 위장병에 걸려 휴학할 때 읽었던 책 등은 청소년기의 생활 모습과 책이 긴밀하게 연관되어 있는 경우이다. 셋째, 삼중당 문고에서 간행한 책을 통해서 시인의 행동이 사회적 문제로 확장되고 있다. 가령 경제개발 몇 개

년 식의 사건, 국기에 대한 경례를 하지 않는다고 퇴학시키려던 사건, 교련 문제로 고등학교 진학을 포기한 사건 등은 삼중당 문고의 책과 사회적 문제를 연결시켜 보여 준 경우이다. 이렇게 「삼중당 문고」는 세 가지 배치 전략을 활용하여 청소년기 시인의 삶을 성찰하고 있다.

학습활동 04

1. 장정일의 「삼중당 문고」 전문을 읽어 본 후에 자신의 생활과 연관된 사실을 객관적으로 드러낼 수 있는 핵심적 대상을 찾아보자. 그 대상이 자신의 삶을 성찰하기에 적절한 이유는 무엇인지 자세하게 써 보자.

대상	
이유	

2. 위의 자료를 활용하여 자신의 생활과 연관된 대상을 통해서 자기 내면을 성찰하는 모방시를 창작해 보자.

2) 내 삶의 가장 중요한 경험 떠올리기

나는 골목 여행을 할 때마다 동네 서점을 방문한다. 구미 금오산 자락의 금리단길에는 그림책 산책, 책봄, 삼일문고 등의 서점이 있다. 그중에서도 분위기 좋은 카페 지하에 그림책 산책이 최근에 둥지를 틀었다. 서점 주인은 지하 공간을 아름다운 그림책의 세계로 만들어 놓았다. 그림책 산책이 들어오기 전에는 동네 서점 책봄이 자리하고 있었다. 나는 동네 서점에 대한 기억이 거의 없었기 때문에 책봄을 방문하면서도 별다른 기대를 하지 않았다. 하지만 책봄에 들어서는 순간 마치 여행자의 숙소에 온 것처럼 너무도 포근했던 기억이 생생하다.

동네 서점인 책봄에서는 나도 모르게 아무런 책이라도 무작정 읽고 싶은 충동에 빠지곤 한다. 이렇게 좋은 동네 서점을 방문할 때마다 내 어린 시절 독서에 대한 아픈 기억이 떠오른다. "가을은 독서의 계절이라 하는데 여러분은 어떤 책을 읽었습니까?" 이런 선생님의 질문에 맞장구칠 만한 책이 없어서 그냥 얼버무리기 일쑤였던 지난 시절의 부끄러운 추억이 나를 스치고 지나간다. 그냥 책을 많이 읽는다고 모든 것이 해결되지는 않는다고 일부러 딴지를 걸어보기도 했다. 독서는 필요할 때 관심이 있는 책을 읽으면 된다고 생각했기 때문이다.

그런데 독서의 계절이 필요할 만큼 내가 책을 읽지 않았다는 사실에 깜짝 놀랐다. 독서가 얼마나 중요한지도 모른 채 친구들과 함께 뛰어놀던 어린 시절의 추억이 떠오른다. 책보다 자연 속에서 놀았던 경험 덕분에 감수성은 조금 풍부한 편이다. 그럼에도 대학 친구들과 대화를 나누다가 책과 관련된 이야기가 나오면 왠지 소외감을 받기도 했다. 비로소 독서의 부족함을 깨달았기 때문에 대학 시절에는 닥치는 대로 책을 읽었다. 남들보다 더 많은 독서를 했지만 어린 시절의 그림책이나 동화에 대한 감수성은 느낄 수 없어서 아쉬울 따름이다. 자신의 나이에 맞는 책을 읽어야 한다는 사실을 대학생이 되어서 뼈저리게 느꼈다.

나는 대학 시절 읽었던 수많은 책 덕분에 여행 작가가 되었다. 독서는 창조적 글쓰기를 위해서 꼭 필요하다. 물론 자기만족으로 독서를 할 수도 있지만 독서는 간접 경험을 통해서 독자가 아닌 필자로 나설 수 있는 용기를 주었다. 풍부한 독서는 글쓰기를 전제로 하면 훨씬 더 생산적이고 즐거움을 얻을 수 있다는 사실을 뒤늦게 깨달았다. 이 때문에 나는 동네 서점을 방문하여 사람들과 함께 책을 읽고 이야기하는 탁상공론(卓上共論)을 좋아한다. 독서와 경험을 활용한 탁상공론은 여행 작가로서 다양한 인문학적 상상력을 발휘할 수 있는 원동력이기 때문이다.

이 글에서 필자는 어린 시절 독서에 대한 씁쓸한 추억을 회상하고 있다. 필자는 골목 여행을 하나가 들어간 동네 서점에서 독서를 게을리하고 자연 속에서 뛰어놀았던 어린 시절의 추억을 떠올린다. 그렇게 성장하여 대학 친구들과 대화를 하면서 다시 한번 독서의 중요성을 깨닫게 된다. 친구들과 책 이야기를 하면 왠지 대화에서 소외되는 느낌을 받았기 때문이다. 그래서 대학 시절에는 남들보다 더 많은 책을 닥치는 대로 읽었지만 어린 시절의 그림책이나 동화의 감동을 느끼지 못한 아쉬움을 솔직하게 고백하고 있다. 책은 자기 나이에 맞게 읽어야 한다는 사실을 너무 늦게 깨달은 것이다.

그나마 다행인 것은 독서 대신에 자연 속에서 친구들과 함께 뛰어놀았던 경험이 풍부하다는 점이다. 필자는 어린 시절 자연에서 놀았던 경험과 대학생 때 읽었던 수많은 책 덕분에 여행 작가가 되었다. 그는 동네 서점에서 사람들과 함께 책을 읽고 이야기하는 탁상공론(卓上共論)을 창조의 원동력으로 삼았다. 탁상공론은 독서와 경험을 결합한 여행 작가의 창조적 글쓰기의 핵심이 되었다. 이 글에서 필자는 동네 서점을 방문할 때마다 어린 시절 독서를 하지 못한 아쉬움과 대학생이 되어 닥치는 대로 책을 읽었던 추억을 객관적으로 성찰하고 있다.

학습활동 05

1. 내 삶에서 가장 중요한 추억을 객관적으로 더듬어 보는 글을 쓰려고 한다. 특정한 시기와 대상에 초점을 맞춰서 요점식 개요를 작성해 보자.

서론	
본론	
결론	

2. 앞에서 작성한 요점식 개요를 활용하여 자신의 인생을 객관적으로 성찰하는 글을 완성해 보자.

3. 학습활동 1을 활용하여 자신을 성찰하는 글을 완성하려고 한다. 글의 주제를 효과적으로 전달할 수 있는 배치 전략을 구체적으로 써 보자.

주제	
서론	
본론	
결론	

2.2. 대상과 소통하기

1) 내 인생의 방향을 바꾼 사람

인간은 사회적 동물이기에 타인과의 관계 속에서 자신의 정체성을 확인한다. 나를 둘러싼 가족, 친구, 대학 및 동아리 선후배 등을 포함한 다양한 관계 속에서 나의 의미를 해석할 수 있다. 신영복은 『강의－나의 동양고전독백』에서 "인간은 인간관계입니다"라고 단언했다. 인간은 다양한 관계 속에서 살아갈 수밖에 없음을 동양고전을 통해서 보여 준 것이다. 따라서 내 인생의 방향을 바꾼 사람이 누구인지 살펴볼 필요가 있다. 여기서는 학생이 쓴 「형의 보이지 않는 사랑」을 읽어 보기로 한다.

> 우리 가족은 부모님과 형과 나 모두 4명이다. 부모님이 맞벌이를 하고 있어서 형과 나는 어릴 때부터 친구처럼 지내며 골목을 휩쓸고 다녔다. 그런데 중학생 때부터는 형과 의견이 다를 때마다 줄곧 싸우며 성장했다. 형은 장남이라는 권위를 가지고 동생인 나를 못살게 굴었다. 부모님의 묵인하에 집안의 좋은 물건은 모두 형에게 돌아갔다. 중학교 2학년 때는 사춘기의 기운을 받아서 형에게 대들었다가 무지하게 맞기도 했다. 그럴 때면 내 잘못을 뉘우치기보다는 주먹을 휘두른 형이 너무도 싫었다.
>
> 힘이 약하여 형에게 대들지 못할 때는 형의 방에 들어가 물건을 어질러 놓았다. 그럴 때마다 형은 고함을 지르며 빗자루를 들고 나를 따라와서 내 잘못을 장황하게 늘어놓았다. 어떤 날은 형의 방에 있는 컴퓨터를 조금 사용했을 뿐인데 왜 그렇게 화를 내는지 정말 미웠다. 형은 소심한 성격으로 소유물에 대한 집착이 매우 강한 편이었다. 그래서 형이 아끼는 컴퓨터를 허락도 없이 사용하는 나를 아주 질색했지만 나는 그런 반응을 보이는 형이 자꾸만 미워졌다. 왜냐하면 우리 집의 물건은 무엇이든지 마음대로 사용해도 된다고 생각했기 때문이다.
>
> 어느 날 학원에 가는 것이 싫어서 친구들과 게임방에서 놀다가 아버지께 발각되는 사건이 발생했다. 공부도 못하는 내가 학원도 빼먹고 게임에 몰두하였

으니 이제 집에 가면 죽었구나 생각했다. 가출이라도 하고 싶었지만 갈 곳이 마땅찮았다. 고민 끝에 밤 10시가 되어 현관문을 살짝 열고 들어갔을 때 아버지가 회초리를 들고 나를 기다리고 있었다. 아버지의 화난 모습만 봐도 무서워서 눈물이 글썽거렸다. 나는 울면서 잘못했다고 싹싹 빌었다. 형이 컴퓨터에 손을 대지 말라고 해서 게임방에 갔을 뿐이라고 변명을 늘어놓았다. 그때 형이 내 변명을 두둔하면서 화난 아버지를 설득해 주었었다. 그 덕분에 회초리는 맞지 않았지만 그런 말을 해 준 형이 얄미우면서도 너무나 고마웠다.

나는 즉흥적이고 활발한 성격을 가지고 있다면 형은 계획적이고 꼼꼼한 성격을 가지고 있다. 나는 입시학원에 가는 것보다 친구들과 동네에서 놀기를 좋아했다. 형은 제법 공부를 잘해서 가족들의 기대를 잔뜩 받았다. 그런 형이 가끔씩 나를 위해 컴퓨터 게임을 할 수 있도록 자기 방을 개방해 주기도 했다. 물론 방을 깨끗하게 사용한다는 조건을 걸기도 했지만 집에서 컴퓨터 게임을 할 수 있어서 정말 좋았다. 컴퓨터 게임에 몰두하고 있는 나에게 형은 지나가는 말로 네 미래를 생각해서 좋아하는 것을 찾아보라고 조언해 주었다.

형을 이기기 위해 컴퓨터 게임을 하면서도 불안한 미래의 모습에 대한 탐구를 시작했다. 그 결과 내가 좋아하는 컴퓨터 게임을 활용한 진로를 모색하다가 컴퓨터학과에 입학하게 되었다. 우리 가족은 아무런 걱정이 없다. 대학에 못 갈 것 같던 내가 대학에 입학했으니 말이다. 그런데 컴퓨터 프로그램을 개발하는 일이 정말 지루하고 힘들었다. 그래도 내가 좋아하는 게임을 개발할 수 있어서 즐거운 비명을 지르기도 했다. 더욱이 컴퓨터와 관련된 어려운 문제는 성격이 꼼꼼한 형에게 물어보면 쉽게 해결할 수 있다. 이렇게 내가 성장할 수 있었던 것은 형의 컴퓨터를 사용하면서 내가 좋아하는 일을 찾았기 때문이다. 우리 형제는 성격 차이와 컴퓨터 때문에 많이 싸웠지만 형은 나를 이끌어 준 친구이자 선생님이다.

– 학생 글

이 글은 가족 관계에서 발생할 수 있는 형제의 싸움과 화해를 보여 준다. 가족 간의 관계는 사회적 관계를 형성하는 데 아주 중요한 역할을 한다. 가족들과의 관계 속에서 내 정체성이 형성되기 때문이다. 형제는 성장하면서 미묘한 갈등을 겪게 마련이다. 형제 관계에서 발생하는 싸움과 화해는 나를 성찰하기에 적절한 사례이다. 필자의 형은 부모님의 신망을 받으며 자랐다면 필자는 그렇지 못했다. 글의 내용은 '우리 형제는 컴퓨터 사용 문제로 많이 싸웠지만 형의 충고 덕분에 컴퓨터학과에 입학하게 되었다'로 정리할 수 있다.

이러한 주제를 뒷받침하기 위해 문단별 핵심 자료를 어떻게 배치했는지 살펴보자. 중학생 때 많이 싸운 이유는 장남인 형이 집안의 좋은 물건을 차지했기 때문이다. 컴퓨터로 인해 싸운 이유는 소심한 성격을 가진 형이 내가 자기 방에 들어오는 것을 싫어했기 때문이다. 그런데 학원에 가지 않고 게임방에서 놀다가 아버지께 발각되었을 때 의외로 형이 나를 도와주었다. 더욱이 형은 가끔씩 자신의 컴퓨터를 사용하게 해 주면서, 내가 좋아하는 것을 찾아보라고 조언해 주는 친절함까지 보였다. 나는 형에 대해 경쟁심을 갖는 한편, 불안한 미래를 고민하다가 컴퓨터 게임을 활용할 수 있는 컴퓨터학과에 진학했다. 우리 형제는 컴퓨터 사용 때문에 많이 싸웠지만 형은 나를 도와준 은인이다.

학습활동 06

1. 내 인생의 방향을 바꾼 사람에 대해서 글의 주제를 선정하고 핵심 자료를 문장식 개요로 작성해 보자.

주제	
서론	
첫째 문단	
둘째 문단	
셋째 문단	
결론	

2. 앞의 주제와 문장식 개요를 활용하여 내 인생의 방향을 바꾼 사람을 소재로 수필 또는 소설을 써 보자.

2) 내가 제일 소중하게 생각하는 사물

내가 제일 소중하게 생각하는 사물은 무엇일까? 이런 질문을 받으면 내 삶에서 가장 소중한 사물은 어떤 것일까 생각해 보게 된다. 인간과 인간의 관계뿐만 아니라 인간과 사물의 관계도 성찰을 위해서는 매우 중요하기 때문이다. 인간은 주변의 사물과의 관계 속에서 자신의 정체성을 재확인하기도 한다. 그래서 우리 주변에서 볼 수 있는 나무를 통해서 나를 성찰해 볼 필요가 있다. 나무와 주변의 관계를 관찰하면 자신의 위치와 역할을 성찰할 수 있기 때문이다. 여기서는 이양하의 수필 「나무」를 읽어 보기로 한다.

나무는 덕을 지녔다. 나무는 주어진 분수에 만족할 줄을 안다. 나무로 태어난 것을 탓하지 아니하고, 왜 여기에 놓이고 저기 놓이지 않았는가를 말하지 아니한다. 등성이에 서면 햇살이 따사로울까, 골짝에 내려서면 물이 좋을까 하여, 새로운 자리를 엿보는 일도 없다. 물과 흙과 태양의 아들로 물과 흙과 태양이 주는 대로 받고, 후박(厚薄)과 불만족을 말하지 아니한다. 이웃 친구의 처지에 눈떠 보는 일도 없다. 소나무는 진달래를 내려다보되 깔보는 일이 없고, 진달래는 소나무를 우러러보되 부러워하는 일이 없다. 소나무는 소나무대로 스스로 족하고, 진달래는 진달래대로 스스로 족하다.

나무는 고독하다. 나무는 모든 고독을 안다. 안개에 잠긴 아침의 고독을 알고, 구름에 덮인 저녁의 고독을 안다. 부슬비 내리는 가을 저녁의 고독도 알고, 함박눈 펄펄 날리는 겨울 아침의 고독도 안다. 나무는 파리 옴짝 않는 한여름 대낮의 고독도 알고, 별 얼고 돌 우는 동짓달 한밤의 고독도 안다. 그러나 나무는 어디까지든지 고독에 견디고 고독을 이기고 또 고독을 즐긴다.

나무에 아주 친구가 없는 것은 아니다. 달이 있고, 바람이 있고, 새가 있다. 달은 때를 어기지 아니하고 찾고, 고독한 여름밤을 같이 지내고 가는 의리 있고 다정한 친구다. 웃을 뿐 말이 없으나, 이심전심 의사가 잘 소통되고 아주 비위에 맞는 친구다. 바람은 달과 달리 아주 변덕 많고 수다스럽고 믿지 못할 친구다. 그야말로 바람잡이 친구다. 자기 마음 내키는 때 찾아올 뿐 아니라, 어떤 때는 쏘싹쏘싹 알랑대고, 어떤 때는 난데없이 휘갈기고, 또 어떤 때는 공연히 뒤틀려 우악스럽게 남의 팔다리에 생채기를 내놓고 달아난다. 새 역시 바람같이 믿지 못할 친구다. 역시 자기 마음 내키는 때 찾아오고, 자기 마음 내키는 때 달아난다. 그러나 가다 믿고 와 둥지를 틀고, 지쳤을 때 찾아와 쉬며 푸념하는 것이 귀엽다. 그리고 가다 흥겨워 노래할 때 노래 들을 수 있는 것이 또한 기쁨이 되지 아니할 수 없다.

나무는 이 모든 것을 잘 가릴 줄 안다. 그러나 좋은 친구라 하여 달만을 반기고, 믿지 못할 친구라 하여 새와 바람을 물리치는 일도 없다. 그리고 달을 유달리 후대(厚待)하고 새와 바람을 박대(薄待)하는 일도 없다. 달은 달대로, 새는 새대로, 바람은 바람대로 다 같이 친구로 대한다. 그리고 친구가 오면 다행으로 생각하고, 오지 않는다고 하여 불행해하는 법이 없다. 같은 나무, 이웃 나무가 가장 좋은 친구가 되는 것은 두말할 것이 없다. 나무는 서로 속속들이 이해하고 진심으로 동정하고 공감한다. 서로 마주 보기만 해도 기쁘고, 일생을 이웃하고 살아도 싫증나지 않는 참다운 친구다.

– 이양하, 「나무」

이양하의 「나무」는 나무와 관계를 맺는 대상을 통해서 나를 성찰한 글이다. 3인칭의 관점에서 나무와 바람과 새의 관계와 의미를 탁월한 통찰력으로 보여 준다. 나무는 덕을 지녔기 때문에 자족적 삶을 영위하고 있다. 그래서 소나무와 진달래는 자신의 처지에 만족하면서 살아간다. 고독한 나무의 친구로는 달, 바람, 새가 있다. 달은 소통이 잘 되는 의리 있는 친구다. 바람은 변덕스러워 신뢰하지 못할 친구다. 새는 자기 멋대로 행동하여 신뢰할 수 없지만 노래를 들려주는 귀여운 친구이기도 하다. 그렇다고 나무는 달만 좋아하고 바람과 새를 싫어하지 않는다. 나무는 달과 바람과 새를 이해하고 공감하고 있다.

이 글은 두괄식 문단 구성을 통해서 독자에게 나무의 성품을 효과적으로 전달한다. 문단의 서두에 핵심 내용을 배치하고 뒷받침 문장으로 그것을 구체화하는 방식을 선택하고 있다. 이런 문단의 구성 방식은 나무와 바람, 달, 새 등의 관계와 의미를 재해석하는 데 효과적인 역할을 수행한다. 이양하의 「나무」는 나무처럼 덕을 품고 고독을 즐기는 사람이 될 수 있도록 비유적으로 표현하고 있다. 나무를 나로 대치하면 대상과의 관계를 새롭게 성찰할 수 있다. 이러한 나무와 대상의 관계를 오랫동안 관찰하면 나를 성찰하는 데 도움이 될 것이다.

학습활동 07

1. 내가 가장 좋아하는 사물과의 관계를 성찰하는 글을 써 보려고 한다. 우선 글감의 대상이 될 만한 사물을 선정하고 선정한 이유를 구체적으로 서술해 보자.

사물	
이유	

2. 위의 자료를 활용하여 내가 가장 좋아하는 사물과의 관계를 성찰하는 글을 써 보려고 한다. 글의 주제, 주제문, 문단 구성 전략 등을 구체적으로 제시해 보자.

주제	
주제문	
서론	
본론	
결론	

3. 앞의 자료를 활용하여 내가 가장 좋아하는 사물과의 관계를 해석하는 글을 완성해 보자.

2.3. 나의 미래상

1) 나의 미래를 구체적으로 계획하기

대학생활은 인생의 미래를 구체적으로 설계하는 시기이다. 내 인생의 미래를 어떻게 설계할 것인가는 각자의 가치 판단에 따라서 매우 다양할 수밖에 없다. 대학생활의 방황과 고민을 통해서 내 인생의 미래를 체계적으로 설계하면 그 미래는 분명 현실이 될 수 있다. 지금 내 모습은 초라해도 미래의 멋진 모습을 상상하면 오늘의 고통은 추억으로 남을 것이다. 여기서는 학생이 쓴 「내 인생의 설계도」를 읽어 보기로 한다.

내 인생의 설계도를 그리는 것이 너무도 막막하다. 내가 진정 하고 싶은 것이 무엇인지 아직까지 제대로 찾지 못했기 때문이다. 내가 평생 즐겁게 할 수 있는 일에 대한 설계도를 작성하는 것도 쉽지 않다. 더욱이 내가 어떤 사람으로 살아갈 것인지를 결정하는 것이 더욱 어렵다. 낯선 대학생활에 적응하기도 바쁘지만 친구들과 술 마시고 놀면서 가끔 불안한 미래를 걱정하기도 한다. 꿈과 목표도 확실히 세워 놓은 것 없이 너무 막연하게만 살아온 내 자신이 부끄럽기도 하다. 이렇게 시간을 허비하다가는 인생의 낙오자가 될 것 같다. 그래서 작심하고 내 인생을 풍요롭게 할 설계도를 단계별로 작성해 보았다. 내 인생 설계도가 추상적이고 막연할 수도 있지만 미래의 멋진 모습을 상상해 보면 가슴이 심쿵한다.

20대에는 즐거운 대학생활을 통해서 내 꿈을 찾고 싶다. 우선 대학생활에 잘 적응하여 꿈과 낭만을 찾아보려고 한다. 신입생에서 의젓한 2학년으로 성장하여 후배들에게 멋진 대학생활을 알려주고 싶다. 그리고 2년 동안 국방의 임무를 수행하면서 분단된 우리의 현실을 경험하고 싶다. 3학년과 4학년 때는 내가 평생 즐겁게 할 수 있는 일을 탐색할 것이다. 대학에서 4년 공부해 전문가로 활동하기에는 여러 가지로 부족하다. 그래서 대학원에 진학하여 외국어로서 한국어 교육을 전공할 예정이다. 예전에 외국인 친구의 한국 적응을 도와주는 프로그램에 참여하여 우리 문화를 소개하는 즐거움을 잊을 수 없었기 때문이다. 한국어 교육을 전공하면 외국의 대학에서 한국어 교사로 근무할 수도 있다. 대학원에서는 한국어 교사로 거듭나기 위해 한국어와 한국 문학 및 전통문화를 배울 것이다. 또한 배낭여행을 통해서 한국과 외국의 문화적 차이점을 이해하고 싶다. 외국인들에게 우리 문화를 소개하고 한국어를 강의하는 모습을 생각만 해도 가슴이 두근거린다.

30대에는 외국 대학에서 한국어 교사로 근무하면서 다양한 경험을 쌓고 싶다. 한국어 교사로서의 전문성을 갖추었기 때문에 한류 열풍이 불고 있는 동남아시아 국가에서 5년 동안 생활할 것이다. 특히 베트남은 우리와 같은 유교 문화의 전통을 가졌을 뿐만 아니라 한류의 바람을 타고 경제교류가 활발한 신흥국이다. 베트남 대학에서 한국어 교사로 근무하면서 한국어와 한국 문화를 소개하고 싶다. 또한 베트남에 살면서 여행하고 경험한 내용을 책으로 출간할 것이다. 이러한 한국어 교사의 경력을 쌓아서 터키의 대학에서 한국어 교사로 5년간 근무하고자 한다. 한국어 교사가 낯선 직업일 수 있지만 코이카 단원이나 한국국제교류재단을 통해서 터키의 한국어 교사로 근무할 수 있는 방법을 찾아야 한다. 동서양의 문화가 만나는 터키는 내가 가장 여행하고 싶은 나라이기 때문이다. 또한 터키에 살면서 여행하고 경험한 내용을 책으로 출간할 것이다.

40, 50대에는 귀국하여 모교에서 외국인을 위한 한국어 교사로 근무하고 싶다. 10년 동안 외국 대학의 한국어 교사로 근무했던 다양한 경험을 활용하여 외국인이 한국에 잘 적응하도록 도와주고 싶기 때문이다. 다문화사회에서 한국어와 한국 문화를 배우는 외국인들의 어려움을 해결해 줄 뿐만 아니라 그들의 문화가 한국에 제대로 수용될 수 있도록 가교 역할을 수행하고 싶다. 이렇게 한국어 교사로서 다양한 능력을 발휘하면서 평생 즐겁게 살아갈 것이다.

외국어로서의 한국어 교사가 되어 우리 문화를 해외에 소개하는 역할은 민간 외교처럼 너무도 즐거울 수밖에 없다. 외국 대학에서 한국어를 가르치면서 우리 것의 소중함을 재인식하면서 그 나라의 문화를 경험하고 배우는 기회도 얻을 수 있다. 지구촌의 다문화사회에서 한국어와 한국 문화를 강의하는 전문가로서 외국인들을 도와주는 것이 더불어 사는 지혜를 실천하는 일이다. 이러한 내 인생의 설계도를 실천하기 위해 오늘도 멋진 미래의 모습을 상상하면서 도서관으로 발길을 옮기고 있다. 내 인생은 결국 내가 만들어 가는 것이기 때문이다.

– 학생 글

이 글은 대학 신입생이 자신의 미래를 상상하며 작성한 인생의 설계도이다. 현재의 불안한 심리를 해소하기 위해 인생 설계도를 그리며 자신의 삶에 대한 가치를 판단하고 있다. 필자는 인생의 설계도를 어떻게 작성할지 고민을 거듭한 결과 자신이 우리 문화를 외국에 소개하고 외국 문화를 수용하는 일에 흥미를 느낀다는 사실을 확인했다. 내 삶의 가치 판단이 반영된 인생의 설계도를 작성하면 즐거운 미래를 기약할 수 있을 것이다.

문단별 구성을 분석하면 서론은 미래가 불안한 신입생이 멋진 인생을 살기 위한 설계도를 작성하게 된 배경을 제시하고 있다. 본론으로 들어가, 20대에는 대학에 잘 적응하고 대학원에 진학하여 외국어로서 한국어 교육을 전공하며 꿈을 키울 계획이다. 대학 적응과 이후의 계획을 구체적으로 제시하고 있는데, 대학원에 진학하여 외국어로서 한국어 교육을 전공할 포부를 보여 준다. 30대에는 베트남과 터키의 대학에서 한국어 교사로 근무하면서 우리 문화를 소개하고 그곳의 경험을 책으로 출간할 계획을 세우고 있다. 40, 50대에는 귀국해 대학에서 외국인의 한국 적응을 도우면서 그들의 문화가 한국에 제대로 수용될 수 있도록 가교 역할을 담당하려 한다. 필자는 한국어 교사로서 외국인과 소통하며 우리 문화를 해외에 소개하는 즐거움을 누리고 싶다고 말하며 글을 마무리하고 있다.

글의 주제는 '한국어 교사로서 우리 문화를 해외에 소개하고 그 나라의 문화를 수용한 경험을 활용하여 외국인을 도와주는 가교 역할을 하고 싶다'로 정리할 수 있다. 인생의 설계도를 작성할 때 정규직인지, 보수는 얼마나 받는지, 사회적 주목을 받는지 등은 전혀 고려의 대상이 아니었다. 자신이 좋아하고 가슴이 뛰는 일을 선택한 것이다. 필자는 외국어로서의 한국어 교육을 전공하여 한국 문화를 해외에 소개하고 그들의 문화를 수용하는 가교자로서 활약하고자 한다.

이 글은 구체적 계획을 효과적으로 전달하기 위해 간결한 문체를 사용하고, 전반적으로 자신의 미래를 긍정하는 어조로 되어 있다. 이렇게 필자는 자신의 인생 설계도를 작성하면서 긍정적인 어조와 간결체를 활용하여 미래의 모습을 구체적으로 제시하고 있다.

학습활동 08

1. 나의 미래를 계획하는 글의 주제를 선정하고 핵심적 내용을 문장식 개요로 작성해 보자.

주제	
서론	
첫째 문단	
둘째 문단	
셋째 문단	
넷째 문단	
결론	

2. 위의 주제와 문장식 개요를 활용하여 나의 미래를 구체적으로 계획하는 글을 써 보자.

3. 미래에 성공한 내가 신입생인 나에게 편지를 보내려고 한다. 미래에 성공한 나는 어떤 모습으로 살고 있을까? 그리고 신입생인 나에게 어떤 말을 해 주고 싶은지 가치 판단의 관점에서 써 보자.

미래의 모습	
전할 말	

2) 내가 들려주는 미래의 성공한 삶의 가치

글쓰기는 자신에 대한 성찰을 통하여 과거의 자기를 들여다봄으로써 현재의 자기를 바로 인식하고 미래의 자기를 내다볼 수 있게 한다. 특히 미래의 직업적인 성공이나 명예를 생각해 보면 지금 내 삶을 어떻게 준비해야 하는지 구체적인 대안을 찾을 수도 있다. 지금은 아르바이트 임금으로 내 노동력의 가치가 결정되지만 미래에는 전혀 다르게 평가될 수 있도록 노력해야 한다. 그렇기 때문에 미래의 내가 직업적 성공을 통해서 지구촌 사람들의 삶을 개선하는 데 어떤 기여를 했는지 생각해 볼 필요가 있다. 여기서는 빌 게이츠의 「하버드 대학교 졸업식 연설문」을 읽어 보기로 한다.

30년 뒤, 하버드에 돌아와 당신의 위대한 삶을 돌이켜 보십시오

하버드 대학교 총장님, 교수님들, 부모님들, 특히 졸업생 여러분!

저는 "아빠, 나는 언젠간 학교에 돌아갈 것이고 졸업장을 받을 거라고 항상 말했잖아요"라는 이 말을 하기 위해 30년 이상을 기다렸습니다. 저에게 졸업장을 수여한 대학 측에 감사드립니다. 이제 저의 이력서에도 학사 학위를 적을 수 있어서 기분이 매우 좋습니다.

대학 시절은 저에게 경이적인 경험이었습니다. 저는 종종 제가 수강 신청하지 않은 많은 강의에 들어가곤 했습니다. 그리고 래드클리프에 있는 커리어 하우스(Currier House)의 기숙사 생활도 아주 멋졌습니다. 제 방에는 항상 많은 사람들이 모여서 다양한 주제로 밤늦게까지 토의를 했습니다.

대학 시절의 가장 중요한 기억은 1975년 1월에 일어났습니다. 그때 저는 기숙사에서 세계 최초의 개인용 컴퓨터를 생산하기 시작한 뉴멕시코주 앨버커키 소재 회사에 전화를 걸어 그들에게 소프트웨어를 사라고 제안했습니다. 저는 그들이 제가 기숙사에 있는 학생임을 알아채고 전화기를 내려놓을까 봐 걱정했습니다. 그렇지만 그들은 "우리는 아직 준비가 덜 되었으니 한 달 뒤에 연락하세요!"라고 회신했습니다. 그때부터 밤낮으로 소프트웨어를 완성하는 데 주력했습니다. 그것이 제가 학업을 중단하고 마이크로소프트사와의 중요한 여정을 시작하게 된 계기입니다.

비록 저는 학교를 일찍 떠났지만 제가 보낸 대학 시절과 그 당시 쌓았던 우정, 아이디어들은 고스란히 저에게 남았습니다. 그것은 놀라운 특권이었습니다. 그러나 과거를 돌이켜 볼 때 한 가지 후회스러운 일이 있습니다. 세계의 지독한 불균형에 대한 생각이 부족했습니다. 즉 세계 수백만 명을 절망에 빠뜨리는 부와 건강 및 기회의 심각한 불평등에 대한 진정한 인식이 없이 학교를 떠났습니다.

대학에서 경제학과 정치학의 새로운 사상에 대해 배웠고 과학이 이룩한 진보들에 대해서도 많은 공부를 했습니다. 그러나 인류의 진보는 풍부한 지식보다 그 지식을 활용하여 기존의 불평등을 어떻게 해소하느냐에 달려 있다고 생각합니다. 민주주의를 통하거나 강력한 공공교육, 양질의 의료 서비스 혹은 폭넓은 경제적 기회를 통해서 불평등을 해소하는 것이 최상의 목표가 되어야 합니다. 그런데 저는 수백만 젊은이들이 교육의 기회를 박탈당하는 것에 대해 잘 알지 못하고 캠퍼스를 떠났습니다. 또한 개발도상국의 수백만 명이 참담한 빈곤과 질병에 시달리는 것도 몰랐습니다. 그것을 깨닫는 데 수십 년이 걸렸습니다.

여러분이 대학에 올 때는 시대가 많이 달라졌습니다. 여러분은 선배들보다 세상의 불평등에 대해 더욱 잘 알고 있습니다. 지금처럼 급격히 발전하는 기술 시대에 불평등을 직시하고 어떻게 해결할 것인지에 대해 여러분이 고민할 기회를 갖기 바랍니다. 우리는 가끔 가슴 아픈 인류의 비극을 보았습니다만 그 상황에 대해 아무것도 하지 못했습니다. 관심이 없기 때문이 아니라 무엇을 해야 할지 몰랐기 때문입니다. 만약 우리가 도울 방법을 알았다면 적극적으로 행동했을 것입니다. 변화를 막는 장벽은 지나치게 적은 관심이 아니라 고도의 현실적 복잡성 때문에 발생합니다.

복잡한 것을 해체하여 분석하기 위해서는 다음 네 가지 단계를 거쳐야 합니다. 목표를 선택하는 것, 그 목표에 접근하는 가장 효과적인 수단을 찾는 것, 그러한 접근에 필요한 이상적인 기술을 찾는 것, 중간 단계로 현재 우리가 가지고 있는 기술을 현명하게 적용하는 것 등이 필요합니다.

조지 마셜 국무장관이 60년 전에 대학 졸업식에 와서 전후의 유럽을 지원하는 계획을 발표했습니다. 30년이 지난 후 대학을 졸업할 때 세상을 더 작고, 더 개방되고, 더 명백하고 가깝게 만드는 기술들이 개발되었습니다. 저렴한 가격의 개인용 컴퓨터는 교육과 소통의 기회를 전달하는 강력한 네트워크를 출현시켰습니다. 이러한 수준의 기술에 접근하기 위해 가능한 한 많은 사람들이 필요합니다. 왜냐하면 진보는 타인에게 베풀 수 있는 일의 혁신을 촉진하기 때문입니다. 이러한 진보는 단지 정부 차원이 아니라 대학, 회사, 중·소규모 단체 및 개인들이 문제를 직시하고 해결책을 모색해야 이룰 수 있습니다. 그래야만 마셜이 60년 전에 제시했던 빈곤, 기근, 절망 등을 해결할 수 있습니다.

하버드 입학이 결정되던 날 자긍심에 넘치셨던 어머니는 항상 다른 사람들에게 더 많이 베풀라는 말씀을 해 주셨습니다. 결혼식 며칠 전 암으로 고생하시던 어머니는 아내 멜린다에게 쓴 편지를 큰 소리로 읽으셨습니다. "많은 것을 받은 사람들에게는 더 많은 의무가 요구된다"라는 내용을 다시 한번 강조하셨습니다.

하버드 교수님, 동문, 학생 그리고 기부자들이 지구촌의 삶을 향상시키기 위해 노력한다는 점에 대해서는 의문의 여지가 없습니다. 그러나 우리가 좀 더 노력할 수 있지 않을까요? 하버드 졸업생이 지구촌 사람들의 삶을 증진시키는 데 그 지식을 활용할 수 있지 않을까요? 이 캠퍼스와 우리들에게 주어진 재능, 특권, 기회 등을 생각해 보면 세상은 우리에게 더 많은 것을 기대하고 있습니다. 복잡한 현실이 당신을 멈추지 못하게 하십시오. 행동하는 사람이 되시고 불평등을 직시하십시오. 그것이 당신 인생의 가장 위대한 경험이 될 것입니다.

지금부터 30년 뒤 하버드에 돌아와서 여러분의 재능과 열정으로 성취한 일들을 떠올리기 바랍니다. 여러분이 사회에서 이룬 전문적 업적뿐만 아니라 지구촌의 심각한 불평등을 해소하는 데 어떻게 기여했는지를 평가하기 바랍니다.

여러분의 행운을 빕니다.

이 글은 빌 게이츠가 하버드 대학교 졸업식에 참석하여 연설한 내용을 다시 쓰기를 통해 정리한 것이다. 마이크로소프트사를 창업하여 편리한 IT 세상을 열었던 빌 게이츠가 하버드 대학교 졸업식에서 자신의 대학 시절을 회고하면서 세상의 불평등에 대한 인식이 부족했음을 솔직하게 고백하고 있다.

이 연설문은 세계적인 성공을 거둔 빌 게이츠의 가치 판단이 구체적으로 반영되어 있다. 그는 대학 시절을 회고하면서 가장 큰 도전의식을 보여 준 사례를 제시한다. 그것은 기숙사에서 자신이 만든 컴퓨터 소프트웨어를 판매하기 위해 도전했던 일이다. 그런데 빌 게이츠는 대학에서 놀라운 특권을 누렸지만 후회스러운 일에 대해서도 성찰하고 있다. 세계적 불평등에 대한 인식 없이 대학을 떠났다는 점이다. 따라서 빌 게이츠는 세계적인 불평등의 심화를 어떻게 해소할 것인지에 대한 문제의식을 일관되게 주장하고 있다.

세계적 성공을 거둔 빌 게이츠는 지구촌의 불평등 해소를 위해서 노력하고 있다. 그가 대학에 입학할 때 "많은 것을 받은 사람들에게는 더 많은 의무가 요구된다"라는 어머니의 당부와 60년 전 조지 마셜 국무장관의 전후 유럽 지원 계획을 언급하면서 실천의 중요성을 강조한다. 졸업생에게는 자신의 직업적 성공도 중요하지만 세상의 불평들을 어떻게 해소할 것인지에 대해서도 생각해 보라고 당부하고 있다. 더욱이 세상의 불평등을 해소할 수 있는 4단계 방법론도 제시한다. 예컨대 목표를 선택할 것, 목표를 성취할 수 있는 효과적인 수단을 찾을 것, 목표 성취에 필요한 이상적 기술을 찾을 것, 현재의 기술을 현명하게 적용할 것 등과 같이 구체적 방안을 제시하고 있다.

이 글의 핵심은 '우리의 재능, 특권, 기회 등을 직업적 성공에만 활용하지 말고 세상의 불평등을 해결하는 데 사용해야 한다'로 정리할 수 있다. 빌 게이츠는 졸업생들에게 현실을 직시하고 행동하는 지식인으로서 30년 후 대학에 돌아와 자신의 성공뿐만 아니라 지구촌의 불평등을 해소하는 데 어떻게 기여했는지에 대해서 가치 판단을 해 보라고 요청하고 있다.

학습활동 09 기업의 대표이사로 성공한 내가 신입 사원에게 당부하는 연설문을 작성하려고 한다. 앞의 글을 참고하여 성공한 삶의 가치가 무엇인지에 초점을 맞춰서 연설문을 작성해 보자.

	화제 제시하기, 독자의 흥미 유발하기, 문제 제기하기
도입부	

중간부	
결말부	간결하게 쓰기, 본론을 종합하기, 여운이 남는 문장 쓰기

적·바·림 /

적·바·림 /

적·바·길

4

세계 탐색과 글쓰기

- 세계를 탐색하기
- 세계를 탐색하는 글쓰기

제 4 장 세계 탐색과 글쓰기

1. 세계를 탐색하기

1.1. 다르게 보기

우리는 일정한 관점에 따라 세계를 바라보고 판단한다. 관점을 달리할 때 우리는 대상의 의미를 더 풍성하게 이해할 수 있다. 또한 익숙한 관점에서 벗어나 새로운 방향에서 대상을 바라보고, 자신과 다른 관점에서는 대상을 어떻게 파악할 수 있는지 고려함으로써 우리를 둘러싼 세계를 이해하는 폭을 넓힐 수 있다.

1) 관점 확장하기

우리가 속한 세계의 여러 현상은 서로 연결되어 있다. 관점을 확장하여 자신이 관심 있는 대상을 다른 현상·대상과 함께 연결 지어 생각하거나 좀 더 거시적인 관점에서 현상을 바라보면 문제의식의 폭을 넓힐 수 있을 뿐 아니라, 독자에게 더 큰 공감을 얻을 수도 있다. 다음은 〈그래도 지구는 평평하다〉라는 다큐멘터리를 통해 소위 '지구평평론자'들이 안고 있는 문제가 무엇인지 분석하고 그 해결방안을 살피는 글의 일부이다.

> 가끔 우리는 그런 사람들을 접한다. 모든 사건의 뒤편에는 프리메이슨이나 로스차일드 가문이 있을 것이라고 설파하는 기승전 음모론자, 아직도 타블로가 스탠퍼드 대학을 나오지 않았다고 믿는 타진요, 단군이 아시아를 통일했으며 한반도가 중국을 지배했다고 믿는 환단고기 옹호론자. 이들은 믿고 싶은 것만 믿으며, 본인 주장에 유리한 정보만 선택적으로 수집하는 확증 편향에 빠져 있다. 최근에는 이 분야에 또 다른 집단이 추가됐다. 지구가 평평하다고 믿는 지구평평론자(Flat earther)들이다. 넷플릭스에서 볼 수 있는 다큐멘터리 <그래도 지구는 평평하다(2018)>는 지구가 평평하다고 믿는 지구평평론자(flat earther)들의 이야기를 담고 있다.
>
> 본격적인 '평평지구설'은 미국 워싱턴 근처에 사는 마크 서전트의 유튜브로부터 시작되었다. 마크의 주장이 믿을 만하다고 생각한 사람들은 유튜브 스트리밍과 팟캐스트를 통해 그의 주장을 널리 알리기 시작했다. 지구평평론자들은 지구가 평평하다는 것을 증명하기 위한 과학적 실험도 하고, 그들만의 데이트 커뮤니티도 있다. 현재는 전세계적으로 회원수가 약 500만 명을 넘는 거대한 연합(The Flat Earth Society)으로 발전했다. 지구평평론자만의 지구가 있는 셈이다.
>
> 다큐멘터리를 보다 보면 도대체 저 사람들은 왜 저럴까, 하며 웃다가도 속이 까맣게 답답해진다. 본인만의 음모론에 빠져 세상의 진실을 외면하는 우리 주변의 비슷한 사람들이 슬쩍 떠오르기 때문이다. 다큐멘터리는 지구평평론자로 상징되는 이 시대 모든 유사평평론자들, 확증편향에 갇힌 사람들이 어떻게 그들만의 큰 커뮤니티를 구축할 수 있었는지 뒤쫓는다.
>
> 기초적인 지구과학 지식만 있더라도 지구가 평평하다고 생각하지 않을 것이다. 당연한 말이지만, 기초 교육이 부족한 사람일수록 잘못된 지식을 진실로 믿을 확률이 높다. 마크 서전트는 처음 유튜브에서 지구가 평평하다는 증거 중

하나로 비행기들이 지구 전체를 돌지 않는 특정 지점이 있다는 것을 다룬다. 처음 그의 말을 비웃으며 유튜브를 보던 사람들은, 그럴싸하게 제시된 근거에 '정말 지구가 평평한가?' 넘어가기 시작한다. 하지만 해당 영상을 본 천문학자는 단 1분 만에 해당 영상이 조작된 것임을 간단한 검색을 통해 찾아낸다. 기본적인 물리학적 지식이 전혀 없는 사람은 틀린 지식에 쉽게 선동될 수 있다.

전문가들은 지구평평론자들이 잘못된 신념에 빠지는 이유로 더닝 크루거 효과(Dunning-Kruger effect)를 든다. 능력이 없는 사람은 잘못된 결정을 내려 잘못된 결론에 도달하지만, 지식이 없기 때문에 자신의 실수를 알아차리지 못한다. 역사적 지식이 부족한 사람이 자민족 우월주의에 빠지는 경우 환단고기를 믿을 확률이 높고, 보건학적 지식이 전무한 사람일수록 증명되지 않은 민간치료를 신봉하며 백신을 거부하는 안아키가 될 확률이 높다.

하지만 지식이 부족한 사람 모두가 허황된 신념에 빠지는 것은 아니다. "왜 그들은 지구가 평평하다고 생각할까?"가 아닌 다른 질문을 던질 시점이다. 이런 질문 말이다. "어떻게 그들은 빠르게 성장할 수 있었는가?" 이 지점에 주목하면 거대한 평평지구론자의 커뮤니티에 대한 실마리를 찾을 수 있다. 다큐멘터리는 어쩌면 그들은 사회에 소속되지 않고 도태된, '버림받은 자'일 확률이 높음을 암시한다.

시인 정한아는 "따로따로 혼자 유폐되어 있는 사람들은 바로 그렇기 때문에 위협적일 수 있다"라고 말했다. 이를테면 일베 같은 것도 시작은 고독하게 유폐되어 있는 사람들끼리의 우연일 모임일 수도 있다는 것이다. 혼자만의 세상에 갇혀 있던 사람들이 함께 모여 정체성을 공유하기 시작할 때, 커뮤니티는 급속도로 커진다. 그들은 지구평평론자라는 새로운 개성과 공동체를 부여받았고, 이는 곧 그들의 정체성이 된다.

새롭게 만들어진 대안 우주 안에서 지구평평론자들은 서로 교감한다. 캠핑도 가고, 포럼도 가고, 데이트도 한다. 그들에게는 더 이상 과학적 진실이나 정치적 올바름은 중요하지 않다. 그러니 그들은 지구가 둥글다는 모든 증거를 부정할 수밖에 없다. 그것은 자신을 부정하는 것이기 때문이다.

– 사과집, 「지구가 평평하다고 믿는 사람들이 있다」

이 글에서 필자는 지구평평론자의 문제를 타진요, 환단고기 등과 연결 지어 우리 사회에 만연한 음모론의 관점에서 살펴보고 있다. 이와 같은 음모론을 사람들이 신봉하는 이유는 필자가 지적하고 있듯 주로 지식의 부족에 의한 확증 편향 때문이다. 해당 분야에 대한 이해나 정보가 부족하면 잘못된 판단을 내리기 쉽고, 이를 검증할 능력이 없기 때문에 잘못된 생각을 교정할 기회를 갖지 못하는 악순환에 빠지게 된다는 것이다. 이처럼 지적 능력이 부족하여 음모론을 신봉하는 특정 개인을 문제로 삼을 경우 해결책은 공교육의 강화를 통해 이들의 지적 능력을 강화하는 것이 될 것이다.

그런데 이 글의 필자는 이들 각각이 이러한 문제에 빠지게 되는 이유가 무엇인지 묻는 대신, 관점을 좀 더 넓혀 왜 우리가 속한 공동체에서 이러한 현상이 점점 더 많이, 강하게 나타나는지, 우리 사회는 왜 이러한 현상을 다루는 데 무능한지에 대해 질문을 던지고 있다. 지적 능력이 부족한 개개인의 교육, 무지의 교정이라는 관점이 아니라 공동체의 관점에서 지구평평론을 비롯한 음모론의 문제를 바라보고 있는 것이다. 이렇게 시야를 확장하면 문제 설정 자체가 달라질 수 있고, 이에 따라 문제를 해결하는 방법 역시 새롭게 도출될 것이다. 공동체의 관점에서 지구평평론자, 더 나아가 우리 사회에 만연한 음모론을 줄이기 위해서는 보편적인 상식을 교류하는 사회적 네트워크로 이들을 다시 불러들일 방법을 고민해야 한다. 이렇게 특정 대상·현상을 다른 현상과 묶어서 함께 살펴보거나 좀 더 큰 범주에서 고민할 때 대상을 거시적으로 바라볼 수 있으며, 해결방안 역시 더욱 근본적인 관점에서 도출할 수 있다.

학습활동 01 **다음 예문에서 제기하는 문제가 무엇인지를 파악하고, 이를 좀 더 거시적인 관점에서 다룬다면 어떤 새로운 문제를 제기할 수 있을지 생각해 보자.**

> 인간은 대개 인지적 인색자(cognitive miser)에 가깝다. 특히 외부의 대상에 대해서는 더더욱 단순하고 쉽게 판단하는 경향이 있다. 대학이라는 집단의 수준

을 판단할 때도 마찬가지다. 그나마 정량적 지표(입시결과, 취업률 등)는 평가 기준이나 가중치, 범위 획정의 문제 등 여러 한계들을 차치하면 '객관적'이라고 할 수 있다. 그러나 정성적 지표에 대해서는 이야기가 달라진다. 하나의 공통된 기준을 세우기도 힘들 뿐더러, 학교의 학풍이나 지역의 역사 등을 '객관화'할 수는 없기 때문이다. 오늘날 대학 구성원의 의식을 보여주는 정성적 지표 중 하나는 대학 커뮤니티라고 할 수 있다.

우리 대학의 커뮤니티는 크게 두 가지가 있다. 학교 공식 홈페이지에 있는 '복현의 소리'와 스마트폰 어플리케이션에 있는 '에브리타임' 게시판이다. 그러나 '복현의 소리'는 공식 홈페이지에서 운영 및 관리된다는 점, 작성자의 익명성이 보장되지 않는다는 점 등 때문에 커뮤니티로서의 자유로운 공론장이 되는 것에는 한계가 있다. 실제로 글의 작성 빈도나 조회수 등 구성원의 참여도도 전체 대학 구성원의 수에 비하면 현저히 낮은 수준이다. 따라서 실질적으로는 '에브리타임'이 현재 우리 대학에서 가장 활성화된 공론장이라고 할 수 있다. 익명성이 보장되는 게시판에서 우리 대학 구성원들은 누구나 자유롭게 자신의 의견을 표현하기도 하고, 다른 사람의 의견에 동조하거나 반대하기도 하면서 하나의 '여론'을 형성하고 있는 것이다.

에브리타임의 '실시간 인기글'이나 'HOT 게시글'을 보면 지나치게 자극적이거나, 혐오표현을 통해 갈등을 조장하는 글들이 꽤 높은 비중을 차지하고 있음을 발견할 수 있다. 이는 구체적이고 직접적인 통제력이 행사되지 않는 커뮤니티에서 불가피하게 발생하는 현상일 수도 있겠으나, 그렇다고 해서 바람직하다고는 할 수 없다. 구성원 개인에게는 불필요한 감정 소모를, 집단 공동체에는 공공성의 저하를 초래한다. 사익과 공익 모두에 하등 도움이 되지 않는다.

또 다른 문제는 이러한 글들이 우리 대학을 드러내는 하나의 정성적 지표로 작용할 수 있다는 것이다. 실제로 제3자의 시각에서 외부 집단을 판단할 때, 사람들은 그다지 많은 요소를 고려하지 않는다. 정보의 부족에서 오는 이유도 있겠지만, 전술했듯 인간은 '인지적 인색자'에 가깝기 때문이다. 즉 구성원의 많은 공감을 받은 글은 그 자체로 우리학교의 유력한 여론이라 할 수 있다. 그것이 구성원 대다수의 가치관을 반영한다고는 할 수 없지만, 최소한 구성원 일부의 분명한 지지를 받고 있다고는 말할 수 있는 것이다.

해결책은 간단하다. 집단 구성원 스스로가 글을 쓰기 전에 조금 더 정제된 생각과 정확한 언어를 사용하고, 상대방을 배려하는 기본적 의무를 다하는 것이다. 칸트는 "'해야 함'은 '할 수 있음'을 함축한다"고 한 바 있다. 우리 대학을 보다 나은 공동체로 만드는 길은 당신의 손끝에 달려 있고, 당신은 할 수 있다.

–「보다 건강한 커뮤니티 문화를 만들자」,『경북대신문』 사설

2) 관점 바꾸어 읽기

(1) 판단의 기준 전환하기

관점은 무엇을 더 중요하게 여기는가 하는 기준의 문제와 연결된다. 사물을 보는 관점이란 사람마다 상당히 다르며, 지향하는 가치에 따라 다양한 관점이 존재할 수 있다. 어떤 행위에 대해 옳고 그름을 가리는 도덕적·윤리적 가치 판단, 유용성에 대해 내리는 실용적·공리적 가치 판단, 그리고 미추를 판단하는 심미적 가치 판단에 이르기까지 기준은 매우 다양하고 이에 따라 여러 상이한 관점이 존재하게 된다.

다음의 보기 자료 [가]와 [나]는 각각 '노키즈존'에 대한 맘카페 회원과 사업장에서 일하는 아르바이트생들의 생각을 조사하여 정리한 결과이다. 도표를 통해 확인할 수 있듯 주로 육아를 담당하는 맘카페의 회원들 역시 노키즈존에 긍

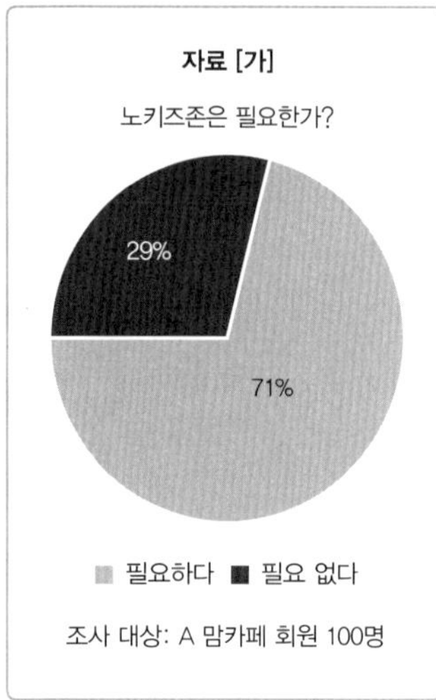

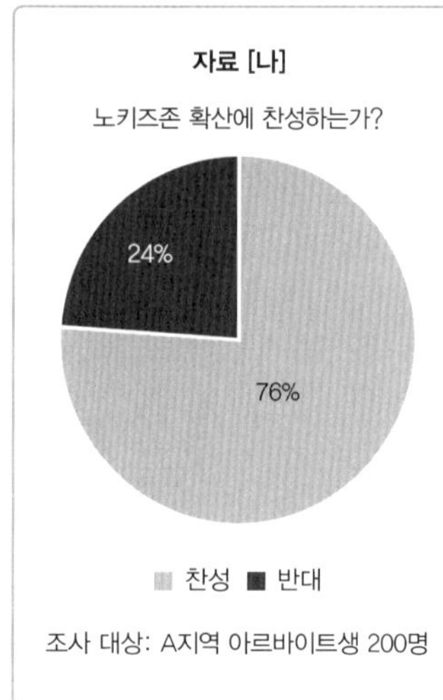

정적 입장을 강하게 드러냈다. 그리고 아르바이트생들 역시 다수가 노키즈존을 찬성했는데, 그 이유로는 매장 내 서비스 향상과 위험 상황의 감소 등을 꼽았다.

이 결과를 통해 사업장에 종사하는 사람들은 물론 아이를 가진 이용자들 가운데 노키즈존에 찬성하는 사람이 훨씬 많다는 것을 알 수 있다. 그리고 이러한 결과를 근거로 활용한다면 많은 사람들이 만족스러운 서비스를 제공받기 위해, 공리적인 입장에서 노키즈존을 확산·정착시키는 것이 적절하다는 결론이 도출될 수 있을 것이다.

그런데 관점을 바꾸면 노키즈존을 부정적으로 보는 시각도 있을 수 있다. 다음은 노키즈존을 또 다른 차별 행위라 판단한 국가인권위원회의 입장을 지지하는 글이다.

> 11월 24일, 국가인권위원회(이하 인권위)는 한 식당에서 13세 이하 아동의 이용을 제한한 것이 나이를 이유로 한 차별행위라고 판단하고, 이용대상에서 아동을 배제하지 말 것을 권고했다. 차별금지법제정연대는 인권위의 결정과 권고를 환영하며 유사한 차별이 사라지는 계기가 되기를 바란다.

이번 진정에서 피진정인인 식당 주인은 식당 개업 후 아동의 안전사고로 인한 분쟁이나 다른 고객에게 피해를 주는 행위 등으로 어려움을 겪었다고 주장했다. 그러나 인권위가 판단한 것처럼, 이와 같은 경험이 특정한 공간에서 특정 집단을 원천적으로 배제할 합리적인 이유는 될 수 없다. 이와 유사한 사건은 2007년에도 있었다. 나이지리아 출신인 한 사람이 식당에 들어가다가 신분증 제시를 요구받았고 나이지리아인은 이용할 수 없다는 말을 듣고 쫓겨났다. 당시 피진정인은 나이지리아인이 식당에서 문제를 일으킨 적이 있어서 출입을 막고 있다고 주장했다. 인권위는 이때에도 인종 또는 국적을 이유로 한 차별행위라고 판단했다.

아동은 함께 살아가는 사회 구성원이자 한국사회의 소수자다. 공존하며 살아가는 데에 불편함과 마찰도 있을 수 있다. 그러나 그것을 이유로 소수자의 존재를 공공장소에서 지워서는 안 된다. '노키즈존'은 차별이 발생하는 방식을 잘 보여주는 사례다. 일부 경험이 특정 집단 전체의 속성인 것처럼 일반화한 후 해당 집단의 권리를 제한하는 것이다. 인권위의 노키즈존 차별 판단은 나이를 이유로 한 아동 차별뿐만 아니라 한국 사회에서 반복되는 여러 차별을 알아차리고 변화하는 계기가 되어야 할 것이다.

한편, 노키즈존은 아동이나 아동을 동반한 사람들이 이용할 수 있는 공간이 부족한 조건에서 발생하는 차별이다. 노키즈존이 줄어들더라도 또 다른 방식으로 아동의 공간 이용에 대한 차별이 발생할 수 있다. 진정이 이루어진 식당에 대한 권고에 그치지 않고 아동이 권리를 누리는 데에 차별을 경험하지 않을 수 있는 종합적인 방안 마련이 필요하다. 정부는 이번 인권위 판단을 바탕으로 대안을 마련하기 위한 노력에 나서야 한다. 그리고 차별금지법 제정에도 나서야 한다.

차별금지법제정연대는 인권위 결정을 환영하는 동시에 이번 권고가 강제력 있는 구제수단에 이르지 못하는 점을 지적한다. 차별판단을 더욱 전문적이고 적극적으로 전담하며 실효성 있는 구제수단을 갖춘 차별금지법이 제정되어야 한다. 또한 차별금지법은 평등을 증진하기 위한 국가 및 지방자치단체의 의무를 명시하기 위해서도 필요하다. 차별구제절차만이 아니라 차별을 예방하고 평등을 실현하기 위한 종합적인 계획 수립이 필요하다. 노키즈존이 차별이라

> 는 깨달음은 아동과 함께 살아가기 위한 사회 변화로 이어져야 한다. 차별금지법 제정은 변화의 신호 중 하나일 것이다.
>
> – 차별금지법제정연대, 「'노키즈존은 아동 차별'이라는 인권위 결정을 환영하며」

이 글의 필자는 노키즈존이 나이라는 특성으로 형성된 약자적 위치의 집단을 구조적으로 배제하는 차별이 될 수 있다고 지적한다. 그러므로 사업주 개인의 선택권이나 잠재적인 위험성 등을 근거로 노키즈존이 시행되어서는 안 된다고 보는 것이다. 약자에 대한 차별이 될 수 있으므로 노키즈존을 시행해서는 안 된다는 필자의 판단은 노키즈존 문제를 유용하다 혹은 그렇지 않다는 공리적 관점에서가 아니라 도덕적·윤리적인 관점에서 본 결과이다. 즉 노키즈존의 시행은 공리적 관점에서는 적절하지만, 이 문제를 윤리적 관점에서 보면 차별을 구조화하고 학습시킬 우려가 있으므로 부적절하다는 판단을 내릴 수 있다.

이처럼 사회적인 현상이나 예술 작품, 인물 등 특정 대상에 대해 관점을 달리할 때, 우리는 새로운 측면에 주목하여 새로운 문제의식을 도출할 수도 있고 같은 사안에 대해 다른 사람과는 다른 판단을 내릴 수 있다. 그리고 이 판단은 결국 우리 스스로가 어떤 가치를 더 중요하게 생각하는지를 드러내는 것이기도 하다.

(2) 시점 전환하기

동일한 사안이라 하더라도 누구의 시점에서 바라보느냐에 따라 의미가 달라지는 경우가 많다. 문학 작품이나 영화에서는 사건을 전달하는 인물이 누구인지, 누구를 중심으로 작품이 진행되는지에 따라 사건의 추이나 의미가 전혀 다르게 전달된다. 또한 이해관계가 대립되는 사안의 경우 누구의 시선으로 바라보는가에 따라 상반된 가치 판단이 내려지기도 한다. 글 [가]는 최근 대구시의 도시재생사업을 이용자와 주민들의 입장에서 긍정적으로 평가하고 있는 신문기사이다. 이에 반해 글 [나]는 도시재생사업의 대상이 되는 상인, 세입자의 입장에서 도시재생사업을 비판적으로 본 글이다.

[가] 근년 들어 대구시 행정의 성공적 사례 하나만을 꼽으라면 아마 프로축구 대구FC 전용구장인 'DGB대구은행파크'의 등장일지 모른다. 폭발적 인기를 구가한다. 지난 3월 개장 이래 대구 최대의 '핫 플레이스'로 떠올랐다.

'대팍'이란 애칭으로 불리는 이 경기장의 성공 요인은 축구는 전용구장에서 관전해야 한다는 원칙을 수용해 선수들의 숨소리까지 들리는 관중 친화적 구장을 완성한 것이 첫째다. 과거 종합경기장이었던 대구시민운동장을 515억 원을 들여 완전 리모델링한 스포츠 인프라다. 스포츠나 문화예술 분야는 전문성에 걸맞은 인프라 기초가 절대적이다. 이게 없으면 내용을 채울 수 없다. 대팍이 들어서면서 때마침 대구FC의 현란하면서 투지 넘치는 경기력이 보태진 것은 우연이 아니다.

대팍의 성공은 몇 가지 시사점을 준다. 먼저 도시재생의 중요성이다. 대팍이 위치한 북구 고성동은 대구의 수성구나 달서구 등지에 비해 구도심에 속한다. 역사는 오래됐지만 자칫 도시발전에서 소외될 수 있는 지역이다. 특히 대구시민과 애환을 함께했던 프로야구 삼성구단 홈경기장이 옮겨가면서 쇠락의 기미마저 보였다. 그곳이 환골탈태하기 시작했다. 야구장은 사회인 전용구장으로 거듭났고, 건축미가 가미된 축구장이 탄생했다. 덩달아 주변 상권도 부활의 몸짓을 보여주고 있다. 야구장이 떠나고 한동안 고요하던 동네가 살아나고 부동산 값이 뛰고 있다고 주민들은 말한다.

대팍과 인접한 삼성창조캠퍼스도 마찬가지다. 이곳은 삼성의 발상지인 제일모직 옛 터에 들어선 창업공간이자 기업역사 공간이다. 대구의 대표적 도시재생 사업의 결과물이다. 대구오페라하우스도 들어섰다. 대팍이나 삼성창조캠퍼스가 도시 외곽에 덩그러니 들어섰다면 공허했을 것이다. 현대도시에서 역사성과 장소성은 중요해졌다. 도심(都心)은 역사와 장소성을 보유한 곳이다. 도심재생은 이제 놓칠 수 없는 도시발전의 반전 기회를 제공한다.

– 「'대팍'의 도시재생 사례, 대구전역으로 넓혀야」, 『영남일보』 사설

[나] 서울시를 비롯하여 거의 모든 지방자치단체에서 도시재생사업을 야심차게 추진 중이다. 대구시는 "오래되고 노후한 장소들을 젊고 새롭게 만들어 젊은이가 일하고 머물고 싶어하는 대구로" 만드는 것을 목표로 대구 전 지역을 6개 권역으로 나누어 도시재생사업을 추진하고 있다. 이러한 도시재생사업 대상에 우리 대학 인근 역시 포함되어 있다. 대구시는 300억 원의 재정을 투입하여 학교 북문부터 복현오거리를 포함한 '청년문화와 기술의 융합놀이터, 경북대 혁신타운' 사업과 동문 주변의 6·25피란민촌을 대상으로 한 '피란민촌의 재탄생, 어울림 마을 福현' 사업을 준비하고 있다.

그런데 이러한 도시재생사업에 대한 불만이 곳곳에서 터져 나오고 있다. 우선 많은 사람들이 도시재생사업이 해당 지역의 거주자에 대한 고려가 부족하다는 점을 지적하고 있다. 사업 대상 지역에 거주하는 사람들의 경우 주택의 규모가 작은 경우 보상금이 충분하지 못하며, 사업을 추진하는 과정에서 인근의 전세, 월세 가격이 상승하기 때문에 이주도 수월하지 않다. 임대료를 지불하고 주거하는 세입자들의 경우 건물의 소유주보다 문제가 더욱 심각하다. 해당 지역에서 거주하던 세입자들은 별 대책이 없이 쫓겨나거나 상승한 임대료를 부담할 능력이 없어 이주를 선택하는 경우가 많다. 실제로 서울 세운상가의 경우 도시재생사업 발표 이후 세입자들이 부담해야 할 월세가 평균 5~10만 원가량 올랐다고 한다. 결국 도시재생이 주민들의 삶의 질을 오히려 저하시키는 결과를 낳게 된 것이다.

도시재생사업의 방향에 대한 비판 역시 적지 않다. 낙후된 상권을 살리기 위해 전통시장에 청년몰을 건설하거나 기존의 상권과는 이질적인 창업자들이 유입되는 경우가 많다. 지방자치단체에서는 이를 통해 노후된 상권에 활기를 불어넣고 새로운 고객의 유입을 기대할 수 있다고 주장하지만, 현장에서는 이 같은 효과를 느끼기 어렵다고 한다. 이 때문에 기존의 상인들 혹은 주민들의 목소리를 제대로 청취하지 않고 전국적으로 찍어낸 듯이 비슷비슷한 프로젝트를 진행하고 있다는 점을 비판하는 사람들이 적지 않다. 국가와 지방자치단체의 막대한 예산이 투입되는 만큼 가시적 성과가 중요하고, 이 때문에 다른 지방자치단체의 성공 모델이 벤치마킹되는 경우가 많을 수밖에 없는 등 현실적인 문제를 배제할 수는 없다. 그러나 도시재생사업이 현장의 요구와는 다른 방향으로 진행되고 있다는 지적은 뼈아프게 새겨들어야 할 부분이다.

[가]의 필자는 대구 도시재생 프로젝트의 결과물인 '대팍'과 삼성창조캠퍼스 개발이 상권 부활과 부동산 가격 상승으로 이어지면서 도시 발전을 견인했다고 판단하였다. 이러한 관점은 주변 주민들과 새로운 문화 공간을 누릴 수 있게 된 대구 시민들의 입장에서 볼 때 충분히 타당하다. 반면 [나]의 필자는 현재의 도시재생사업이 세입자들의 부담을 늘리고, 현장의 세입자 및 상인들의 목소리를 제대로 반영하지 못하고 있다고 비판하였다. 도시재생사업은 그 대상인 세입자·상인들과는 전혀 무관한 프로젝트가 되고 있을 뿐 아니라, 이들의 삶의 질을 저하시키는 결과를 가져올 수도 있다는 것이다. 이처럼 어떤 입장에서 사안을 보고, 다룰 것인가는 글쓴이의 문제의식과 직결된다. 그러므로 글을 쓰기 위해 우리는 먼저 어떤 입장에서 주제를 바라볼지를 결정해야 한다.

대상을 읽어 내는 시점을 바꿈으로써 대상의 새로운 측면에 주목하는 것 역시 가능하다. 아래의 글에서 글쓴이는 은행털이의 시선으로 은행 주변 공간, 구치소 등을 살펴보았다. 이렇게 도시의 건축물을 침입하고자 하는 도둑들의 시각으로 도시와 건축을 바라봄으로써 필자는 도시의 공간과 건축물에 대해 기존과는 전혀 다른 통찰을 제시한다.

가장 정교한 속임수는 어쩌면 '그대로 있음'으로써 도주하는 것이다. 전직 은행 강도이며 현직 작가인 조 로야는 과거 다수의 은행털이 사건으로 감옥에서 7년을 복역했다. 그는 도주할 때 사람들이 공간에 대해 가지고 있는 기대를 배반하는 가장 효과적인 방식을 주로 택했다고 설명했다. 은행에서 나오자마자 취하는 행동이 가장 결정적이었다. 스물네 군데 은행을 터는 동안 그는 경비원들이 대개 자신이 은행을 나서자마자 왼쪽이나 오른쪽으로 갔으리라 짐작한다는 사실을 알게 됐다. 더 나아가 그들은 로야가 눈에 확 띄는 도주용 차량을 타고 가거나 최고 속력으로 차를 몰 것이라고 생각했다. 그래서 바로 옆 주차장에 서 있는 차량을 확인할 생각은 전혀 못하는 경우가 많았다.

로야는 자신의 차로 뛰어 들어와 뻔히 보이는 곳에 숨어서 몇 분 기다렸다가 차분하게 차를 몰고 가면 된다는 것을 깨달았다. "은행 주차장을 그대로 가로질러서 라이트에이드(미국의 의약품 및 잡화점 체인)나 CVS(미국의 편의점 체인) 주차장으로 걸어가죠. 말 그대로 10미터 정도 떨어진 곳에서 지켜보는 거예요. 그 사람들이 주차장 쪽으로 곧장 왔으면 저를 봤을 수도 있을 겁니다." 그가 말했다. "저는 보통 그런 식으로 도망쳤습니다."

로야는 건축에 관심이 많은 사람이다. 대화 중에 그는 감옥 평면도를 비롯해 건물의 인테리어 디자인에 대해서 길게 얘기했다. 로야는 로스앤젤레스 시내에 있는 메트로폴리탄 구치소(『수정도시』의 표지에 실린 그 감옥이다)가 "방향 감각을 상실하게 하는" 건축물의 모범이라고 했다. 메트로폴리탄 구치소는 부지 위에 V자 모양으로 세워져 있기 때문에 안으로 걸어 들어가면 방향 감각을 유지하거나 건물 바깥 세계를 기준으로 자신의 위치를 가늠하기가 굉장히 어려웠다. 공적인 일로 그 건물을 방문할 때조차 어긋난 정렬과 혼란스러움이 그 건물에 내장된 듯 느껴지는 곳이다.

– 제프 마노 지음, 김주양 옮김, 『도둑의 도시 가이드』

이 글은 도시와 건축에 대해 독자들에게 정보를 전달하는 글이다. 이렇게 정보를 전달하는 글에서 시점을 달리함으로써 익숙한 대상에 대해 새로운 정보를 독자들에게 제공하는 것도 가능하다. 그 외에도 문제를 해결하는 창의적인 방안을 모색하거나, 상대에게 적절하고 매력적인 제안을 하기 위해서 우리는 다른 사람의 입장으로 대상을 새롭게 바라볼 필요가 있다.

학습 활동 02

1. [가]는 '설탕세'의 개념 및 등장 배경을 설명한 국회 보도자료의 일부이고, [나]는 이를 바탕으로 설탕세 도입에 찬성하는 입장을 제시한 글이다. [가]와 [나]를 읽고, 다음 활동을 해 보자.

[가]

1. 설탕세(Sugar Tax)의 개념 및 등장 배경

(1) 설탕세의 개념

□ 설탕세(Sugar Tax)란 설탕이나 감미료 등 당(糖)류가 첨가된 청량음료 등의 식품에 대하여 세금을 부과하는 제도를 통칭하며, 주로 음료 제품에 부과되어 청량음료세(Soda Tax) 또는 설탕음료세(Sugary Drink Tax)로도 불림

○ 설탕세의 부과 형태는 국가마다 다양하나, 주로 당(糖)이 포함된 제품 kg(또는 ℓ)당 일정 금액의 세금을 부과하거나 당(糖) 함량 정도에 따라 차등하여 부과하는 누진 방식의 과세가 이루어짐

(2) 설탕세의 등장 배경

□ 가장 오래된 설탕세의 역사를 지닌 노르웨이는 1922년부터 초콜릿 및 설탕이 함유된 제품에 대하여 고율의 "초콜릿 및 설탕제품세(Chocolate and Sugar Product Tax)"를 과세하여 왔음

□ 2010년 이후 유럽 국가들을 중심으로 비만이나 당뇨병 등의 질병을 감소시키고 국민 건강을 증진하기 위한 목적으로 설탕세 도입이 확산되었으며, 2016년 세계보건기구(WHO)에서 설탕세 도입을 권고한 이후 아시아, 남미 국가 등에서도 설탕세를 도입하는 국가들이 늘고 있음

○ 세계보건기구(WHO)는 "Fiscal policies for Diet and Prevention of Noncommunicable Diseases(2016)" 보고서에서 설탕의 과다 섭취가 비만, 당뇨병, 충치 등의 주요 원인이며, 건강한 식품 및 음료의 소비를 목표로 세금과 보조금 등의 재정정책을 고려할 필요가 있다고 권고함

- 설탕 음료 한 캔에는 약 40g의 설탕이 포함되어 있으며, 설탕 첨가 음료를 하루에 한 두 캔 이상 정기적으로 마시는 사람들은 제2 당뇨병 발병 위험이 26% 더 높게 나타남

- 비만과 충치 등을 예방하기 위하여 WHO 가이드라인은 당 섭취량을 총 에너지 요구량의 10% 미만으로 줄일 것을 권장함

○ 세계보건기구(WHO)는 설탕 첨가 음료에 20% 이상의 세율로 설탕세를 부과하는 경우, 설탕 음료의 소비 및 칼로리 섭취량을 감소시켜 영양 개선과 과체중·비만 감소에 기여할 수 있다고 보았음

–「[보도자료] 비만, 당뇨 등 예방을 위한 정책 방안, 설탕세(Sugar Tax)의 해외 과세 동향과 우리나라에의 시사점은?」 2020. 2. 18.

[나] 최근 국회에서는 설탕세 도입 관련 논의가 이루어지고 있다. 설탕세란 설탕을 포함한 당류가 첨가된 청량음료 등의 식품에 대하여 세금을 부과하는 제도를 통칭한다. 세계보건기구(WHO)는 설탕세 관련 보고서에서 설탕의 과다 섭취가 비만, 당뇨병, 충치 등의 원인이 되고 있다고 밝히기도 하였다. 또한 비만은 암 발병의 주요 원인으로 국가건강보험의 재정에 대한 심각한 위협으로 이어지기도 한다. 이러한 상황에서 설탕세는 당 함유 제품의 소비를 감소시켜 비만이나 당뇨병 등의 질병을 예방하고 이를 통해 궁극적으로는 국민 건강을 증진하기 위한 목적으로 도입되고 있다. 설탕세가 도입되어 당류가 포함된 식품의 가격이 상승하면 해당 식품의 소비가 자연스레 감소될 것이다. 2015년 담뱃값이 급격히 인상되면서 당시 흡연율은 40% 이하로 떨어졌던 사례를 보아 설탕세 도입 역시 실효성이 클 것으로 보인다. 그러므로 한국에서도 입법을 통해 설탕세를 도입해야 할 것이다.

1) [나]는 누구의 시점으로 설탕세 문제를 바라보고 있는지 생각해 보자.

2) 설탕세를 바라보는 다른 시점으로는 어떤 것이 있을지 생각해 보자.

2. 다음은 관점에 따라 찬반이 나뉠 수 있는 주제들이다. 이를 활용하여 다음 활동을 해 보자.

〈주제〉

1. 소년범 처벌 강화
2. 강력 범죄자의 신상 및 얼굴 공개
3. 노인 연령 기준 상향 조정
4. 국회의원 소환 제도
5. 기본소득 도입
6. 적극적 안락사(조력 자살)
7. 전기요금 누진제
8. 탈원전 정책
9. 자율주행자동차 전면 도입
10. 학생부종합전형 제도
11. 자유학기제
12. 대형마트 규제(의무휴업)
13. 탄소배출권거래제
14. 예술 체육 요원 병역특례 확대
15. 언론사 징벌적 손해배상 제도
16. 도서정가제

1) 주제 가운데 하나를 골라 자신의 관점을 명확히 정리해 보자.

2) 자신과 다른 관점에서 주제를 다룬 자료를 찾아 어떤 관점에서 주제를 보고 있는지 분석해 보자.

1.2. 톺아보기

톺아본다는 것은 무엇을 얻으려고 샅샅이 훑으며 찾아보는 것을 의미한다. 글을 쓰기 위하여 무엇인가를 읽는 과정은 그저 수동적으로 읽는 것에서 더 나아가 우리 주변에 놓인 다양한 텍스트에서 무엇인가를 찾아내고, 그 의미를 적극적으로 읽어 내는 것이어야 한다.

1) 핵심 파악하고 요약하기

우리는 우리를 둘러싼 세계를 성찰하고, 이에 대한 자신의 생각을 독자에게 전달하기 위해 글을 쓴다. 이 과정에서 다양한 자료를 검토하고, 활용하게 된다. 글쓰기에 자료를 활용하기 위해서는 우선, 그 자료의 핵심을 파악하고 정리할 필요가 있다. 요약은 정보를 받아들이고, 이를 통해 새로운 글을 만들어 내는 과정의 기초가 된다. 정보의 중요도를 판단하고 이를 기준으로 내용을 재구성하는 과정에서 사고력과 표현력 역시 향상될 수 있다.

요약은 받아들인 정보를 정리하는 방법인 동시에 이를 독자에게 효율적으로 전달하는 데 사용될 수 있는 방법이다. 이 때문에 우리는 일상에서 요약하기의 방법을 자주 사용하고 있다. 예를 들어 어제 본 드라마의 줄거리를 요약해서 친구에게 전달할 수도 있고, 친구와 다투었던 일을 다른 친구에게 알려 주는 과정에서도 요약하기를 활용할 수 있다. 정보를 전달하는 유튜브 동영상에는 영상의 내용을 간략하게 정리한 댓글이 달리기도 한다. 받아들인 정보를 잘 요약하고, 이를 다시 글쓰기에 활용하기 위해서는 핵심적인 내용을 정리하여 기억하거나 기록해 두는 것이 필요하다. 그리고 가장 핵심적인 정보를 추리고, 세부적인 것은 생략한 다음 하위 항목을 포함하는 상위 범주를 활용하여 정리하는 방식으로 내용을 요약할 수 있다.

글 [가]는 보유효과를 설명하기 위해 대니얼 카너먼이 리처드 탈러와 함께 머그를 활용하여 실험한 내용을 설명한 글 [나]를 간략하게 요약하여 제시한 것이다.

[가] 보유효과란 우리가 어떤 물건을 자신의 것으로 소유하게 되거나 소유하게 되었다고 느끼는 경우 물건에 훨씬 더 큰 심리적인 애착을 느끼게 되는 것을 의미한다. 이는 꼭 물건에만 해당되지는 않는다. 자신이 다니는 학교나 만나는 사람 등에 대해서도 우리는 비슷한 애착을 가진다. 주었다가 빼앗는 것만큼 잔인한 일이 없다는 말은 보유효과를 잘 뒷받침하는 말이기도 하다. 우리는 자기가 가진 것에 더 큰 가치를 부여하기 때문에 애초에 가지지 못하는 것보다 자신의 것이라 믿고 있었던 것을 내놓아야 하는 상황을 더욱 뼈아프게 느낀다. 입시에 실패하여 원하는 대학에 입학하지 못하는 상황과 대학에서 시스템 오류로 합격 안내를 받았다가 이것이 오류라는 사실을 알게 된 경우 어떤 것이 더 큰 분노나 절망감을 줄지는 굳이 설명할 필요도 없을 것이다.

미국의 행동경제학자 대니얼 카너먼은 리처드 탈러와의 실험을 통해 이 보유효과를 입증했다. 카너먼과 탈러는 실험에 참여한 사람들에게 머그를 나누어 주고 이들이 머그에 대한 적정한 가격을 붙여 판매하도록 하였다. 그런데 자신의 머그를 판매하려는 실험 대상자들은 머그를 구매하려는 실험 대상자들에 비해 거의 두 배에 가까운 금액을 머그의

적정 가격으로 책정했다. 실험 절차를 변경해 여러 번 실험을 반복해도 결과에는 거의 변함이 없었다.

[나] 우리는 참가자 절반에게 무작위로 머그를 나눠 주었다. 판매자들은 자기 앞에 머그를 놓았고, 매수자들은 이웃의 머그를 볼 수 있게 초대되었다. 모두 자신이 거래하고자 하는 가격을 표시했다. 매수자들은 머그를 사기 위해 갖고 있던 자기 돈을 사용해야 했다. 머그의 평균 판매 가격은 평균 구매가격의 약 두 배였으며, 추정 거래 횟수는 표준이론이 예상했던 숫자의 절반에도 미치지 못했다. 시장의 마술은 소유자들이 사용하리라 예상했던 재화에는 들어맞지 않았다.

우리는 똑같은 실험 절차를 변형해서 계속 실험했는데 결과는 항상 똑같았다. 특히 나는 매수자와 판매자에게 제3의 그룹인 선택자를 첨가한 실험을 좋아했다. 재화를 구매하기 위해 자기의 돈을 사용해야 했던 매수자와는 달리, 선택자들은 머그나 돈 중 하나를 선택해서 받을 수 있었다. 그들은 재화를 받는 것만큼 바람직한 돈의 양을 표시했다. 이 실험의 결과는 다음과 같다.

판매자 $7.12
선택자 $3.12
매수자 $2.87

판매자와 선택자의 차이가 눈에 띄는데, 그 이유는 두 집단이 사실상 똑같은 선택에 직면하기 때문이다! 당신이 판매자라면 머그나 돈 중 하나를 갖고 돌아갈 수 있다. 선택자도 똑같이 두 가지 선택권을 가질 수 있다. 두 집단에게는 결정의 장기적 효과가 동일하다. 유일한 차이점이라고는 결정 순간의 감정이다. 판매자들이 정하는 높은 가격은 그들이 이미 소유하고 있는 재화를 포기하기 싫다는 의미이다. 장난감을 빼앗길 때 격렬하게 반항하면서 매우 불안해하는 아기들의 상태와 같은 거부감이다. 위험 회피는 시스템1*의 자동적인 평가에 들어 있다.

선택자에게는 공짜인 머그를 사려면 매수자는 돈을 지불해야 하지만, 매도자와 선택자는 유사한 현금 가치를 정한다. 매수자가 머그를 사느라 돈을 쓰는 걸 손해라고 느끼지 않으면 이런 일이 벌어질 가능성이 크다. 뇌의 구조나 활동을 측정해 영상으로 보여주는 뇌 영상법을 동원하면 이 차이를 확인할 수 있다. 사람들이 일반적으로 사용하는 재화를 팔면 불안과 고통을 일으키는 두뇌 영역이 활성화된다. 구매도 이 영역을 활성화시키지만 가격이 너무 높다고 인식할 경우에만 그렇다. 그럴 때 사람들은 판매자가 거래 가치를 넘어서는 가치를 편취한다고 느낀다. 두뇌 기록을 보면 특히 저렴한 가격에 구매했을 때 사람들은 즐거움을 느낀다는 것을 알 수 있다. 판매자가 머그에 정하는 현금 가치는 선택자와 매수자가 정하는 가치보다 두 배 이상이다.

– 대니얼 카너먼 지음, 이진원 옮김, 『생각에 관한 생각』

* **시스템1**: 어떤 것을 판단할 때 직관적이고 신속하게 작동하는 사고 시스템을 의미

글 [가]에서 글쓴이는 카너먼과 탈러의 실험에서 세부적인 부분을 삭제하고 실험 대상자들이 자신이 가진 머그를 팔 때 구매자의 기대 금액보다 더 높은 금액에 팔고자 했다는 점을 중심으로 실험 내용을 간략하게 요약하였다. 이렇게 다양한 경로를 통해 받아들인 정보에서 핵심적인 부분을 정리하고 요약하여 자신의 글쓰기에 활용할 수 있다.

그런데 종종 같은 영화를 보았더라도 다른 사람이 정리한 영화의 내용과 내가 이해한 것이 다른 경우를 볼 수 있다. 어떤 부분에 초점을 두는지가 다르기 때문이다. 그리고 어디에 초점을 둘 것인지는 앞서 선정한 글의 주제, 목적에 따라 달라질 수 있을 것이다.

학습활동 03

1. 다음의 내용을 읽고 핵심을 한 문단으로 요약해 보자.

존경하는 내외 귀빈 여러분,

한반도가 직면하고 있는 가장 큰 도전은 북핵 문제입니다. 북한은 핵과 미사일 도발을 계속하며 한반도와 동북아, 나아가 세계의 평화를 위협하고 있습니다. 특히 바로 이틀 전에 있었던 미사일 도발은 매우 실망스럽고 대단히 잘못된 선택입니다. 유엔 안보리 결의를 명백히 위반했을 뿐만 아니라 국제사회의 거듭된 경고를 정면으로 거부한 것입니다. 무엇보다 한미 정상회담을 통해 모처럼 대화의 길을 마련한 우리 정부로서는 더 깊은 유감을 느끼지 않을 수 없습니다. 북한의 이번 선택은 무모합니다. 국제사회의 응징을 자초했습니다. 북한이 도발을 멈추고 비핵화 의지를 보여준다면, 국제사회의 지지와 협력을 받을 수 있도록 앞장서서 돕겠다는 우리 정부의 의지를 시험하고 있습니다. 나는 북한이 돌아올 수 없는 다리를 건너지 않기를 바랍니다. 북한은 핵과 미사일 개발을 포기하고 국제사회와 협력할 수 있는 길을 찾아야 합니다.

완전하고 검증가능하며 불가역적인 한반도 비핵화는 국제사회의 일치된 요구이자 한반도 평화를 위한 절대 조건입니다. 한반도 비핵화를 위한 결단만이 북한의 안전을 보장하는 길이라는 뜻입니다. 그래서 나는 바로 지금이 북한이 올바른 선택을 할 수 있는 마지막 기회이고, 가장 좋은 시기라는 점을 강조합니다. 점점 더 높아지는 군사적 긴장의 악순환이 한계점에 이른 지금, 대화의 필요성이 과거 어느 때보다 절실해졌기 때문입니다. 중단되었던 한반도 평화프로세스를 다시 시작할 수 있는 기본여건이 마련되었다는 점도 중요합니다.

최근 한미 양국은, 제재는 외교적 수단이며, 평화적인 방식으로 한반도 비핵화를 달성한다는 큰 방향에 합의했습니다. 북한에 대해 적대시 정책을 갖고 있지 않다는 사실을 천명했습니다. 북한의 선택에 따라 국제사회가 함께 보다 밝은 미래를 제공할 수 있음을 확인했습니다. 한미 양국은 또한, 당면한 한반도 위기를 타개하기 위해서도 남북관계 개선이 중요하다는 점에 인식을 같이했습니다. 트럼프 대통령은 한반도 평화통일 환경을 조성함에 있어서 대한민국의 주도적 역할을 지지했고, 남북대화를 재개하려는 나의 구상을 지지했습니다. 중국의 시진핑 주석과도 같은 공감대를 확인했습니다.

이제 북한이 결정할 일만 남았습니다. 대화의 장으로 나오는 것도, 어렵게 마련된 대화의 기회를 걷어차는 것도 오직 북한이 선택할 일입니다. 그러나 만일, 북한이 핵 도발을 중단하지 않는다면 더욱 강한 제재와 압박 외에는 다른 선택이 없습니다. 한반도의 평화와 북한의 안전을 보장할 수 없게 될 것입니다. 나는 한반도 평화를 위한 우리 정부와 국제사회의 의지를, 북한이 매우 중대하고 긴급한 신호로 받아들일 것을 기대하고 촉구합니다.

– 문재인, 「베를린선언(쾨르버재단 초청 연설)」

2. 학습활동 2-2에서 선택한 주제로 글을 쓸 때 참고할 만한 자료를 수집하여 다음 활동을 해 보자.

1) 수집한 자료를 한 문단으로 요약해 보자.

2) 요약한 자료를 바탕으로 주제와 관련한 핵심 개념을 추려 이를 간략하게 정의해 보자.

2) 맥락과 함께 읽기

인간은 어떤 대상을 이해하는 과정에서 최대한 시간과 자원을 아끼려는 경향이 있다. 낯선 사태나 대상을 접할 때 시간을 들여 새로운 자료를 수집해서 파악하려고 하기보다는 기존의 지식과 방법에 의존하여 이를 이해하려고 하는 것이다. 이렇게 되면 대상을 제대로 이해하기 어렵고 심지어 크게 오해하게 되는 경우도 적지 않다. 어떤 대상에 대해 글을 쓰기 위해 우리는 그 대상을 잘 이해하고 있어야 한다. 그리고 좀 더 잘 이해하기 위해서는 관련된 자료를 풍부하게 수집하고 이를 활용하여 그 대상이 놓여 있는 맥락과 함께 읽어 내는 작업이 필요하다. 어떤 주제와 관련하여 글을 쓰기 위해 여러 자료를 수집하고 정리할 때 자료가 놓여 있는 맥락을 고려하는 것 역시 중요하다. 우리가 접하는 텍스트는 맥락 속에서 생산되며 맥락 속에 놓여 있다. 언제, 어떤 상황에서, 어떤 목적으로, 누가 쓴 것인지에 따라 텍스트의 의미는 달라질 수밖에 없다. 텍스트가 놓인 맥락을 제대로 알지 못한다면 텍스트를 제대로 이해하거나 판단하기 어렵다.

텍스트가 놓인 맥락을 파악하기 위해 우리는 다양한 방법을 활용할 수 있다. 인터넷 기사라면 링크된 다른 기사와 함께 읽어 보거나 기자의 이름을 클릭하여 해당 기자가 이제까지 써 온 다른 기사를 참조할 수도 있다. 혹은 해당 기사가 게재된 매체에 실린 다른 기사의 논조나 해당 매체 자체의 성격을 고려해 볼 수 있을 것이다. 책이라면 작가의 다른 작품, 작가의 인터뷰나 출판사의 광고 등도 모두 참조의 대상이 된다. 이렇게 텍스트가 놓인 사회·문화적 맥락을 종합적으로 고려하며 읽는다면 우리는 텍스트의 의미를 좀 더 온전하고 풍성하게 이해할 수 있을 것이다.

다음은 〈풍선을 든 소녀 파쇄하기(Shredding the Girl and Balloon)〉라는 제목의 유튜브 영상의 한 장면을 캡처한 것이다. 3분 남짓 되는 짧은 영상은 풍선을 든 소녀가 그려진 그림 액자에 파쇄 장치를 설치하는 장면에서 시작된다. 이어서 소더비 경매장으로 화면이 전환되고 작품이 거액에 낙찰된다. 이때 누군가가 리모컨을 작동하여 그림은 자동으로 파쇄되고 경매장의 사람들은 당혹감에 휩싸여 웅성거린다. 그리고 작품을 파쇄하는 리허설로 영상은 마무리된다. 영상만 보아서는 이것이 무슨 상황인지 이해하기 어려우며, 애초에 〈풍선을 든 소녀〉라는 작품이 왜 그렇게 거액에 낙찰될 수 있었는지 역시 단박에 납득하기 어렵다.

이 영상의 의미를 제대로 파악하기 위해서는 영상이 게시된 유튜브 채널 'banksyfilm'의 성격과 뱅크시(Banksy)라는 작가의 이력을 고려할 필요가 있다.

banksyfilm, 〈Shredding the Girl and Balloon – The Director's half cut〉(https://youtu.be/vxkwRNIZgdY)

뱅크시는 영국의 그래피티 아티스트로 예술 테러리스트라 불리기도 한다. 그는 다리나 벽에 몰래 그래피티를 남기거나 자신의 작품을 길거리에서 푼돈에 파는 등 제도권 예술에 반발하면서 자신만의 새로운 예술의 개념을 대중에게 전달하는 것으로 유명하다. 이 영상은 경매 다음날 뱅크시가 자신의 SNS에 직접 올린 것이다. 그는 자신의 작품을 파쇄한 것이 바로 자신이라는 것을 알리기 위해 영상을 게시했다고 밝혔다.

이처럼 영상이 놓인 맥락을 이해하면 영상의 의미는 전혀 다르게 다가온다. 영상을 게시한 인물, 영상을 게시한 의도 등을 고려하면, 작품 파쇄를 몇 달에 걸쳐 준비하는 것이 어떤 의미인지, 경매장에서 경매가 이루어지자마자 파쇄된 그림이 어떤 예술적 가치와 의미를 가지게 되는지를 좀 더 깊이 있게 살펴볼 수 있다. 이처럼 그것이 놓인 맥락과 함께 대상을 파악할 때 조금 더 입체적으로 정보를 받아들일 수 있게 된다. 또한 대상의 가치나 의미 역시 그것이 놓인 맥락에서 독립적으로 존재할 수 없다. 그러므로 대상의 가치를 분석하고 평가하기 위해서 맥락을 살피는 것은 매우 중요한 작업이다.

학습활동 04 학습활동 2-2에서 선정한 주제를 중심으로 다음 활동을 해 보자.

1. 이 주제를 다루기 위해 함께 고려해야 할 맥락으로 어떤 것이 있을까? 목록을 만들어 자료를 조사해 보자.

2. 1에서 조사한 자료 중 하나를 골라 다음 내용을 중심으로 맥락을 정리해 보자.

1) 누가 만든 자료인가?
2) 언제 발표된 자료인가?
3) 어떤 매체에 실린 자료인가?
4) 맥락을 고려함으로써 새롭게 알게 된 것은 무엇인가?

1.3. 따져 보기

일상에서 우리는 매우 많은 정보를 접하게 된다. 이 가운데 잘못된 내용이 포함되는 경우가 적지 않다. 최근에는 '가짜뉴스' 때문에 불필요한 오해나 소모적인 논쟁이 발생하는 것을 자주 접하기도 한다. 독자에게 정확한 정보를 전달하거나 혹은 설득력 있는 주장을 펼치기 위해서는 우선 정보를 비판적으로 살피는 자세가 필요하다.

1) 사실 관계 확인하기

정보가 정확한지, 객관적인 사실을 담고 있는지는 정보의 신뢰성과 직결되는 문제이다. 사실과 어긋나거나 왜곡된 내용이 포함되어 있다면 독자는 정보 자체를 신뢰할 수 없게 될 것이다. 또한 잘못된 정보를 다수의 독자에게 전달했을 때 걷잡을 수 없는 결과가 나온다. 그러므로 정보를 수동적으로 받아들이는 자세에서 벗어나 사실 관계를 확인하고 이를 바탕으로 타당성을 검증한 후 글쓰기에 활용하여야 한다.

아래의 글은 2019년 5월 통계청을 고용동향을 바탕으로 작성된 신문 기사에 대해 기획재정부에서 제출한 반박 자료이다.

> "실업자 수 5월 기준 사상 최대"
>
> 12일 통계청이 발표한 5월 고용동향을 근거로 언론에서 쓴 기사의 제목입니다.
>
> "5월 취업자 26만 명 증가... 고용률도 역대 최고"
>
> 똑같은 통계를 가지고 쓴 또 다른 기사의 제목입니다.
>
> 고용상황이 악화되었다는 것인지, 좋아졌다는 것인지, 어느 쪽이 맞을까요?
>
> 숫자로만 보면 둘 다 팩트입니다. 올해 5월 실업자 수(114.5만 명)가 사상 최대인데, 취업자 수(2732.2만 명) 역시 사상 최대입니다. 총 인구수가 늘어남에 따라 대체로 같이 늘어나기 때문에 벌어진 일입니다.
>
> 인구는 계속 증가하고 있습니다. 2019년 5월 15세 이상 인구는 4446만 명. 전년 동월 대비해서 32만 명 증가, 2000년 5월에 비해 833만 명이 늘었습니다. 인구가 늘면 경제활동에 참여하는 인구도 늘어나고, 총 취업자 수와 총 실업자 수도 대개 함께 늘어나는 것입니다.(물론, 2008년 글로벌 경제 위기로 고용사정이 급

격히 악화하는 경우처럼 특수한 상황도 있습니다.)

따라서 시간이 갈수록 인구가 증가하는 상황을 고려하지 않고 취업자·실업자 수의 절대 규모를 단순 비교해 '역대 최고' '역대 최소' 같은 판단을 내리는 것은 큰 의미가 없거나 적절하지 않습니다.

고용지표를 놓고 고용상황을 평가할 때는 취업자·실업자 총 숫자뿐 아니라, 취업자·실업자 수가 지난해 대비해 얼마나 늘어났는가 하는 증가폭과, 실제 취업·실업한 사람의 비율 즉 '고용률', '실업률' 같은 지표를 중요하게 봐야 합니다.

–「실업자수 사상 최대? 인구증가로 큰 의미 없어!–"고용동향은 인구·연령층 등 인구구조 변화 고려해야"」, 기획재정부 정책브리핑(2019. 6. 14.)

동일한 통계청 자료를 활용해 한 언론사에서는 실업자 수가 역대 최대라며 고용상황이 악화되었다고 주장하였고, 다른 언론사에서는 취업자가 26만 명 증가했다며 고용상황이 청신호를 보이고 있다고 주장하였다. 실제로 통계청의 자료를 확인하면 실업자 수와 취업자 수가 동시에 증가했다는 사실을 알 수 있는데, 이를 다룬 언론사의 입장에 따라 기사에서는 한 측면만이 의도적으로 강조되었던 것이다. 기획재정부에서 발표한 정책브리핑에 따르면 이렇게 실업자 수 혹은 취업자 수만을 비교하는 것은 부적절하다. 실업자 수와 취업자 수의 증감은 인구 증가와 밀접하게 연결되는데, 이 사실을 고려하지 않거나 혹은 의도적으로 누락한 채로 일면만을 부각시키는 것은 현상을 왜곡하여 전달하는 결과를 낳기 때문이다.

이처럼 사실 관계를 왜곡하거나 관련된 사실을 의도적으로 은폐함으로써 잘못된 정보를 독자에게 전달하면 그 글 자체는 물론이고 작성자에 대한 불신이 증폭될 수밖에 없다. 그러므로 주어진 정보를 받아들이고 이를 가공하여 독자에게 전달할 때는 사실 확인과 검증이 필수적이다. 이를 위해 우리는 해당 정보의 원 출처를 확인하고, 관련된 여러 자료를 꼼꼼히 대조·점검하는 습관을 길러야 한다.

학습 활동 05 다음 예문에 제시된 내용이 사실인지 검증해 보자.

2019년 기준 한국전력공사가 2년 연속 영업적자를 기록하였다. 한전의 적자는 탈원전 정책과 무관하지 않다. 최근 산업통상자원부는 원전을 점진적으로 줄이고 신재생에너지의 비중을 높이는 '재생에너지3020' 정책 기조를 발표하였다. 2030년까지 재생에너지 발전 비중을 20%로 끌어올리겠다는 것이다. 그러나 한전의 지속적인 적자, 신재생에너지의 효율성, 전기요금의 인상 등 현실적인 문제를 고려할 때 이러한 정책이 과연 실효성을 낼 수 있을지 의문이다.

일본 정부에서 후쿠시마 원전 사고 이후로 원전을 재개한 것 역시 이와 같은 현실적인 문제 때문이다. 후쿠시마 원전 사고 당시 간 나오토 총리가 모든 원전 가동을 중단하고 2030년까지 탈원전을 추진하겠다고 선언했다. 그러나 아베 신조 총리는 이를 철회하고 단계적 재가동에 나서고 있다. 원전 가동을 중지하고 에너지 절감 정책을 펼치는 동안 시민들의 불편이 이만저만이 아니었고, 이에 따른 불만이 폭주했기 때문이다.

세계적으로 탈원전의 모델이 되어 온 독일에서도 탈원전 정책은 실패라는 평가를 받고 있다. 2019년 5월 독일의 슈피겔 지는 독일에서 추진해 온 탈원전 정책의 문제점을 비판하였다. 독일 정부는 2011년 일본 후쿠시마 원전 사고 이후 탈원전 정책을 추진하며 신재생에너지 사업에 매년 320억 유로를 투입하고 있다. 그러나 슈피겔에 의하면 신재생에너지의 효율성이 낮아 전력 부족 상황이 야기되고, 전기요금 역시 크게 올라 독일 국민들의 불만이 점점 커지고 있다. 독일의 전기요금은 OECD 평균의 2배가 넘는 수준으로 탈원전 정책이 전기요금 폭탄을 가져올 것이라는 전문가들의 예상이 적중한 셈이다.

1. 위의 글의 내용을 검증하기 위해 필요한 자료로는 어떤 것이 있을지 생각해 보자.

2. 1의 자료를 모둠에서 검토하여, 예문에서 사실이 왜곡되거나 은폐된 부분은 없는지 찾아보자.

2) 논리적 타당성과 정합성 따지기

(1) 전제와 주장

전제란 추리를 할 때, 결론의 기초가 되는 판단을 의미한다. 전제가 잘못되었다면 이에 근거하고 있는 주장, 결론도 왜곡된 것일 수밖에 없다. 그러므로 주어진 정보의 타당성을 판단하기 위해 상대방이 제시하는 내용의 전제가 무엇인지, 이것이 타당한지, 그리고 주장이 전제에서 벗어나지 않는지 살펴볼 필요가 있다. 또한 주제문을 다듬는 과정에서도 자신의 핵심 주장이 어떤 명제에 근거한 것인지를 점검해야 한다. 다음의 글은 외계인의 존재를 주장하는 사람들이 내세우는 근거를 활용하여 주장의 타당성 및 정합성을 비판한 것이다.

<맨인블랙>은 지구에서 활동하는 외계인을 체포하고 외계인을 목격한 사람들을 찾아가 그들의 기억을 소거함으로써 지구의 혼란을 막는 맨인블랙이라는 조직의 활약상을 담은 영화이다. <맨인블랙> 외에도 많은 드라마, 영화 등에서 외계인은 흥미로운 소재로 사용되어 왔다. 이처럼 대중문화에서 외계인이 자주 활용되는 것은 당연히 대중들의 관심이 반영된 결과일 것이다. 그런데 외계인은 정말 우리 주변에 존재할까?

현대의 과학자들은 적어도 태양계 내에는 외계인이 존재하지 않는다고 잠정적인 결론을 내렸다. 그러나 여전히 여러 괴현상을 근거로 외계인의 존재를 주장하는 사람들이 많다. 이들은 외계인이 이미 우리가 사는 지구에 방문한 적이 있고, 영화 <맨인블랙>에서처럼 정체를 숨기고 우리 주변에 살고 있을지도 모른다고 주장한다. 게다가 NASA가 전세계적인 혼란을 막기 위해 외계인의 존재와 그 증거를 의도적으로 은폐하고 있다고 주장하기도 한다.

외계인이 지구에 이미 방문한 적이 있다는 근거로 자주 제시되는 것이 바로 미스터리 서클이다. 미스터리 서클은 밭이나 논 등 넓은 공간의 식물이 일정한 방향으로 눕혀져 일정한 형태를 나타내게 된 것을 의미하는데, 이런 현상이 생기는 원인에 대해서는 여전히 학자들 사이에 이견이 분분하다. 외계인의 존재를 믿는 사람들은 이것이 우리 지구인들에게 어떤 메시지를 전달하고자 하는 외계인의 소행이라 단언한다. 그러나 이러한 주장에 대해서는 다음과 같은 질문을 던져 볼 수 있다. 머나먼 우주를 가로질러 지구를 방문할 만큼의 공학적 기술을 보유하고 있고, 지구인들이 눈치 채지 못하게 거대한 미스터리 서클을 만들 만한 능력이 있는 외계인들이 왜 미스터리 서클이라는 극히 일차원적이고 원시적인 소통 방법을 애용하는가? 만약 지구인들에게 알리고 싶은 메시지가 있다면, 방송이나 인터넷을 활용하는 것이 더 효율적이지 않았을까? 미스터리 서클의 의미는 어느 지구인도 명확하게 해석하지 못했는데 애초에 지구인보다 고등한 지적 능력을 갖췄다고 가정되는 외계인들은 이러한 상황을 예측하지 못했는가?

미국의 천문학자 칼 세이건 역시 이와 비슷한 문제를 제기한 적이 있다. 칼 세이건은 『악령이 출몰하는 세상』이라는 책에서 외계인과 관련한 미국의 한 여론 조사 결과를 비판적으로 분석하였다. 미국의 한 여론 조사 단체는 설문 조사 결과를 기반으로 미국인의 2퍼센트가 외계인에 납치된 경험이 있다는 결론을 내렸다. 더 나아가 이들은 이 결과를 바탕으로 외계인이 지구인을 번식시켜 자신들의 가축으로 이용하기 위해 지구 곳곳에서 지구인들을 납치하고 있으며, 정부는 이 사실을 감추고 있다고 주장하였다. 칼 세이건은 이러한 주장에 대해 "물리학과 공학에서는 그렇게 진보한 —굉장히 먼 행성 간 거리를 가로질러 날아오고 유령처럼 벽을 통과해 걸을 수 있을 정도로 —존재들이 유독 생물학에서는 그렇게 뒤떨어졌다고들 하는 이유가 무엇일까?"라고 되물었다.

이처럼 지구 곳곳의 기묘한 현상이 외계인의 흔적이라는 주장을 받아들이게 되면 외계인이 지구를 방문할 수 있을 만큼 지적으로 월등한 존재라는 점을 부정해야 하는 아이러니한 상황에 직면하게 된다. 그렇다면 외계인은 존재하지 않는다고 보아야 할까? 외계인의 존재를 주장하는 사람들이 내세우는 근거의 신빙성이 극히 낮다고 하더라도 그것이 반드시 외계인이 존재하지 않는다는 결론으로 이어지지는 않는다. 외계인의 존재가 과학적으로 증명되지 않았듯 외계인이 존재하지 않는다는 사실 또한 아직 과학적으로 증명된 바가 없기 때문이다. 일상에서 관찰되는 괴현상이나 환각 등을 들어 외계인의 존재를 주장하는 이들을 비판한 칼 세이건 역시 "광활한 우주에 우리만 존재한다면 엄청난 공간 낭비"라 말하지 않았던가.

미스터리 서클이 외계인의 소행이라거나 외계인이 우리 주위 사람들을 납치해 번식시키고 있는데 국가에서 이를 은폐하고 있다는 주장은 외계인이 지구인에 비해 우월한 지적 수준과 문명을 보유하고 있다는 것을 전제한다. 이에 대해 글쓴이는 월등한 문명을 가지고 있는 외계인들이 왜 미스터리 서클이라는 원시적인 통신 수단을 사용하는지에 대해 의문을 제기하였다. 글쓴이가 인용한 칼 세이건 역시 그토록 우월한 기술을 갖춘 외계인이 왜 매번 지구인들을 납치하여 번식시키는 비효율적인 방법을 사용하고 있느냐고 반문함으로써 전제를 되짚었다. 이 같은 비판은 외계인이 지구인과의 의사소통을 위해 미스터리 서클을 의도적으로 지구 곳곳에 새기고 있다거나 지구인이 외계인에 의해 납치되고 있다는 주장이 그들의 전제와 어긋난다는 점을 지적한 것이다.

그리고 칼 세이건이 비판하였던 여론 조사의 결론은 일반인을 대상으로 한 설문 조사 결과를 근거로 하고 있다. 즉 사람들의 경험이나 여론 조사를 통해 외계인의 존재 유무가 밝혀질 수 있다는 것을 전제하고 있는 셈이다. 그렇다면 과연 외계인의 존재라는 과학적 사실이 여론 조사에 의해 증명될 수 있는 것인지, 즉 이 여론 조사가 근거하고 있는 전제 자체를 비판하는 것 역시 가능할 것이다. 이처럼 주장이나 주어진 정보가 타당하고 믿을 만한 것인지 판단하기 위해서는 우선 전제가 무엇인지를 살피고, 전제와의 관계 속에서 주장을 검토하여야 한다. 마찬가지로 주장을 설득력 있게 전달하기 위해서는 타당한 전제를 세우고, 주장과 전제가 긴밀하게 연결되도록 논리를 구성해야 한다.

(2) 이유와 근거

독자를 설득하기 위해서는 주장을 뒷받침하는 이유와 근거를 분명히 제시하여야 한다. 이유는 타당해야 하며 주장과 이유 사이에 인과관계가 성립해야 한다. 이유가 왜 그렇게 생각하는지에 해당한다면, 근거란 이유를 구체적으로 뒷받침할 수 있는 객관적인 사실·자료를 의미한다. 이유는 타당해야 하며 주장과 이유 사이에 인과관계가 성립해야 한다. 그리고 이유를 뒷받침하는 근거를 충분히 제시해야 독자를 효과적으로 설득할 수 있다. 아래의 글은 고령 운전자의 교통사고 발생 증가 현상과 그 해결 방법에 대한 글이다.

> 2019년 5월 경남 양산 통도사에서 70대 고령 운전자가 몰던 차량이 사람들이 모여 있는 쪽으로 돌진하여 50대 여성이 목숨을 잃고 10여 명이 부상을 당하는 사고가 발생했다. 그리고 같은 해 8월에는 80대 운전자가 몰던 승용차가 아파트 간이 수영장에서 물놀이하던 어린이들을 덮쳐 6명이 다치기도 하였다. 이처럼 고령화 사회로 접어들면서 고령 운전자 교통사고 발생이 급격하게

늘어나고 있다. 도로교통공단 교통사고 분석시스템에 따르면 최근 5년 내 우리나라 전체 교통사고 사망자는 약 20% 감소했지만 교통사고 사망자 중 고령 운전자(65세 이상) 비중은 약 40%로 지속적으로 증가하는 추세를 보이고 있다.

고령 운전자의 경우 신체가 노화되면서 운동 신경과 인지 능력이 저하되어 운전 중 다양한 돌발 상황에 순발력 있게 대처하기가 어렵다. 주행 중 급정거가 필요한 상황에 신속하게 대응하기 어려울 뿐 아니라, 사고 경위를 조사한 결과 브레이크와 가속 페달을 헷갈리는 경우도 많다고 한다. 이 때문에 고령 운전자의 사고 발생률은 다른 연령대에 비해서 상당히 높은 편이다. 삼성교통안전문화연구소가 발표한 최근 5년 경찰에 신고된 교통사고 110만 9천 987건의 분석 결과에 따르면 고령 운전자 1만 명당 사고 건수는 110건으로 30~40대의 2배 수준을 보이고 있으며, 1만 명당 사망자는 3.1명으로 30~40대의 4배 수준으로 나타났다.

이러한 문제를 해결하는 가장 효과적인 방법은 고령 운전자들의 면허 반납을 제도적으로 확립하고 대중교통 이용을 적극적으로 유도하는 것이다. 이를 위해 지자체에서는 면허를 반납하면 각종 혜택을 주는 정책을 펼치고 있다. 대구시 역시 2019년도부터 시비 3억 원을 투입하여 운전면허를 자진 반납한 고령 운전자에게 교통비를 지원하고 있다. 면허 반납의 실효성을 높이기 위해 정부와 지자체는 해당 예산을 확충하고 더욱 적극적으로 제도 홍보에 나서야 할 것이다.

이 글의 주장, 이유, 근거를 정리하면 다음과 같다.

주장–고령 운전자 면허 반납 제도 강화

이유–고령 운전자는 노화에 따라 신체능력, 인지능력이 저하되어 사고위험성이 높기 때문

근거–각종 통계 자료 및 사고 기사

상대의 주장의 타당성을 비판적으로 검토하기 위해서는 주장, 이유, 근거가 각각 무엇인지 살펴보고 주장이 선명한지, 주장과 이유가 논리적으로 잘 연결되는지, 근거는 신뢰할 만하고 충분한지 등을 살펴보아야 한다. 그리고 주장을 펼쳐 독자를 설득하기 위해서는 주장과 이유 사이의 논리적 연관성을 충분히 고민하고, 신뢰도 높고 공신력 있는 출처의 자료, 데이터를 근거로 제시하여야 한다.

학습활동 06

1. 예문에서 주장, 이유, 근거를 각각 찾아서 정리해 보자. 그리고 주장에 대한 이유가 타당한지, 근거가 충분한지 검토하고 어떤 부분이 보완되어야 할지 제시해 보자.

현재 우리 학교 학생들이 기말에 실시하는 강의평가 제도에 대한 만족도가 매우 낮은 것으로 드러났다. 최근 총학생회와 경북대신문사가 본교생 178명을 대상으로 '현 강의평가 및 개선 방향에 대한 설문조사'를 공동으로 진행했다. 설문조사 결과 응답자의 과반수가 현 강의평가에 만족하지 못한다고 답변했다. 학생들은 성적을 확인하기 전 의무적으로 강의평가를 작성하게 되어 있는데 많은 학생들이 이것이 과연 실효성이 있는지에 대해 회의적이었다. 대다수의 학생들은 강의평가가 실제로 교수자의 강의 개선으로 이어지지 않는다고 느끼고 있었다.

조사 결과에 따르면 이러한 문제를 해결하기 위해 강의평가 결과가 교원에게 직접적인 영향을 미치도록 제도가 개선되어야 한다는 의견이 많았다. "강의평가가 개선된다면 어떤 방향으로 개선되기를 원합니까?"라는 문항에서 전체의 60%가 넘는 108명이 "평가 점수가 낮은 교원에 대한 페널티 강화"를 꼽았다. 현재 우리 학교는 '교수업적평가 규정' 제1장 제4조에 따라 강의평가 평균점수가 3.5점 미만인 교수의 교육·연구·학생 지도비를 삭감하고 있다. 또한 해당 교수는 교수학습센터 강좌를 통해 교수법을 개선하라는 안내를 받게 된다. 학생들은 이 같은 현재의 페널티가 실효성이 미미하며, 좀 더 실질적 개선을 위해서는 페널티가 강화되는 것이 필요하다고 인식하고 있는 것이다.

그러므로 강의평가의 애초의 목적인 학생들의 의견 청취를 통한 실질적 강의 개선을 위해서는 강의평가 점수가 낮은 교원에 대한 페널티를 더욱 강화하는 것이 필요하다. 연구비 삭감이나 승진 과정에서의 페널티 등의 제도를 마련하되, 페널티를 부여하는 기준 점수를 좀 더 엄격하게 조정하여야 한다. 혹은 역으로 우수강의평가자에 적절한 인센티브를 제공하는 방법도 고려해 볼 수 있을 것이다. 이미 여러 대학에서는 우수강의평가자에 대한 포상제도를 시행하고 있다. 이러한 제도를 도입하여 엄격하게 적용한다면 실제로 강의의 질도 높아지고, 학생들의 강의 만족도 역시 향상될 것이다.

주장	
이유	
근거	
보완점	

2. 학습활동 2-2에서 수집한 다른 관점의 자료에서 제시한 주장, 이유, 근거를 파악해 보자.

주장	
이유	
근거	

3. 2에서 정리한 자료에 반박하는 나의 주장과 이를 뒷받침하는 이유, 근거를 정리해 보자.

주장	
이유	
근거	

2. 세계를 탐색하는 글쓰기

2.1. 설명하기

1) 개념 및 이론 요약 설명하기

우리는 어려운 개념이나 새로운 이론, 복잡한 현상을 누군가에게 전달해야 할 때 상대가 이해하기 쉽도록 내용을 요약해서 설명한다. 이때 요약을 잘하기 위해서는 요약하려는 내용의 핵심 주제가 무엇인가를 정확하게 파악하는 것이 중요하다. 아울러 내가 이 현상을 누구에게, 왜 설명하려고 하는지에 대한 명확한 분석 역시 필요하다.

'효율임금이론'을 예로 들어 설명해 보자. '효율임금이론'은 노동자가 받는 임금이 일의 생산성, 즉 노동자의 효율성을 결정한다고 보는 경제학 이론이다. 일반적으로 사람들은 사회의 평균적 임금보다 임금을 높게 받을 경우, 생산성이 극대화되어 좋은 결과를 낸다는 것이 이 이론의 요지이다. 이처럼 이론을 요약 설명할 때는 그 설명을 듣는 대상이 어린아이인가, 성인인가, 경제학이론에 지식이 전혀 없는 사람인가 아니면 경제학을 전공한 사람인가 등등, 대상독자가 누구냐에 따라서 요약 방법이 달라진다. 예를 들어 '효율성', '생산성'이라는 단어는 어린아이들이 이해하기 어려울 것이다.

대상과 목적에 따라 요약 방법이 달라지는 것에서 알 수 있듯, 요점을 간추려 정리하는 과정에는 많은 경우 요약하는 사람의 판단과 주장이 들어간다. 예를 들어, 감염병 경로 예측을 위한 새로운 시스템이 개발되어 이 시스템을 알기 쉽게 풀어서 사람들에게 설명한다고 생각해 보자. 이 경우 '새로운' 시스템에 대해 간략하게 정리하려고 마음 먹는 그 순간 이미 요약하는 자의 긍정적 평가가 개입한다. 그래서 시스템이 얼마나 효율적이고 체계적으로 작동하는지를 잘 요약해서 설명하는 것만으로도 상대가 '이 시스템을 채용하자'고 결정 내리도록 설득할 수 있는 것이다.

그렇다면 요약은 글쓰기에서 어떻게 사용될까. 글을 쓰다 보면 자신이 알고 있는 이론이나, 자신의 견해를 독자에게 설명해야 할 때가 있다. 이 과정은 생각만큼 쉽지가 않다. 어려운 개념이나 정보, 대상의 내용이나 의미를 독자에게 정확하고도 요령 있게 설명하기 위해서는 일종의 '전략'이 필요하다. 다음 예문을 보자.

> **[가]** 중산층 이상의 계층이 비교적 빈곤 계층이 많이 사는 정체 지역에 진입해 낙후된 구도심 지역에 활기를 불어넣으면서 기존의 저소득층 주민을 몰아내는 현상을 이르는 말이다. 1964년 영국 사회학자 루스 글래스가 런던 도심의 황폐한 노동자들의 거주지에 중산층이 이주를 해오면서 지역 전체의 구성과 성격이 변하자 이를 설명하면서 처음 사용한 말이다. '신사 계급, 상류 사회, 신사 사회의 사람들'을 뜻하는 gentry와 화(化)를 의미하는 fication의 합성어다.
>
> **[나]** 한국의 젠트리피케이션도 비슷한 형식으로 진행되고 있다. 이는 가난하지만 개성 있는 화가, 조각가, 의상 디자이너, 액세서리 디자이너, 목수, 사진작가, 인디밴드 등이 모여 독특하고 예술적인 공동체 문화를 만들었던 서울 홍익대학교 인근과 망원동, 상수동, 삼청동, 신사동 가로수길, 경복궁

옆 서촌, 경리단길, 성수동 등 이른바 핫 플레스에서 발견되고 있는 젠트리피케이션에서 확인할 수 있다.

– 김환표, 「젠트리피케이션」, 『트렌드지식사전』5, https://100.daum.net/encyclopedia/view/54XX34300159(2021. 08. 11.)

젠트리피케이션이란 도시환경이 변함에 따라 중상류층 사람들이 도심의 낙후지역으로 들어오고, 그 지역이 활성화되면 집값이 올라 원래 그곳에 거주하던 사람들이 쫓겨나는 현상을 의미한다. 이 이론을 독자들에게 효과적으로 전달하기 위해서는 다음의 전략을 활용하면 좋다. 먼저 [가]에서 젠트리피케이션의 어원을 통해 개념을 정리하여 설명한 후, [나]에서는 현재 한국에서 이 개념에 적합한 사례를 들어 다시 한 번 더 이론의 개념을 설명하는 것이다. 글을 읽는 독자가 한국의 20대라고 가정할 때, 젊은이들이 많이 모이는 홍대·성수동·삼청동을 사례로 들면 훨씬 효과적으로 내용을 전달할 수 있다.

학습활동 07 **다양한 인터넷 서비스가 흘러넘치는 현 시대, 우리는 무수한 정보를 접하고 있다. 이와 관련해서 다양한 문제점이 제기되는데 다음은 그 문제점 중의 하나인 '필터버블' 현상과 '에코챔버' 현상에 관한 요약이다. 예문을 읽고 다음 활동을 해 보자.**

[가] 필터버블 현상은 인터넷 사이트나 누리 소통망에서 개인의 취향이나 선호도를 분석해 적절한 정보를 골라서 제공함에 따라, 이용자가 선별된 정보만을 제공받게 되는 현상을 말한다. 이 현상이 최근 문제가 되는 것은 정보를 필터링하는 알고리즘에 정치적 혹은 상업적 논리가 개입할 경우 필터링을 거친 정보만을 받아보는 정보 이용자들이 자신도 모르는 사이에 정보 편식을 하게 되어 가치관 왜곡이 일어날 수도 있기 때문이다.

[나] 에코챔버 현상은 닫힌 공간에서 메아리를 듣는 것처럼 대중들이 자신에게 제공된 수많은 정보들 중 자신이 선호하는 관점만을 받아들여 계속 반복해서 듣고 보는 현상을 의미한다. 이 현상이 최근 문제가 되는 것은 생각, 정

치적 관념 등이 비슷한 사람들끼리 서로 정보를 공유함으로써 기존의 견해가 더욱더 강화, 증폭되는 현상이 발생하는 일이 많이 발견되기 때문이다.

1. 두 현상의 차이를 간략하게 요약 설명해 보자.

2. 둘 중 하나를 선택하여 그 현상을 쉽게 설명할 수 있는 사례를 들어 보자.

2) 사실 및 방법 설명하기

우리가 살고 있는 세계의 현상이나 상황과 관련한 다양한 내용을 상대, 혹은 독자에게 설명하는 경우가 있다. 이때 상대에게 내가 설명하려는 내용을 효과적으로 전달하기 위해서는 가능한 한 주관이 개입되지 않아야 한다. 말을 하는 사람, 혹은 글을 쓰는 사람의 주관적 판단이 개입되는 순간 그의 말과 글은 무게감을 잃게 될 뿐 아니라 신뢰성도 낮아지게 된다. 그런 점에서 상황·현상을 설명하는 글쓰기, 즉 정보전달 글쓰기에서는 글쓰는 사람이 상황과 현상에 대한 '객관적 태도'를 유지하는 것이 무엇보다 중요하다.

정보전달을 목적으로 한 글쓰기는 신문기사, 제품 사용 설명서 등에서 일반적으로 사용된다. 신문기사는 정보의 전달이 주된 목적이므로 정보를 정확하고 객관적으로 독자들에게 전달하는 것이 무엇보다 중요하다. 신문기사 글쓰기를 두고 흔히 '카메라'를 찍듯이 현상이나 상황을 옮기는 글쓰기라고 말하는 것은 이 때문이다. 제품의 사용설명서 역시 마찬가지이다. 제품의 기능과 사용 방법을 설명하기 위한 글쓰기이므로 글쓴이의 주관적 감정, 느낌이 들어갈 여지가 없다. 다음은 정보전달 글쓰기의 한 사례로서 제시될 수 있는 후쿠시마 원전사태와 관련한 백과사전의 설명이다.

> 2011년 3월 11일 발생한 규모 9.0의 동일본 대지진과 곧이어 들이닥친 거대한 쓰나미로 후쿠시마 제1원전에서 수소폭발과 방사능 유출 사고가 발생했다. 가동 중이던 원자로의 핵분열은 자동으로 긴급 억제됐지만, 전력공급이 중단으로 냉각시스템이 마비돼 핵연료봉이 고열에 노출돼 수소폭발이 일어났고, 방사능 물질이 묻은 수증기가 외부로 유출됐다. 이로 인해 모두 2만여 명의 희생자가 양산됐고, 여전히 피난 생활을 이어 가는 사람은 전국적으로 17만여 명에 달한다. 후쿠시마 원전 폐로까지는 40년 가까이 걸릴 것으로 예상된다.
>
> – 이새윤, 「후쿠시마 원전 사고」, 『다음 백과』, https://100.daum.net/encyclopedia/view/47XXXXXXX117(2021. 08. 11.)

이와 같은 '정보전달 글쓰기'는 신문기사나 제품사용 설명서 이외에 주장이나 견해를 드러내는 글쓰기에서도 자주 채택된다. 객관적 자료와 수치 중심의 정보전달 글쓰기를 활용할 경우, 글쓴이의 견해와 주장이 신뢰를 얻을 수 있기 때문이다. 다음의 글은 역대 노벨 기초과학상 수상과 관련한 정보를 분석한 신문기사이다. 이 기사는 단지 정보전달에만 목적을 둔 글쓰기일까, 아니면 주장이나 비판을 담고 있는 글쓰기일까?

> 세계에서 가장 권위 있는 상으로 꼽히는 노벨상은 '인류에 가장 큰 공헌을 한 사람에게 재산을 상금으로 준다'는 알프레드 노벨의 유언을 토대로 제정

됐으며 1901년 수여가 시작됐다. 이후 작년까지 117년간 생리의학·물리·화학 등 과학 분야에서만 599명의 수상자가 나왔다. 생리의학상 수상자가 214명으로 가장 많고 물리학상 수상자가 207명, 화학상 수상자가 178명이다. 생애 한 번도 받기 힘든 노벨상을 2회 이상 받은 과학자도 있다. 마리 퀴리는 1903년 물리학상, 1911년 화학상을 각각 받았으며, 라이너스 폴링은 1954년 화학상, 1962년 평화상을 수상했다. 존 바딘은 1956년과 1972년 각각 물리학상을 받고, 프레더릭 생어는 1958년과 1980년 화학상을 받았다.

그러나 599명의 노벨과학상 수상자 중 여성 과학자는 3%인 18명에 불과하다. 이 중 마리 퀴리는 노벨상 2회 수상뿐 아니라 '가족 수상'으로도 잘 알려졌다. 1903년 물리학상은 남편인 피에르 퀴리와 공동 수상했고 딸인 이렌느 졸리 퀴리와 사위 프레데릭 졸리오가 1935년 노벨화학상을 공동 수상했다. 1901년부터 2017년까지 과학 분야 노벨상 수상자의 평균 나이는 57세다. 이 중 가장 어린 노벨과학상 수상자는 1915년 물리학상을 받은 로렌스 브래그로, 수상 당시 25세였다. 반면 가장 나이가 많은 수상자는 2002년 88세에 물리학상을 받은 레이몬드 데이비스 주니어였다.

한국연구재단은 "최근 노벨과학상과 관련된 주요 트렌드는 공동 수상 증가와 더불어 '수상자의 고령화'를 꼽을 수 있다"며 "2008년부터 2017년까지 최근 10년간 노벨과학상 수상자의 평균연령은 67.7세인 것으로 조사됐다"고 설명했다. 과학 분야에서 노벨상 수상자를 가장 많이 배출한 국가는 미국으로 3개 분야에서 총 263명의 수상자를 냈다. 이어 영국이 7명, 독일이 70명, 프랑스가 33명, 일본이 22명의 노벨과학상 수상자를 배출했다. 한국은 김대중 전 대통령이 노벨평화상을 수상한 바 있지만, 과학상 수상자는 아직 없다.

– 신선미, 「117년간 599명 수상·평균연령 57세…노벨과학상 '이모저모'」, 『연합신문』

모든 글에는 대상 독자가 있고, 글을 쓰는 목적이 있다. 예를 들자면 제품 사용 설명서는 제품 사용자를 대상으로 하여 그들이 제품을 정확하게 사용하도록 하는 것을 목적으로 하고 있다. 마찬가지로 노벨상의 여러 항목 중 과학상을 집중 분석한 위의 기사 역시 명확한 목적 아래 작성되고 있다고 할 수 있다.

기사에서는 한국연구재단에서 제공한 자료를 중심으로 2018년까지의 노벨과학상 수상 현황을 국가·남녀·분야별 통계수치를 세밀하게 제시하고 있다.

기사는 노벨과학상 수상의 현황을 분석해서 전달하고 있으므로 글쓴이의 판단, 의견이 전혀 들어가 있지 않은 것처럼 보일 수도 있다. 그러나 물리학·화학·생리학·의학·문학·평화·경제학 등 7개 분야에 걸쳐 있는 노벨상 중에서 과학상만을 분석대상으로 삼은 그 순간, 이미 글쓴이의 선택이 개입된 것이다. 글 마지막에 한국의 노벨 과학상 수상에 관해 언급한 "한국은 김대중 전 대통령이 노벨평화상을 수상한 바 있지만, 과학상 수상자는 아직 없다"라는 구절에는 단순한 정보전달을 넘어, 기초과학적 토대가 허약한 한국사회를 대하는 글쓴이의 의견과 주장, 비판이 담겨 있다.

학습활동 08 **다음 글은 영국의 '홍차' 문화를 통해 영국인의 성향을 객관적으로 설명하여 전달하고 있는 글이다. 예문을 읽고 자신의 의견을 덧붙여 글을 마무리해 보자.**

홍차는 영국인에게 특별한 존재다. 그냥 음료가 아니라, 오래전부터 이어져 내려온 삶의 방식이다. 계층을 막론하고 온 국민이 오전에 한 잔 오후에 한 잔은 기본이고, 언제든지 생각날 때마다 마신다고 봐야 한다. 일 년 내내 비가 오락가락하는 영국 날씨는 홍차 마시기에 적합하다. 비가 주룩주룩 내려 춥고 우울한 겨울에는 물론이고, 서늘하다 못해 쌀쌀하기까지 한 여름에도 따끈한 차 한 잔이 굴뚝같다.

홍차 마시기는 영국인의 비사교적이고 내성적인 성향을 숨기는 행위이다. 그들은 괜스레 인사를 했다가 더 이상 할 말이 없어지는 것이 불편해 낯선 사람과는 말을 하지 않는다. "Would you like to drink a cup of tea?"(차 한잔 하실래요)는 쌀쌀맞아 보이고 과묵한 영국인이 자주 하는 말이다. 영국인은 차 한 잔으로 대화를 시작하고, 차 한 잔을 마시면서야 서로를 알게 된다.

"I'll put the kettle on."(가서 주전자를 올려놓을게요)이라는 말은 분위기를 바꿀 때 유용하다. 인사하는 데 낯설고 어색할 때는 이렇게 말하고 불편한 정적을 비켜간다. 할 말이 막혀 난감할 때도 차를 끓여 난처한 상황을 모면한다. 서로 의견이 맞지 않을 때나 돈 얘기를 해야 하는 곤란한 순간에도 "그럼, 차라도 한잔" 하며 불편한 순간을 뒤로 미룬다. 큰일이 났거나 충격을 받았을 때도 찻물을 올린다. 마음의 상처와 아픔을 차에 기대고, 신체의 통증과 괴로움을 차로 달랜다.

영국인은 '차 마시는 시간'을 따로 두고 산다. 하루 중 제일 기분 좋은 시간은 일하는 시간만큼이나 중요하기 때문이다. 바쁜 일상을 느긋하게 만들어 주위를 돌아보고, 고단한 삶으로부터 벗어나 잠시 숨을 고르며 여유를 챙긴다. 처음 영국에 갔을 때, 우리 집에 이삿짐을 나르던 아저씨들이 일을 멈추고 차를 청해서 당황했다. 남편 직장에 오전과 오후에 티타임이 있고, 차를 우려 주는 티레이디(tea lady)까지 있어서 놀랐다.

홍차와 가장 잘 어울리는 티푸드는 '스콘'(scone)이다. 밀가루에 버터를 듬뿍 넣고 구운 스콘에 크림과 잼을 발라 함께 먹으면 '크림티'(cream tea)고, 오후 네 시쯤 샌드위치와 케이크를 곁들여 먹으면 '애프터눈티'(afternoon tea)다. 고소하고 달콤한 스콘을 한입 베어 물면 "아~" 하고 탄성이 나온다. 영국에는 티룸이 많고, 영국인의 행복에는 차가 필요하다.

영국인은 쉬기 위해서 차를 끓이고, 행복의 순간을 위해서 차를 마신다. "Wouldn't it be dreadful if you live in a country where they didn't drink tea?"(차를 마시지 않는 나라에 산다면 삶이 너무 삭막하지 않겠느냐)라고도 한다. 차는 몸과 마음을 이완시키고 일상을 풍요롭게 만든다. 차는 우아한 삶을 위한 실용적 도구다.

– 이진숙, 「우아한 삶을 위한 실용적 도구」, 『매일신문』

2.2. 주장하기

1) 문제 제기하기

개념 요약과 정보정리의 글쓰기가 마무리되면, 이를 기반으로 자신의 의견을 드러내는 글쓰기로 들어가게 된다. 자신의 주장을 드러내기 위해서는 세상을 바라보는 '나만의 관점'이 있어야 한다. '나만의 관점'을 세운다는 것은 쉬운 일이 아니다. 이를 위해서는 수많은 경험과 노력이 필요하다. 그 경험은 여행이 될 수도 있고, 독서가 될 수도 있고, 영화 관람이 될 수도 있고, 다양한 사람과의 만남이 될 수도 있다.

우리는 끊임없이 변화되는 세계 속에서 주위를 탐색한다. 세계탐색이 '나만의 관점'과 연결되면, 문제 제기가 가능해진다. 관점이 있어야지 문제의식이 생기고 문제의식이 생겨야지 주장과 의견이 나올 수 있는 것이다. 물론 경우에 따라서는 이 과정이 바뀔 수도 있다.

예를 들어 어느 날 집 앞에 있던 은행 지점이 없어지고 그 자리에 현금지급기만 남아 있다고 하자. 사람을 기계가 대체하는 그 모습을 보면서 아무 생각이 없을 수도 있다. 그렇지만 누군가는 인공지능이 인간의 일을 대신해 가는 상황에 두려움을 느끼고, 앞으로 자신은 어떤 직업을 선택해야 할까 등의 현실적 고민을 하게 될 것이다. 그 고민이 모여 '문제 제기'로 이어지게 된다.

문제를 제기하는 순간, 이미 '관점'과 '의견'이 생긴 것이므로, 당연히 그 관점에 반대되는 의견이 나오게 된다. 그러므로 문제를 제기하는 글을 쓸 때에는 자신의 의견과 견해를 뒷받침할 수 있는 객관적 자료와 이론이 충분하게 준비되어 있어야 의견과 견해가 힘을 얻을 수 있다. 인공지능이 인간의 일을 대체함으로써 일어날 수 있는 문제와 관련한 글을 쓰려면 현재 인공지능 때문에 없어지고 있는 직업, 앞으로 없어질 직업, 인공지능이 대체하지 못하는 직업 등 다양한 자료의 분석이 필요하다.

사회의 여러 문제를 제기하는 글이 반드시 통계자료와 분석만으로 이루어질 필요는 없다. 문제를 제기하는 방법은 다양할 수 있다. 다음 글은 불안정한 경제 상황 속에서 살아가야 하는 젊은 세대의 상황을 주제로 한 글이다. 글쓴이는 2020년대 대한민국에서 살아가는 젊은 세대가 마주치는 절박한 현실과 관련해서 문제를 제기하고 있다.

> 어린 시절, 마당에서 개미를 관찰하면 시간 가는 줄 몰랐다. 개미가 먹이를 발견하면 동료들에게 더듬이로 신호를 보내고 쉴 틈 없이 집을 들락거리는 모습은 박진감이 있어서 지루하지 않았다. 비가 오면 개미집은 어떨까 궁금해서 병 속에 흙과 개미를 넣고 물을 부어 관찰하면서 곤충학자가 되겠다는 꿈을 가지기도 했었다. 마당이 생기고 벌레들을 관찰하자 개미가 가장 먼저 보였다. 여전히 열심히 일하고 있었다. 무얼 하는지 하루 종일 바쁘게 움직였다.
>
> 밤새 폭풍우가 몰아친 어느 날 아침. 마당에 나갔더니 어제 떨어져 있던 빵 조각에 개미가 새까맣게 붙어 있었다. 밤새 일을 한 것 같았다. 아이들에게 사진과 함께 카톡을 보냈다. "비바람이 몰아치는데도 개미들은 밤새 일을 하고 있었네? 너희들은 뭐하니?" 아들 카톡이 왔다. "나도 밤새 밀린 일 하고 이제 잠깐 쉬고 있어요."
>
> 그런데 내가 잠자는 사이 일을 하고 있는 것은 개미나 아들만이 아니었다. 한번은 새벽 4시경 화장실에 가기 위해 잠을 깬 적이 있었다. 문밖에 차 소리, 사람 소리가 들려서 내다봤더니 쓰레기를 청소하고 있었다. 구청에서 골목을 청소하고 쓰레기를 수거하는 줄은 알았지만 그렇게 이른 새벽에 움직이는지 몰랐다. 한번은 골목 맨홀 뚜껑을 열고 사람이 들락거리는 것이 보였다. 전기

선 공사를 하고 있다고 했다. 공사를 자주 했는데 처음 보느냐고 되물음이 왔다.

내가 편리하게 사용하는 전기나 가스가 어떤 과정을 거쳐서 나한테까지 오는지 생각해 본 적이 없다. 인터넷으로 물건을 주문하면 다음 날 받는 편리한 세상이라고만 생각했지 어떻게 배달되는지 생각해 본 적이 없다. 내가 버리는 쓰레기가 어떻게 처리되는지 생각해 본 적도 없다. 내가 먹고 배설하는 것이 그냥 물을 내리면 내 눈에서 사라지는 것만 봤지 어디로 가는지 생각해 본 적이 없다.

그런데 조금만 관심을 기울이니까 내가 잠자는 중에도, 보이지 않는 땅 밑에서도, 까마득한 공중에서도 매일 공사가 진행되고 있었다. 편리하고 당연한 내 일상생활을 유지해 주는 공사들이었다. 그렇게 공사장에서 일하다가 떨어져서, 기계에 끼어서, 가스에 질식해서 죽는 사람이 하루에 7명, 1년에 2천400명인지 몰랐다. 내가 먹는 농산물을 생산하기 위해 일을 하다가 죽는 사람이 하루에 2명, 1년에 700명인지 몰랐다. 나에게 빨리 물건을 배달해 주는 택배기사가 소변 볼 시간도 없이 일하다가 올해 들어 8명이 과로로 죽었는지도 몰랐다. 내가 사용하는 수술기구가 누구의 녹은 뼈일 수도 있다는 것을 최근 시를 통해서 알았다.

'광염에 청년이 사그라졌다/ 그 쇳물 쓰지 마라. 자동차도 만들지 말 것이며/ 철근도 만들지 말 것이며/ 가로등도 만들지 말 것이며/ 못도 만들지 말 것이며/ 바늘도 만들지 마라. 모두의 한이고 눈물인데 어떻게 쓰나. 그 쇳물 쓰지 말고/ 맘씨 좋은 조각가 불러/ 살았을 적 얼굴 찰흙으로 빚고/ 쇳물 부어 빗물에 식거든/ 정성으로 다듬어/ 정문 앞에 세워주게. 가끔 엄마 찾아 와/ 내 새끼 얼굴 한번 만져 보자, 하게.'('그 쇳물 쓰지 마라')

어린 시절 개미와 베짱이는 게으름 피우고 싶을 때 마음을 잡아주는 동화였다. 과거에는 열심히 일하면 한 가족이 먹고살고 자식들 공부도 시켰다. 하지만 요즘은 노동의 의미가 퇴색되고 있다. 노동 현장도 안전하지 않다. 노동만으로 이 사회에서 살아갈 수 없다는 젊은이들이 주식시장에 위험한 개미로서 뛰어들고 있다. 안전하고 소박하게 개미같이 일하는 노동이 인정받는 세상이 되었으면 좋겠다.

– 임재양, 「개미, 그리고 소중한 노동」『매일신문』

문제를 제기하는 글을 쓸 때 글을 시작하는 방법은 대략 두 가지로 나뉜다. 첫째는 글 시작 지점에서 자신이 제기하려는 문제를 분명하게 알리는 것이고, 둘째는 일반적인 이야기를 하면서 주제를 향해서 천천히 글을 진행해 가는 것이다. 이 글은 후자에 속한다. 어린 시절에 부지런한 개미와 게으름뱅이 베짱이가 주인공으로 등장하는 이솝 우화를 한번씩은 들어 봤을 것이다. 이 글은 우리 모두가 잘 알고 있는 우화로 시작한다. 그래서 독자들은 편안한 마음으로 글을 접하게 된다.

글쓴이는 부지런한 개미에 이어 사람들이 잠들어 있는 이른 새벽, 일터로 나와서 열심히 살아가는 부지런한 사람들의 모습을 묘사하며 주제로 서서히 접근해 간다. 주제를 드러내는 데 있어서 어려운 경제학적 이론이라거나 사회학적 전문 용어처럼 일반 독자들이 부담스러워할 자료는 사용하지 않았다. 대신에 산업 재해 사망자 수치, 과로로 사망한 택배기사 수치를 통해서 대한민국 노동현장의 문제점을 지적한다.

이어 글쓴이는 2010년 당진 용강로 사건을 다룬 제페토의 시 한 구절을 제시하면서, 앞서 거론된 수치의 무게와 의미를 독자들에게 전달한다. 젊은 노동자의 비극적 죽음을 담은 시 한 구절은 산업재해 사망자의 객관적 수치 이상으로 독자의 마음에 현재 한국 사회의 흐름에 대한 문제의식을 불러일으킨다. 이 글은 이후 주식시장으로 뛰어든 젊은이들의 불안정한 삶을 제시하는 것으로 끝을 맺으며 앞서 거론된 사회적 문제를 다시 한번 강조한다.

이 글에서는 우리를 둘러싼 세계의 문제만 제기될 뿐 해결 방안은 제시되지 않는다. 현재 한국 사회에서 젊은이들이 겪고 있는 절박한 삶의 문제를 해결할 방안을 단시간에 찾아낼 수 있는 사람은 없다. 그보다는 그와 같은 문제의 심각성을 우리 사회 전체가 깨닫도록 하는 것이 최상의 해결방안이 될 수도 있다. 문제를 제기하는 글쓰기가 가지는 힘은 바로 여기에 있다.

학습활동 09

다음 글은 2018년 8월 18일 『동아일보』에 게재된 재일교포 작가 유미리의 인터뷰 기사이다. 2010년 동일본 대지진으로 폐허가 된 후쿠시마의 미나미소마라는 지역에 책방을 연 작가는 "황폐해진 삶의 터전에 '마음의 부흥' 위한 책방 열고 싶었다"라고 말한다. 이 인터뷰 기사를 중심으로 다음의 문제를 생각해 보자.

재일(在日) 소설가 유미리(柳美里·50·사진) 씨는 최근 인터넷 블로그에 예상치 못한 만남이 인생을 신기하게 만든다고 적었다. 50세 생일을 맞아 남긴 자축 글에서도 "'다른 사람'과의 만남이나 '토지'와의 만남을 통해 자신이 크게 변화하는 것을 느낀다"고 했다. 글과 함께 사진 한 장도 올렸다. 후쿠시마(福島)현 미나미소마(南相馬)시에 있는 간이역인 오다카(小高)역의 모습이다. 이 역은 2011년 3월 11일 동일본 대지진으로 폭발한 제1원자력발전소에서 반경 20km 구역 안에 있다. 원전 사고 직후 내려졌던 피난 지시는 사고 발생 5년 만인 2016년 7월 해제됐다.

유 씨는 이곳에서 올해 4월부터 서점을 운영하고 있다. 방사능 피폭을 우려해 현지 주민들도 떠나는 마당에 거꾸로 후쿠시마현으로 들어간 것이다. 그는 "아무것도 생각하지 않고 이끄는 힘에 나를 맡기고 있다"고 말했다. 쉰 살에 그는 미나미소마와 예상치 못한 인연을 맺었다. 회의차 도쿄에 온 그를 7일 인터뷰했다.

유 씨는 1997년 소설 '가족시네마'로 일본 대표 문학상인 아쿠타가와(芥川)상을 수상하며 한일 양국에서 주목받았다. '8월의 저편' '우에노역 공원 출구' 등의 작품을 내며 소설가로 활동하던 그가 후쿠시마 원전과 가까운 오다카역 인근에 '풀하우스'(1996년 발표한 소설 제목)라는 이름의 책방을 내고 서점 주인으로 변신했다. 495m^2(약 150평)의 가정집을 개조해 일부를 서점으로 만들었다.

도쿄 남서쪽 가마쿠라(鎌倉)시에 살던 유 씨가 미나미소마와 인연을 맺은 것은 2012년 초. 미나미소마의 '임시재해 라디오 방송국'으로부터 출연 제의를 받아 매주 금요일 30분 동안 DJ로 활동해 오던 그는 "다른 곳에 살면서 이 지역 주민들의 고통을 이해하기 힘들다"며 2015년 4월 이곳으로 옮겨 왔다. 올해 3월까지 방송을 하며 만난 주민만 600명이 넘는다.

"100회째 출연한 한 고교 선생님과 친해지면서 학생들 앞에서 22번이나 강연을 했어요. 피난 지시가 해제되면서 학생들도 원래 터전으로 돌아갔는데 빈집이 많고 저녁이 되면 길이 캄캄했습니다. 학생들을 위해 할 수 있는 일이 무엇일까 생각하다 책방을 운영해 길을 환하게 밝혀주기로 했습니다." 미나미소마시 오다카구의 인구는 2832명으로 지진이 일어난 2011년 3월 당시 인구(약 1만3000명)의 21.7%에 불과하다. 이마저도 절반 이상이 만 65세 이상 고령자다.

유 씨는 '마음의 부흥'이 될 수 있는 특별한 서점을 만들고 싶었다. 쓰나미로 생활 터전이 휩쓸려 간 주민들을 위해 식물 관련 서적, 그릇 도자기 관련 책, 음식 관련 책 등 '집 생각'이 나는 책 위주로 배치했다. 손주를 그리워하는 노인들을 위해 동화책, 그림책도 넣었다. 정치 시사 관련 서적은 최대한 배제했다. 서점 내 100석 규모의 무대에서는 매주 유명 작가의 낭독회가 열린다. 다음 달 14~17일에는 유 씨가 21세 때 쓴 희곡 '정물화'의 연극 공연도 열릴 예정이다. 이 작품을 서점 무대에 올리기 위해 그는 왕복 8시간을 할애해 도쿄까지 가서 관계자들과 회의를 하고 온다.

연기는 후쿠시마현의 후타바미라이가쿠엔고교 연극부 학생들이 맡았다. "원전 폭발로 학교가 폐쇄됐지만 학생들의 꿈만은 지켜주고 싶었다"는 이유에서다. 원래 있던 학교 터는 원전과 가까워 지금도 접근할 수 없다. 이 학교는 현 내 다른 곳으로 이전했으나 예전과 같은 이름을 그대로 사용하고 있다.

'미나미소마에 서점을 낸 것은 작가로서 일종의 사명감이 들었기 때문이냐'고 묻자 그는 "'가족 같은 것'이 느껴졌다"고 말했다. '가족 같은 것'이라는 표현은 그의 최근 에세이집 '인생에는 하지 않아도 되는 것이 있다'에도 등장한다. 그의 어머니, 큰아들, '파트너'라고 부르는 동거남 등 4명의 사진에 그렇게 적혀 있다.

일본은 원전 사고 이후 '원전 제로'를 선언하고 모든 원전의 가동을 중단했다. 하지만 이후 집권한 아베 신조 총리의 재가동 승인 방침에 따라 2015년 8월 규슈(九州)전력의 센다이 원전 1호기를 시작으로 재가동하고 있다. 유 씨는 원전 재가동도 반대하는 입장이다. 그는 "정치인들이 휩쓸려 나간 피해 지역 한복판까지 가서 둘러봐야 한다. 동일본 대지진을 겪은 일본이 원전을 건설하는 것은 인간의 도리에 반한다"고 목소리를 높였다.

스스로 한국인임을 잊지 않고 있지만 주변에서는 그를 '이방인'으로 보고 여전히 차별적인 시선을 보내고 있다. 헤이트스피치(특정 인종에 대한 혐오 발언) 반대 시위에 참여해 "이것은 잘못됐다"고 적극적으로 외쳤고, 최근 니가타(新潟)에서 일어난 초등학생 살인 사건 당시 "범인이 한국인"이라는 유언비어가 퍼지자 "외국인들의 자녀들이 어떤 기분을 느낄지 생각해 보라"며 항의 글을 트위터에 적기도 했다. 이럴 때마다 협박은 기본이다. 최근에는 "아들을 불태워버리겠다"는 메시지를 받기도 했다. 무섭지 않으냐고 묻자 그는 웃으며 말했다.

"주변에서는 국적을 바꾸라고 합니다. 그런데 왜 바꿔야 하죠? 안 바꿔도 이미 미나미소마 주민들과 '가족 같은 것'을 만들며 잘 살고 있으니까요." '유미리(柳美里)'는 앞으로도 유미리일 것이다.

– 김범석, 「황폐해진 삶의 터전에 '마음의 부흥' 위한 책방 열고 싶었죠」, 『동아일보』

1. 기사에서 제기된 사회 문제를 3가지 이상 찾아 보자.

2. 1에서 찾은 사회 문제의 논리적 근거가 될 수 있는 자료를 찾아 소개해 보자.

2) 문제 해결하기

우리는 세계 속에서 살아간다. 그래서 매 순간 끊임없이 자신을 둘러싼 주변 세계를 탐색하며 세계의 다양한 문제들에 대해 자신의 관점을 정하고 판단을 내리게 된다. 문제 해결 글쓰기는 이 과정을 포함하고 있다. 문제 제기를 목적으로 한 글과 달리, 문제 해결을 목적으로 한 글의 취지는 독자의 눈을 지금, 여기, 이곳의 문제의 심각성을 깊이 있게 느끼게 하기보다는 이곳을 넘어 긍정적으로 존재하는 미래를 바라보게 하는 것이다.

그러므로 문제 해결 글쓰기는 글쓴이가 자신의 주장을 설득력 있게 제시하여 해결 방안을 모색하는 것에 중점을 둔다. 물론 저자가 자신의 주장을 설득력 있게 제시하기 위해서는 하나의 상황·현상·사건에 대한 자신만의 관점·판단이 명확하게 서야 한다. 관점·판단이 명확하게 정해지면 자신의 의견과 반대되는 입장을 경청한 후, 그 입장의 문제점을 논리적으로 비판·지적한다. 마지막으로 자신이 제시하는 해결 방안을 제시한다.

이 과정에서 문제의 원인 파악 및 분석은 기본 조건으로 존재한다. 문제의 원인을 파악하고 분석해서 자신만의 관점이 명확하게 서게 되면 이를 기반으로 자신의 관점과 상반되는 관점을 정확하게 파악해서 이 관점을 논리적으로 비판한다. 그리고 마지막으로 자신이 제안하는 하나의 해결 방안을 제시한다. 일반적으로 문제 해결 글쓰기는 이 순서로 진행된다.

다음은 현재 심각한 사회 문제가 되고 있는 일회용품 사용 급증 현상을 다룬 학생의 글이다. 이 글의 글쓴이는 지구의 환경오염과도 연결되는 일회용품 사용 증가 문제 해결에 동참하는 다양한 사회적 움직임을 소개함으로써 이 문제의 해결 방안을 제시하고 있다.

> 2019년 말 환경부에서 1회용품 사용량을 줄이는 중장기 로드맵을 발표하여, 일회용품의 규제가 사회적으로 이슈가 되었다. 그러나 2021년 현재 일회용품의 사용은 오히려 늘어난 모습이다. 가장 큰 원인은 역시 코로나19라고 볼

수 있다. 빅데이터 전문기업 TDI에 따르면, 지난 2020년 3월부터 2021년 3월까지 '배달의 민족' 어플리케이션의 설치율은 전년도 대비 39.8%, '쿠팡이츠'는 760.7% 증가하였다고 한다.

코로나19로 인한 사회적 거리두기를 배경으로 배달음식 문화가 이전보다 더 활발해진 모습이다. 그리고 이러한 배달음식들은 대부분 일회용 플라스틱 용기에 담겨 소비자들에게 보내진다. 이제는 일상에서 없어서는 안 될 보건용 마스크는 플라스틱이 주성분이며, 지난해 7월 공적마스크 제도가 끝난 이후 국내에서만 매주 1억 장 이상이 생산되었다. 이 많은 마스크들은 버려져 어디로 갔을까. 카페, 패스트푸드점, 제과점 등에서도 원래 매장 내에서 일회용품 사용이 제한되어 있었다. 그러나 환경부의 규제완화로 오히려 위생을 위해 일회용품이 권장되는 분위기이다.

프랑스가 2020년 처음으로 일회용품의 사용을 금지하는 법안을 시행한 이래 EU, 인도, 캘리포니아, 캐나다를 비롯한 많은 국가들이 일회용품을 줄이려는 노력을 해왔다. 우리나라에서도 일회용 컵의 매장 내 사용 금지, 비닐봉투, 일회용 식기류, 빨대, 우산비닐 등의 사용의 금지를 단계적으로 확대하는 제도를 수립했다. 그러나 코로나19 이후 많은 제도들이 '한시적 허용'이라는 이름하에 중단되었고, 앞서 언급한 객관적 수치와 함께 일회용품 사용이 아무렇지 않게 되어 버린 사회적 분위기가 그 자리를 대신하고 있다.

일회용품의 사용이 나쁘다는 사실을 모르는 사람은 많지 않다. 일회용품의 대부분은 종이, 플라스틱, 비닐로 이루어져 있다. 그중 종이를 제외하면 썩지 않는다. 환경단체 그린피스가 2019년 발간한 보고서에 따르면 1분마다 트럭 한 대 분량 플라스틱이 바다로 쏟아진다고 한다. 이렇게 바다로 흘러간 플라스틱은 해저 쓰레기장이나 쓰레기 섬을 이루어 해양생물의 생존을 위협한다. 호주 연방과학산업연구기구는 플라스틱을 삼킨 바다거북이 전 세계 바다거북의 절반 이상일 것이라는 연구결과를 제시하며 플라스틱을 삼킨 해양생물의 사망률은 기하급수적으로 증가한다고 밝혔다. 또한 바다에서 풍화된 플라스틱은 잘게 부서져 해양생물에 축적되고, 이러한 생물들을 섭취한 인간에게까지 영향을 미칠 수 있다. 이 같은 속도로 플라스틱이 해양에 유입된다면 2050

년에는 바다에 물고기보다 플라스틱 쓰레기가 더 많을 것이라는 전망도 있다.

물론 최근의 늘어난 일회용품의 사용을 무조건 비판할 수는 없다. 그러나 코로나19 이후에도 '일회용품에 익숙해진 삶'이 만연해서는 안 될 것이다. 과학과 기술의 발달이 가져온 편리함이 결국 인류 스스로를 위기로 몰고 가고 있는 현실을 언제까지나 외면할 수 없으며, 인류는 해결책을 찾아야만 한다. 이미 소비자들은 현재에 소비형태에 익숙해져 있다. 일회용품의 사용을 줄이는 것은 익숙함에서 벗어난 어색함과 편리함을 포기한 불편이 따른다.

그럼에도 소비자 한 명 한 명이 자신의 소비에 대한 책임의식을 갖고 조금 더 환경을 생각한 선택을 해야 한다. 배달음식을 주문할 때 '일회용 식기는 필요 없습니다'라고 말하는 습관, 카페에서 주문할 때 텀블러에 음료를 담아 달라고 하는 습관, 다 마신 페트병의 라벨과 뚜껑을 분리하여 버리는 습관, 택배 상자에서 운송장과 테이프를 떼어 내고 버리는 습관에 시간과 노력을 들여야 하는 것이다. 여기에, 이러한 소비자의 선택을 기업들이 유도해야 한다. 기업의 역할이 상당히 중요하다고 생각한다. 기업들은 소비자들이 환경을 선택할 선택지를 추가하고, 친환경적인 디자인을 이끌어 내며, 사회적 분위기를 조성할 수 있다. 이것은 분명 소비자들만의 노력보다 큰 영향력을 발휘할 것이며, 소비자의 노력과 시너지를 이루게 될 것이다. 예를 들어, 스타벅스코리아는 2025년까지 일회용컵을 없애고 리유저블컵을 도입하기로 했다. 이전에도 스타벅스는 일회용 플라스틱 빨대의 사용 절감을 위해 종이 빨대와 리드를 도입하여 빨대 사용량이 40% 감소하는 결과를 가져왔다. 또한 탄소 배출량 감소를 위해 식물 기반 제품을 개발하고 전국의 물류트럭을 전기트럭으로 교체할 것을 계획하고 있다. 교촌치킨을 경영하는 교촌에프앤비는 젓가락을 거절하는 주문에 대해 추첨을 통해 상품을 증정하는 이벤트를 기획하기도 했다. 소비자의 행동을 기업이 이끌어 낸 것이다.

환경문제는 실천이 가장 중요한 해결책이다. 그런 실천은 기업의 주도와 소비자의 선택에서 시작된다. 우리 사회에 일회용품을 자제하는 것이 자연스러운 분위기가 된다면 인류의 미래는 희망적일 것이다.

– 학생 글

환경 문제는 세계 공통이 직면하고 있는 주제이다. 글쓴이는 환경 문제라는 거대한 주제를 한국 사회의 일회용품 사용 급증이라는 작은 문제를 통해서 접근하고 있다. 글의 시작에서 글쓴이는 코로나 사태 이후 한국사회에서 일회용품 사용 급증상황을 수치를 통해 명확하게 제시하면서 글의 주제를 분명하게 드러낸다.

이어서 글쓴이는 프랑스를 비롯한 EU 국가들, 인도, 캐나다 등 여러 국가가 일회용품 사용을 줄이기 위해 보이는 다양한 노력을 열거하면서 일회용품 사용 급증이 이제 더는 한국사회만의 문제가 아니라 전 세계적 문제임을 보여 주고 있다. 이 한 편의 글을 쓰기 위해서 글쓴이는 다양한 자료를 참고하였다. 2019년 환경부의 일회용품 사용 규제방안, 2020년 3월부터 2021년 3월까지 '배달의 민족' 어플리케이션 설치율 증가 상황, 프랑스 및 EU 국가들의 일회용품 사용금지 법안 시행 상황, 환경단체 그린피스 2019년 보고서 등등 객관적 자료를 근거로 글이 전개되고 있다.

객관적 자료 제시 후, 글쓴이는 스타벅스 코리아와 교촌에프앤비 등의 기업이 일회용품 사용을 줄이기 위한 소비자 행동을 이끌어 낸 사례를 제시하면서 문제 해결의 방안을 제안한다. 이처럼 문제 해결 글쓰기에서는 다양한 자료를 근거로 문제를 정확하게 분석한 후, 객관적 통계 자료 내지는 사회적 현상 분석 자료를 기반으로 문제 해결 방안을 제시하면 좋다. 객관적 통계자료, 객관적 사회현상 분석 자료가 제시되지 않을 경우 글에서 제시되는 방안의 주관성이 강해져 사회적 공감대를 얻기가 어려워질 수도 있다.

학습활동 10 다음 글은 기후재난을 주제로 한 학생의 글이다. 이 글 [가]에서 글쓴이는 다양한 통계 자료를 중심으로 기후재난의 직접적 피해자가 저소득층, 저개발국가 등 '약자'가 되고 있는 현재 상황을 지적하면서 기후재난의 심각한 문제점을 독자들에게 환기시키고 있다. 또한 [나]에서는 해결 방안을 제시하는 대신 문제점을 한 번 더 강조하면서 끝을 맺고 있다. 예문을 읽고 자신이 생각하는 해결 방안을 제시해 보자.

[가] 몇 년 전 불 켜진 환한 빌딩들을 보며 아빠는 이런 말을 했다. "아빠처럼 에어컨 없이 일하는 사람들이 저 사람들한테 전기세를 받아야 하지 않을까?" 그날은 무더운 여름의 끝자락이었고 나는 고개를 끄덕였다. 조경 일을 하는 아빠는 온전히 자신의 신체기능과 악으로 여름을 버틴다. 탈진할까 봐 죽염을 물고 일하는데 집에 에어컨이 없어 몸이 식지 않는다. 사무실에서 생활하는 사람들에게 더위는 불쾌감 정도지만 아빠에게 더위는 매년 찾아오는 고비인 것이다. 어디서는 에어컨의 '호사'를 누리지 못해 쓰러지고 죽기도 한다. 이들을 보며 건물 안의 사람들은 감히 무슨 생각을 할 수 있을까.

에어컨 없는 곳에서 일하는 사람들이 쓰러지기 쉽다는 것은 직관적으로도 통계적으로도 명확하다. 2018년 온열질환 발생장소 중 1위와 4위가 실외작업장(28.1%)과 논밭(11.2%)이었다. 또 한국 환경 정책 평가 연구원에서 낸 2020 폭염영향 보고서에 따르면 소득계층별 만 명당 온열질환 발생률은 저소득층(의료급여 수급자) 13.8명, 고소득층(상위 5분위) 4.8명이었다. 의료급여 수급자가 전체 인구의 2.9%임을 고려하면 높은 수치다. 연구원들은 저소득 고령층, 야외 노동자, 고온의 실내 노동자, 외국인 노동자를 우리나라의 주요 폭염 피해 계층으로 꼽았다. 전기를 너무 많이 쓴 대가를 전기를 쓸 상황이 안 되는 사람들이 받고 있는 것이다.

폭염뿐만 아니라 모든 기후 재난의 피해는 공평하게 돌아가지 않는다. 소득이 적은 사람들은 구조가 약하거나 단열이 잘 되지 않는 집에 사는 경우가 많다. 당연히 폭염, 홍수, 태풍 등에 취약하고 이를 대비한 보험을 들기도 어렵다. 재해 이후 병원에 가거나 좋은 환경으로 이주할 돈도 부족하다. 이주민들, 장애자들, 노인들 역시 언어장벽과 신체 능력의 한계로 재난 상황에서 적절히 대응하기 어렵다.

국가적인 차원에서도 기후재난은 공평하지 않다. 가뭄과 사막화, 해수면 상승은 토지와 식수 부족, 식량난을 초래한다. 이로 인해 분쟁이 일어나고 사람들은 삶의 터전을 옮겨야 한다. 국제난민센터에 의하면 2014년 자연재해로 집을 잃은 사람이 전 세계적으로 1,930만 명이었고 이 중 90% 이상은 기상 현상과 관련 있었다. 이렇게 기후변화로 인해 발생된 난민들은 대부분 탄소 배출이 적은 저개발 국가의 사람들이다. 단적으로 2015년 기후변화로 인한 난민 중 85%는 동남아시아에서 발생했다. 앞으로도 기후난민은 증가할 것이다. 2009년 국제이주기구는 2050년 기후변화에 따른 자연재해로 최대 10억 명의 난민이 발생할 것이라고 예상했다. 식량 자급률이 25%밖에 되지 않는 한국 역시 많은 사람들이 난민이 될 가능성이 높다. '기후악당 국가'로도 불리는 현재를 보면 당연한 수순일지도 모른다.

전 세계 온실가스 배출량의 90%를 차지하는 57개국의 기후 정책 평가지표인 기후변화대응지수에서 한국은 올해 61위 중 53위의 성적표를 받았다. 한국의 낮은 재생에너지 비중과 소극적 온실가스 감축 목표는 지구온도 상승을 1.5℃ 이내로 억제하는 데 역부족이라고 평가됐다. 앞으로 닥쳐올 기후위기의 당사자인 청소년들에게 어른들의 행동은 너무도 안일하고 무책임해 보인다. 실제로 2020년 청소년기후행동은 대한민국 정부와 어른들을 상대로 기후소송을 제기했다. 하지만 정치권의 어른들은 이런 목소리를 자신들의 의제로 삼지 않는다. 기성세대가 편한 삶을 포기하지 않는 대가로 다음 세대가 고통받는 또 한 번의 모순이다.

[나] 나는 매번 이런 소식을 접할 때마다 지쳐 간다. 근본적으로 과소비와 과생산, 성장의 굴레에서 벗어나야 된다고 생각하는데 불가능해 보여 무력감을 느낀다. 내가 기후변화로 인한 재해로 사망할 거라는 확신도 든다. 하지만 발을 굳게 만드는 이 무력감과 우울 속에서 매번 다시 희망을 찾아내야 한다. 그것이 조금이나마 더 많은 생명들이 억울하게 죽지 않도록 하는 일이니까. 나는 그런 희망으로 이 대학에 왔다. 대기와 기후를 공부해서 스스로를 현실에 붙잡아 두고 어떻게든 도움 좀 되어 보겠다는 희망으로.

– 학생 글

2.3. 평가하기

1) 서평 쓰기

서평은 책의 내용을 분석하고 가치를 평가하는 글이다. 서평에는 등장인물이나 책 줄거리, 책을 쓴 작가에 대한 소개와 더불어 책에 대한 감상과 평가가 들어간다. 책을 읽지 않은 사람에게 책을 소개하는 것이 주된 목적인 만큼 해당 책에 대한 비판보다는 책과 관련한 객관적 정보 위주의 긍정적 평가가 주를 이룬다. 그런 점에서 서평을 쓰기 위해서는 책의 장점과 의미를 발견하는 '나만의 관점'이 필요하다. 이 관점을 중심으로 풍부한 해설을 곁들일 때 독자들을 책 내용 속으로 끌어들이는 것이 가능해진다.

서평을 쓰기 위해서는 책 내용만 알아서는 안 된다. 책을 둘러싼 다양한 조건과 환경을 조사해서 파악할 필요가 있다. 책 저자는 누구이며 어느 나라 사람인지, 저자가 책을 집필할 당시 그가 살고 있던 나라, 넓게는 세계가 어떤 상황에 있었는지 등등 그 책과 관련한 다양한 조사가 필요하다.

책과 관련한 기본적 정보가 준비되면 이 기본적 정보를 기반으로 책에 대한 평가를 내리게 된다. 서평에는 이 모든 과정이 포함된다. 그러나 때때로 글을 쓰는 입장에서 서평과 독서감상문을 혼동하는 경우가 있다. 독후감상문이 글쓴이의 주관적 감상이 담긴 글이라면 서평은 책에 대한 객관적 정보를 제시하는 것에 목적을 둔 글쓰기이다.

평가가 제대로 이루어지기 위해서는 글쓴이가 자신의 감상을 객관화하고 이를 사회·문화적으로 공론화시켜 나갈 수 있을 정도의 문제 제기가 함께 이루어져야 한다. 아울러 저자의 의견에 대한 평가 역시 함께 이루어져야 한다. 서평이 어려운 것은 이 때문이다.

다음 글은 영국의 사회학자 리처드 M. 티터머스의 『선물관계』라는 책의 서평이다. 이 글을 읽으면서 서평이 어떻게 이루어지는지 살펴보자.

혈액을 선물하는 행위, 즉 헌혈은 돈으로 사고팔 수 있는 다른 상품과 달리 낯선 이에게 주는 '선물'의 형태로 전달되고 있다. 만약 혈액 공급자에게 보수를 지급하고 혈액을 자유롭게 사고판다면 어떤 일이 벌어질까. 영국에선 한국에서처럼 자발적 헌혈자에게 의존해 피를 주고받지만, 미국에선 영리기업이 혈액 공급을 관리한다. 미국에선 수혈 1건당, 또는 특정 기준에 따라 모든 혈액 공급자에게 개인별 인센티브를 부여한다. 처리와 분배에 대해서도 많은 업무가 영리 목적으로 수행된다.

경제 논리로 비춰 봤을 땐 미국 시스템이 질적으로 뛰어나고 수요에 더 정확히 대응해 낭비도 덜 초래하는 등 효율적일 것처럼 여겨진다. 그러나 틀렸다. 현실에선 영국에서 더욱 양질의 혈액이 안정적으로 공급됐다. 영국 헌혈자의 99%는 자발적으로 피를 나눠줬으나 미국에선 자발적 헌혈자가 7~9%에 그쳤다. 영국보다 미국에서 혈액 공급 가격이 최대 15배 더 높았고, 미국의 혈액이 영국 혈액과 비교해 수혈자를 간염에 감염시킬 가능성도 약 4배가량 높았다. 영리를 취하고자 간염 보유자도, 혈액 공급 기관도 별다른 문제의식 없이 헌혈하거나 이를 도왔던 것.

실제 과거 한 미국 병원에서 심장병 환자를 대상으로 실시한 실험에 따르면 보수를 받은 헌혈자 혈액을 수혈받은 이의 53%는 B형 간염에 감염됐으나 자발적 헌혈자의 혈액을 수혈받은 이는 아무도 감염되지 않았다. 기꺼이 베풀고자 하는 마음은 헌혈에서만 그치지 않았다. 영국인의 4분의 3은 사후 장기를 기증할 의사가 있다고 밝힌 반면 미국에선 절반 이하기 장기 기증 의사를 밝혔다. 헌혈자들 사이에선 혈액 기증이 곧 생명을 선물하는 것이라는 정서가 공유된다.

이론가로서 20세기 후반 영국 복지국가를 설계한 저자 리처드 M. 티터머스는 1970년 처음 출간한 당시 이 책을 통해 영국과 미국의 헌혈체계를 비교했다. 표면적으로 이 책은 영국과 미국의 헌혈 체계를 비교 연구한 것처럼 보인다. 그 이면을 보면 책은 인간사에서 이타주의가 차지하는 위치에 대해 더욱 일반론적으로 접근하는 모습이다. 미국이 사유화한 자유 시장경제 체계로 이해 이타주의를 보건과 복지 체계에 적용하기라 쉽지 않을 것이다. 이와 달리 영국에선 이 책이 처음 나오고 수해에 걸쳐 저자의 이론이 복지 공급을 지배하다시피 했다. '이타주의가 도덕적으로 건전하고 경제적으로도 효율적'이라는 책 속 이론이 영국의 복지국가 발전 과정에 큰 영향을 미친 것이다.

1980년대 말 일부 비판가들은 '선물 관계'의 논점에 좀 더 많은 관심을 기울였다면 혈우병 환자가 수혈 과정에서 인체면역결핍바이러스(에이즈)에 전염되는 비극을 막을 수 있었을 것이라고 주장하기도 했다. 책의 돌풍은 미국의 헌혈 체계를 바꿔놓는 계기가 되기도 했다. 닉슨 행정부는 저자에게 자문을 구해 국가혈액정책을 도입, 자발적 헌혈 시스템을 확대했다. 혈액은행의 운영을 적극 감시하는 한편 자발적 헌혈 혈액에 이름표를 붙였다. 미국 혈액시장 내 상업적 기업이 차지하던 점유율은 1970년대 초반 30%에서 1970년대 후반 5%로 떨어졌다.

출산율이 급락하면서 건강 욕구가 강화되는 오늘날 이 책은 더욱 많은 문제점을 시사한다. 죽음과 장애의 주요인은 전염병에서 퇴행성 질병으로 바뀌었다. 국가는 한정된 자원 내에서 환자들을 어떻게 돌볼 것인가 하는 문제가 중요한 과제가 됐다. 상업성을 고려한 합리화가 공공 정신을 위협하는 가운데, 이타적 베풂과 헌신의 원칙에 눈을 돌려야 한다는 저자의 주장이 다시금 대두되는 이유다.

– 홍준헌, 「서평」, 『매일신문』

우리나라에서 혈액 수급은 자발적 기증, 즉 헌혈의 형태가 일반화되어 있다. 리처드 M. 티터머스의 『선물관계』는 헌혈체계를 통해 영국과 미국의 복지체계를 비교하면서 무상 기부의 숭고한 의미를 다시금 되짚는 책이다. '혈액이 영리목적으로 돈을 받고 사고팔게 된다면 어떤 일이 발생할까?' 서평은 헌혈을 '선물관계'로 명시한 책의 주제를 앞서 언급한 것과 같은 간단한 질문형태로 제시하면서 시작한다. 이어 환자들에게 헌혈은 생명의 선물이라는 말로 질문에 답한 후, 책의 내용을 간단하게 요약하고 있다. 책 주요 내용 요약에 이어 저자의 이력을 설명하면서 이 책에 대한 평가, 즉 의미와 긍정적 영향력을 서술한다.

학습활동 11

1. 최근 재미있게 읽은 책이 있다면 그 책의 제목, 저자, 간략 줄거리, 출판사, 출판연도를 정리해 보자.

책 제목:

저자:

간략 줄거리:

출판연도:

2. 책의 서평을 찾아 '평가' 부분을 요약해 보자.

2) 비평문 쓰기

비평문은 문학 작품, 연극, 영화, 미술, 음악 등 예술작품을 비롯하여 문화 전반을 분석하고 평가하는 글이다. 여기에서 '평가'는 주관적이며 개인적인 감상을 넘어 사회·문화적 공론화와 연결되는 객관적인 감상 행위이다. 그러므로 비평을 통해서 예술작품은 내적 가치를 인정받으며 작가는 그 자신의 위상을 객관적으로 입증받을 수 있게 된다.

삶의 형태가 다양해지면서 사람들의 관심도 다양해짐에 따라 비평대상은 예술작품을 넘어 여러 영역으로 확대되고 있다. 최근 활발하게 전개되고 있는 음식 비평이 그 한 예이다. 기존과 달리 경계가 사라지고 대상 영역이 확대되고 있다고 해도 비평문을 쓰는 기본자세와 방법은 변함이 없다. 일단 비평문을 쓰기 위해서는 자신이 비평하려는 대상에 대해 정확하게 파악해야 한다.

여기에서 주의해야 할 점은 비평문을 쓰기 위해서는 비평하려는 대상에 대한 비판과 더불어 긍정적 가치를 함께 파악해야 한다는 것이다. 비평 대상에 대해 정확하게 파악하기 위해서는 그 대상뿐 아니라 대상을 둘러싼 모든 상황을 조사해야 한다. 쉽게 말해서 작품이 만들어진 사회적·문화적 배경, 저자(화가, 작곡가, 감독, 연주가 등)와 관련한 정보 등을 세밀하게 모아야 되는 것이다.

수집한 자료를 분석하다 보면 작품 속 주인공의 행동을 이해하는 것은 물론 저자가 왜 이런 작품을 만들어 낸 것인지도 이해할 수 있게 된다. 비평문은 바로 이와 같은 이해를 바탕으로 이루어진다. 작품에 대한 이해가 기본적으로 이루어지는 그 지점에서 비평문은 시작된다. 작품에 대한 깊이 있는 이해가 이루어지면 비평가는 대상으로 삼은 작품의 가치를 논리적 근거를 중심으로 평가한다. 다음 글은 2015년 제작된 〈아이히만 쇼〉라는 영화에 대한 비평문이다.

> 얼마 전 '아이히만 쇼'라는 영화를 봤다. 제2차 세계대전 당시 홀로코스트(유대인 대학살) 실무자였던 아돌프 아이히만의 재판을 다룬 작품이다. 아이히만은 종전 뒤 아르헨티나로 도피했다가 1960년 이스라엘 정보기관 모사드에

잡혀 압송된 뒤 예루살렘에서 재판을 받고 처형됐다. 방송 분야에서 일하는 두 주인공이 이 재판을 생방송으로 온 세상에 알리려고 애쓰는 내용을 그렸다.

상영이 끝나고 관객들과 대화하는 시간에서 '악의 평범성'*이라는 말이 나왔다. 이 재판을 보고 『예루살렘의 아이히만』이라는 책을 쓴 독일 출신의 미국 정치학자 한나 아렌트가 쓴 표현이다. 착한 사람과 악한 사람이 따로 있는 게 아니라 누구나 특수한 상황에선 악한 기질을 내보일 수 있다는 뜻이다. 2차대전 당시 명령을 따라 유대인 학살에 가담했던 독일인들은 과연 나쁜 사람들이었을까, 아니면 특별한 상황 때문에 자기도 몰랐던 악의 모습을 드러냈던 것일까.

영화를 보면서 중학교 때 역사 선생님이 내줬던 숙제가 생각났다. '2차대전 당시에 살았다면 목숨을 잃더라도 유대인들을 위해 노력하고 싸웠을까, 아니면 대다수 독일인처럼 복종하면서 목숨을 구했을까'를 고민해 글로 써오라는 것이었다. 처음에는 '목숨을 잃더라도 자유와 정의를 위해 싸웠을 것이다'라고 쓰려고 했다. 하지만 진지하게 고민했더니 답이 쉽지 않았다. 이 세상엔 좋은 사람과 나쁜 사람이 따로 있는 것일까, 아니면 다 비슷한 사람인데도 상황에 따라 선이나 악의 모습이 나오는 것은 아닐지에 대한 고민 때문이었다.

현재 내전을 벌이며 학살이 일상화된 시리아나 '마약과의 전쟁'을 치른다며 공권력이 범죄 용의자를 재판 없이 사살하는 필리핀을 보면 어떤 나라에서건 선과 악이 항상 공존한다는 생각이 든다. 누구든 아이히만과 같은 사람이 될 수 있다는 사실을 명심할 필요가 있다. 악은 평범하다.

그렇다면 인간은 잔인한 행동을 전혀 피할 수 없는 것일까? 인간은 상황에 따라 달라지기 때문에 결과적으로 이러한 상황이 일어나지 않게 하는 게 중요하다고 생각한다. 그러려면 정치에 관심을 기울여 좋은 생각과 행동을 통해 선이 악을 이길 수 있도록 도와야 한다. 이를 위한 가장 중요한 과제는 전쟁을 방지하는 일이다. 전쟁이라는 극단적인 상황에선 악이 평범해지기 쉽기 때문이다. 미국에 이어 중국도 국방비를 늘리겠다고 했다는 보도를 봤다. 전쟁을 방지하기 위한 세계 시민의 노력과 협력이 어느 때보다 필요하다.

– 다니엘 린데만, 「악이 평범해지지 않도록 함께 노력해야 하는 이유」, 『중앙일보』

* **'악의 평범성'**: 독일의 정치철학자 한나 아렌트는 나치의 유대인 집단학살 정책 가담자 아돌프 아이히만의 재판 과정을 취재한 후 『예루살렘의 아이히만(Eichmann in Jerusalem: A Report on the Banality of Evil)』이라는 책을 저술한다. 이 책에서 그는 '악의 평범성'이라는 유명한 구절을 언급한다. 유대인 말살 정책과 같은 거대한 죄악은 반사회적 인격장애자들이 아니라 충실하게 국가정책에 순응하는 평범한 인간들에 의해서 자행된다는 것이다.

영화 〈아이히만 쇼〉는 제2차 세계 대전 중 일어난 유대인 대학살의 책임자였던 아돌프 아이히만의 재판과정을 영화화한 것이다. 제2차 세계 대전 중 홀로코스트로 명명되는 유대인 대학살이 자행된 것은 1933년부터 1945년에 이르는 시기였다. 전쟁이 끝난 지 이십여 년이 지난 1961년 대학살 정책 가담자였던 아돌프 아이히만에 대한 재판이 이루어지고, 이 재판에서 아이히만은 교수형을 선고받는다. 그리고 재판이 있은 지 오십 년도 더 지난 2015년, 이 사건을 다룬 영화가 제작된다.

반세기도 훨씬 더 지난 과거의 사건을 감독은 왜 영화로 만든 것일까. 그 답을 이 글에서는 '악의 평범성'이라는 용어와 연결해서 설명한다. 필자는 먼저 〈아이히만 쇼〉와 관련한 객관적 정보를 간략히 제시한다. 이어 유대인 학살 정책 가담자였던 나치 장교 아돌프 아이히만의 반인륜적 행위를 한나 아렌트의 '악의 평범성' 이론을 통해 설명한다. 아돌프 아이히만은 광신자나 반사회적 인격장애자가 아니라, 조직의 명령에 충실히 복종했던 평범한 인물이라는 것이다.

이처럼 필자는 한나 아렌트의 '악의 평범성' 이론을 통해 아돌프 아이히만의 반인륜적 행위를 설명한 후 현재 세계 여러 곳에서 반복적으로 자행되는 학살 행위를 열거하며 글의 주제를 제시한다. 그 주제를 요약하면 '유대인 대학살과 같은 폭력적이며 반인륜적 행위가 역사를 통해서 반복되고 있는 이유는 무엇이며, 인간은 어떻게 하면 이 악순환의 고리를 끊을 수 있는 것인가'이다. 글 말미에 그 답이 제시된다. 각각의 개인이 "정치에 관심을 기울여 좋은 생각과 행동을 통해 선이 악을 이길 수 있도록" 노력해야 한다는 것이다. 아울러 필자는 미국과 중국의 국방비 증대 보도로서 글을 마무리하며, 전쟁 재발 방지를 위한 우리 모두의 판단과 행동을 촉구하고 있다.

학습활동 12

앞의 글에 제시된 한나 아렌트의 '악의 평범성' 개념이 적용될 수 있는 사례를 찾아 거론해 보자.

적·바·림 /

적·바·길 /

5

공동 글쓰기와 발표

- 제안서 기획과 스토리 라인
- 제안서 쓰기와 발표하기

대학 글쓰기

제 5 장 공동 글쓰기와 발표

1. 제안서 기획과 스토리 라인

1.1. 공동 글쓰기와 제안서

공동 글쓰기는 여러 사람이 힘을 합하여 하나의 글을 완성하는 것을 말한다. 공동 글쓰기는 개인의 경험만으로 다루기 힘든 주제를 다양한 사람의 인식 공유를 통해 보다 보편적인 사고에 도달하는 것을 목적으로 한다. 위키피디아 백과사전, 제안서, 기획서 등이 이러한 공동 글쓰기를 통해 완성하는 방식의 글이다.

공동 글쓰기는 하나의 모둠 구성원에 해당하는 학습자들이 발상과 계획하기 단계부터 동료들과 지속적으로 상호작용하며 협력하는 데서 글쓰기가 지닌 의사소통적 속성을 가장 잘 반영하는 학습활동이다. 공동 글쓰기 수업이 지닌 대화적 속성과 소통성은 글쓰기 과정에서 모둠 전체의 책임감을 고무시켜 학습효과를 증대한다. 특히 팀원 간의 상호작용과 토론·협의에 따른 지속적인 피드백으로 글쓰기 개별학습이 가진 한계를 충분히 극복할 수 있다.

팀 프로젝트가 활성화된 현대 사회에서 협력과 의사소통 기술을 요구하는 공동 글쓰기는 상당히 중요한 수업 모형이다. 공동 프로젝트에서 구성원 간의 사고의 공유와 원활한 협력은 프로젝트의 성과를 결정하는 매우 중요한 요소이다. 또 프로젝트 구성원들은 다른 팀이나 관련 부서, 외부 전문가들과 지속적으로 소통해야 한다. 이를 위해서 협력 수업으로 진행되는 공동 글쓰기 과정을 학습함으로써 팀 활동의 경험을 쌓고 피드백을 통해 다양한 협력의 기술을 습득해야 한다.

공동 글쓰기의 대표적인 장르는 '제안서', '기획서'라고 할 수 있다. 제안서는 일종의 계획서이다. 제안서는 기존에 존재하지 않았던 새로운 제품이나 프로젝트를 기획하고 개발하거나, 기존의 제품이나 사업에서 나타난 문제점을 개선하는 방안을 제시하여 그것을 실행하는 것을 목적으로 한다. 어떤 문제의 해결책이나 대안을 제시하여 지원을 요청한다는 점에서 일반적인 글과 다르며, 대부분 팀 단위로 형성하는 공동 글쓰기로서 개별적 글쓰기와는 성격상 차이가 있다.

제안서는 아이디어와 기획이 참신하고 독창적이어야 하고, 제안서를 선정하는 피제안자와 실행의 대상인 소비자를 염두에 두고 작성해야 한다. 또 실행 가능한 내용과 방법을 토대로 작성해야 하며, 기대 효과와 예산 내역이 구체적이어야 실현 가능한 제안이 될 수 있다.

* **참신하고 독창적인 기획**
* **필요와 요구에 부합하는 목표 설정**
* **실현 가능한 방법과 예산**
* **쉽고 명료한 서술**

제안서의 종류로는 제품 개발 및 사업 제안서, 문제 해결 제안서, 공모전 제안서, 연구 관련 제안서 등이 있다. 제품 개발 제안서는 기업에서 이윤을 창출하기 위한 목적으로 요구하기 때문에 운영과 마케팅, 재무 등의 현실적인 측면과 기대 효과를 중심으로 작성하는 것이 좋다. 문제 해결 제안서는 지역 공동체나 관공서, 학교 등 특정 집단의 문제를 찾아내고, 해결 방안을 제시해야 한다. 공모전 제안서는 일정한 양식이 따로 있지 않으며, 주최 측의 의도를 잘 분석하여 기존에 없던 새로운 아이디어로 실현 가능한 내용을 제시하는 것이 가장 좋다. 연구 관련 제안서는 대학이나 연구소 등 학술기관에 제출하는 문서이다. 연구 분야에 대한 목표와 향후 연구 계획을 구체적으로 작성하는 것이 중요하다.

1.2. 제안서 기획 과정

1) 아이디어 생성하기

(1) 서로 다른 것을 연결하기

가. 기존 제품에 새 기능 추가하기

예 날씨 앱에다 날씨에 따른 패션, 음식 추천 기능 추가

⇨ 현재 출시가 많이 된 날씨 앱은 날씨와 미세먼지 수준, 대기오염 정도만 확인할 수 있다. 여기에 날씨에 어울리는 패션 정보와 추천 음식 등을 날씨의 변화에 따라 제시해 주는 기능을 추가함으로써 새로운 앱은 단순한 날씨 앱이 아니라 생활 개선 앱으로 확장될 수 있다.

나. A제품 + B제품 = C제품(1 + 1 = New 1)

예 연필 + 지우개 = 지우개 달린 연필 ⇨ 볼펜 + 지우개 = 수정 테이프 달린 볼펜

〈3색 볼펜〉 〈수정 테이프〉

〈'원샷원킬 펜' 예상 그림〉

⇨ 연필과 지우개가 만나 지우개 달린 연필이 탄생했듯, 볼펜과 지우개가 만나 수정 테이프 달린 새로운 볼펜이 탄생할 수 있다. 기존의 제품 두 개를 접목하여 완전히 새로운 제품으로 탈바꿈하는 방식이다. 두 제품이 하나의 상품이 됨으로써 편리함이 배가 된다.

(2) 불편한 문제에서 출발하기

가. 기존 제도(정책)의 문제점 개선하기

예 구급차 정책 + 지하철 응급구조 칸 신설 ⇨ 응급의료 정책 개선

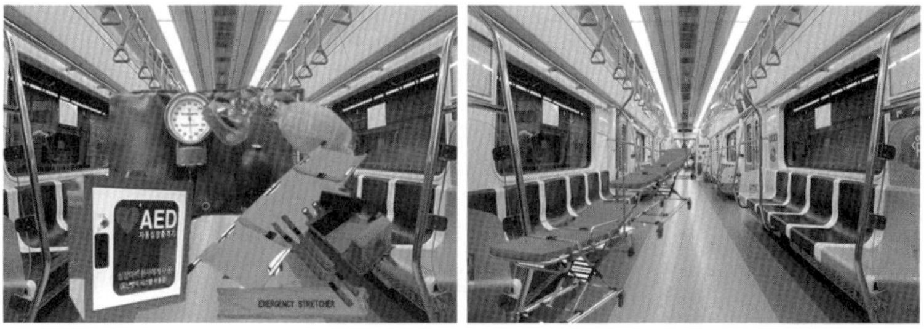

⇨ 현재 응급구조의 문제점인 교통 체증과 시민의식 부족으로 구급차가 골든 타임을 못 지켜 환자가 생명을 잃는 경우가 많다. 이에 지하철에 응급구조 칸을 마련하는 정책을 제안한다.

나. 과잉 공급된 기존 제품을 이용해 새로운 방식으로 수요 창출하기

예 기존 공중전화 부스를 작은 카페나 매점, 도서관으로 재활용하기
버릴 물건을 재활용하는 플리마켓 운영하기(후배들에게 교재, 교복 싼 가격에 판매 등)

⇨ 이전 시대에 공급된, 버릴 수도 없고 팔리지도 않는 제품을 현 시대에 맞는 방식으로 재활용하는 것이다. 공중전화 시대를 벗어난 지금, 공중전화를 작은 카페나 도서관 부스, 여행 정보센터 등 다양한 용도로 재활용함으로써 자원을 낭비하지 않고 재사용할 수 있다.

다. 일반 제품에서 불편한 기능 개선하기

예 기존 샴푸 용기의 바닥 모양 변경

샴푸 용기의 모양 변경

기존의 샴푸 용기 모양	바닥 모양을 변경한 디자인 예시

⇨ 기존의 샴푸 용기는 바닥이 대부분 평면이어서 바닥에 남아 있는 샴푸를 쓰지 못하고 버리는 경우가 많았다. 그런데 용기의 바닥 모양을 변경함으로써 이러한 낭비와 불편을 개선할 수 있다. 이처럼 간단한 아이디어로 환경도 보호하고 소비자의 낭비도 줄여 주는 일거양득을 취할 수 있다.

(3) 스토리텔링을 활용하기

가. 기존의 문학이나 예술을 활용하여 새로운 문화 공간 마련하기

예 1920년대에 발표된 현진건의 「운수 좋은 날」을 재해석하여 '식민지 시대 도시 빈민의 삶 체험하기'

운수 좋은 날	식민지 도시 체험 공간
* 작가: 대구 출신의 현진건 * 대표작: 「운수 좋은 날」 * 핵심 키워드 도시 빈민, 1920년대 식민지, 비 오는 날, 인력거꾼, 비속어, 설렁탕, 아내의 죽음	* 대구 현진건 생가 근처에 문화 공간 마련하기 * 1920년대 식민지 도시 빈민가 골목 재현하기 * 인력거 끌기/타기 체험하기 * 인력거 체험 후 당시 빈민 최고의 음식 설렁탕 먹기 * 당대 도시 빈민들의 생활 비속어 체험하기

⇨ 대구 출신 작가 현진건의 생가 근처에 「운수 좋은 날」 체험 공간을 마련하는 문화 기획 옵션은 1920년대 식민지 빈민가 + 인력거 끌기/타기 체험 + 도시 빈민에게 최고의 음식인 설렁탕 맛 보기 ⇨ 1920년대 식민지 도시 빈민의 삶 체험과 그 시대 다시 읽기

나. 문화를 스토리텔링하여 축제 기획하기

예 '사문진 나루'에 얽힌 설화와 역사를 재해석하여 축제 기획하기

사문진 나루의 설화와 역사	문화 체험 축제 기획
* 신라 제35대 왕인 경덕왕이 가야산에서 병으로 휴양을 하고 있던 세자의 문병을 가다가, 경관에 반해 자주 쉬어 가던 곳 * 조선 시대 보부상의 뱃길로 이용된 곳 * 영남권의 보부상들이 쉬어 가던 주막이 있던 곳 * 미국 선교사 사이드 보텀 부부가 1900년 3월 26일 선교활동을 위해 처음으로 피아노를 들여온 곳	* 역사적으로 사연이 많은 이 장소에 대구·영남권 시민을 위한 축제 공간 마련하기 * 나루터의 뱃길을 이용하여 나룻배 타 보기 * 보부상들이 묵었던 사문진 주막촌에서 당시의 삶 재현해 보기 * 조선에 처음으로 피아노를 들여온 것을 기념하여 나루터에서 100대의 피아노 공연하기 * 피아노가 최초로 들어온 3월 26일을 기념하여 3월 말경에 3일간 축제를 개최함

⇨ 사문진 나루터에 얽힌 설화와 역사적 사실을 근거로 영남지역인의 축제 기획 옵션은 사문진 나루터를 중심으로 주막촌 형성+주막촌 체험, 사문진 나룻배 타기 체험, 우리나라 최초로 피아노를 들여온 것을 기념하여 피아노 관련 야외 공연 개최

학습 활동 01

앞에서 제시된 방법 중 하나를 선택하여 새로운 제품을 만들기 위한 아이디어를 제안해 보자.

2) 콘셉트 결정하기

세 가지 방법으로 생성된 아이디어에 색깔과 이름을 붙여 자신만의 제품으로 새롭게 탄생시킨다.

제품의 이름(네이밍), 제안의 표제 정하기 ⇨ 콘셉트 결정하기

예 '1+1=New 1' 방식으로 콘셉트를 결정하는 과정

3색 볼펜 + 수정 테이프

⇨ 수정 테이프 달린 3색 볼펜

⇨ 바꿀 필요 없이 바로바로 쓸 수 있는 펜과 지우개

⇨ 한 번에 바로바로 쓸 수 있고 지울 수 있어!

⇨ '원샷원킬 펜' 탄생

학습 활동 02

생성된 아이디어에 생명을 불어넣을 수 있도록 제안의 제목과 제품의 이름을 정해서 콘셉트를 결정해 보자.

3) 기획 초안 마련하기

제안서의 골격을 마련하는 부분으로, 5W2H의 방법에 의거해 기획 초안을 작성해야 한다.

① WHY(왜): 이 기획의 의도나 이유는 무엇인가?

② WHAT(무엇을): 기획의 주제는 무엇인가?

③ WHEN(언제): 언제 어떤 일정으로 이 기획을 실행할 것인가?

④ WHERE(어디서): 어떤 장소에서 실행할 것인가?

⑤ WHO(누가): 누가 이 기획을 실행할 것인가?

⑥ HOW(어떻게): 제안을 실행할 수 있는 방법과 이 기획의 마케팅 전략 방안은 무엇인가?

⑦ HOW MUCH(얼마나): 제안을 실행하는 데 드는 예상 비용은 얼마인가?

아이디어와 콘셉트가 결정되었다면 제안서의 기획 초안을 마련해야 한다. 이를 위해서 앞의 표 안에 제시된 사안을 토대로 기획을 분석하도록 하겠다.

예 '원샷원킬 펜'을 제안하기 위한 기획 분석

(1) WHY(왜): 이 기획의 의도나 이유는 무엇인가?

이 제안을 왜 하게 되었는지를 먼저 생각해야 한다. 그래야만 이 제안이 실효성이 있는지 확인할 수 있다. 의도와 이유가 불분명하다면 이 기획은 설득력을 잃게 된다.

> 볼펜을 사용하다가 작성한 내용을 수정해야 하는데 수정 테이프가 없어서 취소선을 그은 적이 많을 것이다. 수정 테이프가 없다면 취소선을 긋거나 새로운 용지에 다시 작성할 수도 있지만 깔끔하게 수정하기 위해서는 수정 테이프가 필요하다. 하지만 대부분의 사람들이 따로 수정 테이프를 잘 챙기지 못한다. 특히 학생들의 경우 시험 시간에는 수정 테이프를 주고받을 수 없기 때문에 곤란한 상황이 발생한다. 이와 같은 불편을 줄이기 위해 볼펜과 수정 테이프를 한 번에 사용할 수 있는 신개념의 3색 볼펜을 기획하게 되었다.

(2) WHAT(무엇을): 기획의 주제는 무엇인가?

기획의 주제가 선명한지 확인해야 한다.

> 아무리 시대가 변했다고 하지만 대학 강의실에는 노트북이나 스마트폰보다 노트와 볼펜을 이용해 필기를 하는 학생이 여전히 더 많고 아직도 필통이 필수품인 대학생이 대다수이다. 그런데 만약 필통 없이 펜 하나만 있으면 쓰고 지우는 것까지 한 번에 해결할 수 있는 물건이 있다면 얼마나 편리할까? 이에 '원샷원킬 펜'을 제안한다. 이것이 이 기획의 주제이다.

(3) WHEN(언제): 언제 어떤 일정으로 이 기획을 실행할 것인가?

이 기획을 언제 시작해서 언제 마무리할 것인지 꼼꼼하게 일정을 계획하여 제시해야 한다.

단계	1. 제품 기획	2. 제품 견본 출시	3. 제품 생산	4. 마케팅	5. 판매
일정	2021.9.1. ~9.30.	2021.10.1. ~10.15.	2021.10.16.~	2021.10.16.~	2021.11.1.~

(4) WHERE(어디서): 어떤 장소에서 실행할 것인가?

이 기획의 핵심인 새로운 제품을 어떤 방식으로 출시할 것인지를 생각해야 한다. 즉 제품을 어디서 생산하고 판매할 것인지에 대한 계획이 필요하다. 직접 제품을 생산한다면, 공장 부지와 시설까지 고려해서 장소의 크기와 위치를 선정해야 한다.

(5) WHO(누가): 누가 이 기획을 실행할 것인가?

이 기획을 완성할 수 있는 인력 활용 계획을 마련해야 한다. 먼저 이 제품을 직접 생산한다면, 생산에 필요한 인력을 어떤 방식으로 충원할 것인지에 대한 계획이 필요하다. 즉 생산에 필요한 인력과 마케팅에 필요한 인력 등을 어떻게 충원할 것인지 계획을 세워야 한다. 한편으로 이 제품을 직접 생산하지 않고 기존 회사에 아이디어만 제공할 경우라면 로열티 지불 관련 건에 대한 인력을 마련해야 한다.

(6) HOW(어떻게)

가. 제안을 실행할 수 있는 방법은 무엇인가?

이 기획을 현실적으로 실행할 수 있는 기술이나 방법이 있는지 파악해야 한다.

'원샷원킬 펜'의 구조는 기존의 3색 볼펜과 수정 테이프를 결합한 것이다.

ㄱ) 길이

휴대의 용이성을 증대시키고 사용의 불편함을 줄이기 위해 수정 테이프와 3색 볼펜의 크기와 길이를 기존의 것보다 줄여 결합시킨다.

- '원샷원킬 펜'의 길이는 너무 길지도 짧지도 않은 16~17cm로 한다.
- 3색 볼펜 사용 시 수정 테이프 무게로 인해 발생하는 불편함을 줄이기 위해 볼펜과 수정 테이프의 길이 비율은 '2 대 1'로 맞춘다.

ㄴ) 두께

시중에서 많이 볼 수 있는 3색 볼펜과 비슷한 두께로 만든다.

- 펜의 둘레: 4cm(예시: 제트스트림 3색 볼펜)

ㄷ) 결합 방법

앞부분의 3색 볼펜과 뒷부분의 수정 테이프가 접하는 면은 탈부착이 가능하도록 나사를 돌려 고정하는 형태로 만든다.

나. 이 기획의 마케팅 전략 방안은 무엇인가?

이 기획을 현실적으로 마케팅하기 위한 전략 방안을 고려해야 한다. 전략 방안은 주로 'SWOT 방법'과 '4P 전략'으로 분석할 수 있다.

① SWOT 방법

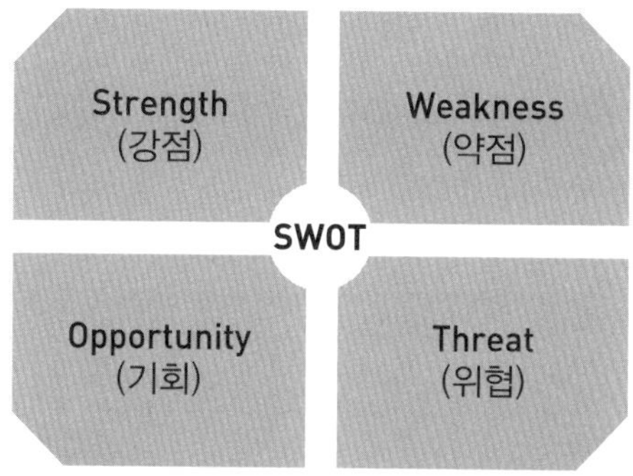

강점	약점	기회	위협
현재 이 제품의 장점과 시장에서 어필할 수 있는 강점을 분석한다.	현재 이 제품에서 가장 취약한 부분을 분석한다.	강점과 약점이 있는 상황에서 다른 방안으로 얻을 수 있는 효과와 기회에 대해 분석한다.	현재 전반적인 경기 추세나 소비 경향의 변화, 타 회사와의 경쟁에서 위협받을 수 있는 부분에 대해 분석한다.

② 4P 전략

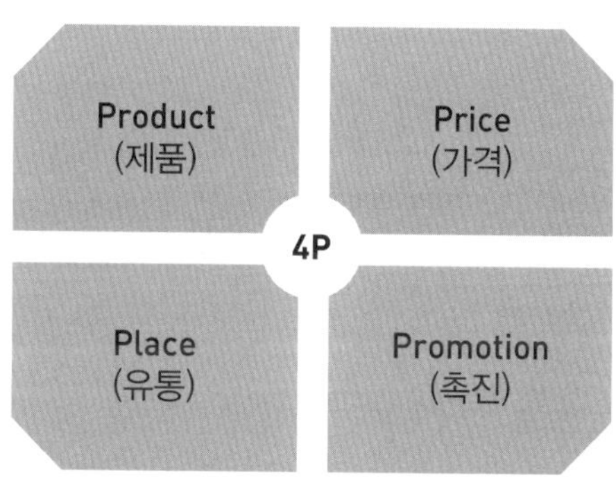

제품 전략	가격 전략	유통 전략	촉진 전략
판매자가 소비자에게 어떤 상품 또는 어떤 서비스를 제공할 것인지에 대하여 정하는 것 예 장비의 차별화를 통한 고객 만족	소비자에게 어느 정도의 금액으로 상품(서비스)을 판매할 것인지에 대하여 측정하는 것 예 고소득층을 위한 별도의 고가 정책 전략	상품을 소비자에게 어떤 방식으로 전달할 것인지에 대하여 결정하는 것 예 최신 유통 장비 도입을 통한 고객의 신뢰 확보	상품을 어떤 방식으로 어떻게 알릴 것인지에 대하여 결정하는 것 예 After Service 전략을 넘어선 Before Service 전략의 판촉 활동

(7) HOW MUCH(얼마나): 제안을 실행하는 데 드는 예상 비용은 얼마인가?

이 제안을 실행하는 데 비용이 얼마나 들지 예상하여 제시해야 한다. 먼저 각 항목별 비용을 측정하여 제시하고, 그다음 이 제안이 이윤을 남길 수 있는 시기가 언제쯤인지 제시해 주어야 한다.

ㄱ) 재료비

항목	비용
볼펜 잉크심(개당)(A)	150원X3개=450원
3색 볼펜 통(B)	400원
미니 수정 테이프(C)	150원
합계(D=A+B+C)	1,000원

ㄴ) 공장 운영비

항목	비용
공장 시설 보증금(A)	120,000,000원
공장 월세(B)	12,000,000원
기계 시설비(C) (기계 4대+대형 에어컨 1대+컴퓨터 2대)	7,000,000원
월 공장 유지비(D)	1,700,000원
월 인건비(E)	14,280,000원 (12명X7시간X8,500원X20일)
월 운송비(F)	7,700,000원(11,000원X700회)
월 운영비(G=B+D+E+F)	35,680,000원

ㄷ) 순이익

항목	비용
개당 판매 수익	1,600원(판매가 2,600원-재료비 1,000원)
월 이익	57,600,000원(1,600원X1,800개X20일)
월 순이익	21,920,000원 (57,600,000원-35,680,000원)

ㄹ) 손익 분기점

항목		비용	
재료비		개당 1,000원	
공장 임대 비용	보증금	120,000,000원	132,000,000원
	월세	12,000,000원	
기계 시설비		7,000,000원	
월 공장 유지비		1,700,000원	
월 인건비		14,280,000원	
월 운송비		7,700,000원	
개당 판매 수익/월 판매 개수		1,600원/36,000개	
월 순이익		21,920,000원	
손익 분기점		여섯 달째	

학습 활동 03 확정된 콘셉트를 기반으로 제안서의 기획을 5W2H 방식에 의거해서 간단하게 분석해 보자.

5W2H	분석 내용
① WHY(왜)	
② WHAT(무엇을)	
③ WHEN(언제)	
④ WHERE(어디서)	

⑤ WHO(누가)	
⑥ HOW(어떻게)	
⑦ HOW MUCH(얼마나)	

4) 자료 수집 및 분석하기

제안서는 '설득'을 글쓰기의 목표로 한다. 제안서가 설득력을 얻기 위해서는 기본적으로 충분한 자료 조사가 선행되어야 한다. 제안에 필요한 자료들을 수집하여 분석하는 것은 피제안자를 설득하는 기본이자 최선의 방법이다. 제안서를 기획하는 단계에서 자료를 수집·분석하는 것은 바로 이 때문이다. 근거 자료가 부족하거나 현재 시장의 트랜드, 고객의 요구를 제대로 반영하지 못한 제안서는 외면 받을 수밖에 없다. 제안서의 자료 조사 방법은 다음과 같다.

(1) 현장 조사와 설문 조사

이 방법은 제안 대상을 먼저 분석하여 그 대상이 분포되어 있는 현장을 직접 찾아가서 설문 조사를 실시하는 것이다. 주로 설문지를 이용하거나 면담하는 방식을 사용한다. 설문지에는 반드시 조사 범위와 기간, 조사 대상이 설정되어야 한다.

(2) 인터넷 조사

전자 우편을 이용하거나 SNS를 활용하는 방법으로, 먼저 질문 항목을 설정하여 전자 우편으로 보내거나 SNS에 올려, 대상자들이 이 질문에 응답하게 함으로써 조사를 수행한다.

(3) 정량적 조사

양에 따라 조사하는 방식으로, 일정한 모집단의 표본을 대량 수집해서 그들의 관계를 알아내거나 습성을 판단하는 데 주력한다. 이 방법은 정밀하고 통계적이며, 수치적인 측정을 기본으로 한다. 여론 조사가 대표적이다.

(4) 정성적 조사

조사 대상의 종류와 특징에 따라 조사하는 방식으로, 적은 수의 표본을 사용하여 심층적이면서도 면밀하게 조사가 이루어진다. 형식에 얽매이지 않는 유연한 질문이 가능하며 대상과 내용에 대해 상세한 이해가 가능하다. 심층 면접 조사, 인터뷰가 대표적이다.

예 '원샷원킬 펜'의 자료 조사 방법과 결과

〈설문 문항〉

'원샷원킬 펜' 설문 조사

1. 볼펜으로 글을 작성하던 중 수정 테이프가 없어 불편했던 적이 있다.

   ① 예 ② 아니요

2. 볼펜으로 작성한 글을 수정할 때 수정 테이프를 사용하는 경향이 있다.

   ① 예 ② 아니요

3. 볼펜과 수정 테이프를 따로 소지하는 것이 불편하다고 생각한 적이 있다.

   ① 예 ② 아니요

– 설문에 응해 주셔서 감사합니다.

* 설문의 문항은 제안서의 성격과 종류에 따라 달라질 수 있으며, 정책 관련 제안서는 질문 사항이 좀 더 다양하게 구성되어야 한다.

〈조사 분석-데이터〉

1. 볼펜으로 글을 작성하던 중 수정이 필요한 순간 수정 테이프가 없어 불편했던 적이 있다.

예	65명	92.9%
아니요	5명	7.1%

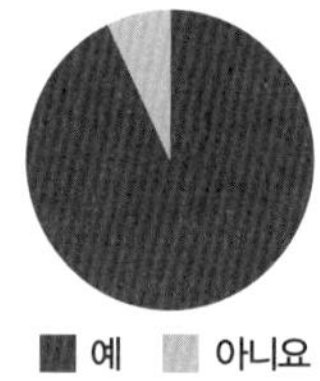

2. 볼펜으로 작성한 글에서 수정이 필요한 경우 가능하면 수정테이프를 사용하고 싶다.

예	57명	81.4%
아니요	13명	18.6%

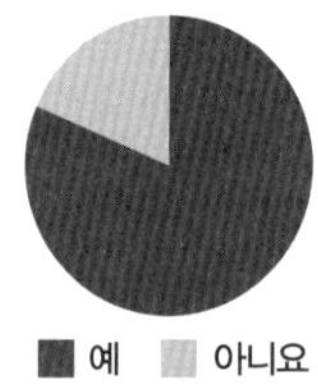

3. 볼펜과 수정테이프를 따로 소지하는 것이 불편하다고 생각한 적이 있다.

예	55명	78.6%
아니요	15명	21.4%

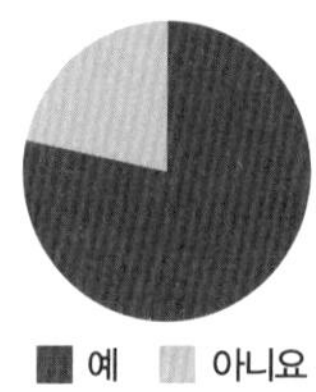

학습활동 04 각 팀별로 기획한 제안서의 자료 조사 문항을 작성하고, 데이터 결과를 제시해 보자.

설문 문항	데이터 결과

1.3. 스토리 라인

1) 콘셉트에 맞는 스토리 라인 작성하기

스토리 라인 작성은 제안하는 기획의 제목과 그것의 간단한 특징을 요약해 전체 흐름을 문장으로 짧게 표현하는 것이다. 먼저 핵심어를 정하고 이에 따라 기획의 중요한 부분을 요약해 나가야 한다. 스토리 라인은 핵심어를 모두 포함하여 서너 문장 정도로 작성한다. 각 문장은 핵심을 정확히 드러내야 하고 기획의 목표에 부합하는 완전한 문장으로 작성해야 한다.

〈스토리 라인〉

이 제안서의 제목은 ______________ 입니다. 제안의 주요 사안은 ______ 에 관한 것이며, ________________ 하기 때문에 이 제안은 매우 중요하고 새로운 것입니다. 제안하는 ____________ 이 제작된다면, ____________ 한 결과(기대 효과)가 있을 것입니다. 이 제안의 성공을 위해 __________ 와 같은 협조가 필요합니다.

〈제안 요약〉

* 주제: ______________________________

* 대상: ______________________________

* 내용: ______________________________

* 효과: ______________________________

예 '원샷원킬 펜'의 스토리 라인 작성 예시

이 제안서의 제목은 '원샷원킬 펜'입니다. 제안의 주요 사안은 볼펜과 수정 테이프를 하나의 제품으로 접목하는 것이며, 두 제품을 각각 따로 사용하던 불편함을 없애고 편리함을 지향하기 때문에 이 제안은 매우 중요하고 새로운 것입니다. 제안하는 '원샷원킬 펜'이 제작된다면, 편리함을 얻을 수 있을 뿐만 아니라 문구의 새로운 패러다임을 만들어 내는 결과가 있을 것입니다. 이 제안의 성공을 위해 (주)모나미의 협조가 필요합니다.

학습활동 05 각 팀별로 기획에 해당하는 스토리 라인을 작성해 보자.

2) 제안서의 개요 결정하기

제안서의 기획 분석과 콘셉트가 결정되었다면, 이 제안의 주제에 맞는 제안서의 유형을 결정해서 개요를 작성하고 각 항목별로 업무를 담당할 팀원을 결정해야 한다. 제안서는 앞에서 간단히 설명했듯이 크게 두 가지 유형으로 분류할 수 있다. 제안서의 유형은 다음과 같다.

제안서 기본 목차

1. 서론
2. 제안 배경
3. 제안 내용
4. 예산
5. 기대 효과
6. 결론

제품 개발형 제안서

1. 사업 개요
2. 상품 개요
3. 공정 방법
4. 운영 및 마케팅 계획
    - 4.1. 운영 계획
    - 4.2. 마케팅 계획
5. 재무 계획
    - 5.1. 개발 비용
    - 5.2. 손익 분기점
6. 기대 효과
7. 결론

문제 해결형 제안서

1. 서론
2. 제안 배경
3. 제안 내용
    - 3.1. 실행 원리 및 생산 과정
    - 3.2. 운영 방법 및 마케팅
4. 예산
    - 4.1. 해결 비용
    - 4.2. 손익 분기점
5. 기대 효과
6. 결론

제품 개발형 제안서는 기존에 없던 새로운 제품을 기획하거나 사업을 제안할 때 활용할 수 있는 유형이다. 문제 해결형 제안서는 기존의 제품이나 제도의 문제점을 개선하여 문제를 해결하는 내용의 제안을 할 때 사용할 수 있는 유형이다.

학습활동 06

1. 현재 기획하고 있는 제안서의 콘셉트가 확정되었다면, 제안서의 종류를 정하고 팀원들과 협력하여 역할을 분담해 보자.(각 항목별 개요는 콘셉트에 따라 변경 가능)

제품 개발형 제안서		문제 해결형 제안서	
업무 개요	담당자	업무 개요	담당자
1.		1.	
2.		2.	
3.		3.	
4.		4.	
4.1.		4.1.	
4.2.		4.2.	
5.		5.	
5.1.		5.1.	
5.2.		5.2.	
6.		6.	
7.		7.	

2. 제안서의 종류와 주제가 결정되었다면, 제안서의 일정을 작성해 보자.

진행 항목	일정
자료 수집과 분석	
설문 조사와 데이터 작성	
제안서 세부 개요 작성	
제안서 초고 작성	
제안서 고쳐쓰기	
프레젠테이션 항목 담당자 결정	
프레젠테이션 작성	
발표 연습	

2. 제안서 쓰기와 발표하기

제안서는 독자가 원하는 양식에 맞는 글쓰기가 중요하다. 일반적으로 제안서의 독자는 의사 결정권을 가진 사람으로, 제안서 내용을 지원할지 또는 실행할지를 결정한다. 따라서 독창적인 내용을 쉽게 서술하여 독자인 결정권자가 쉽게 이해할 수 있도록 해야 한다. 또한, 실현 가능한 목표를 구체적이고 정확하게 설정할 필요가 있다.

제안서는 원하는 기관이나 단체에 따라 제시하는 양식이 상이하다. 이벤트나 행사를 기획하는 경우, 어떤 문제에 대해 해결책을 제시하는 경우, 또는 제품 개발이나 사업을 제안하는 경우 등 다양한 상황에서 제안서가 요구되기 때문이다. 여기에서는 다양한 양식의 제안서가 가지는 공통적인 특징을 통해 기본적인 양식의 제안서 쓰기와 고쳐쓰기를 살펴보고, 스스로 제안서를 작성해 본다.

2.1. 제안서 쓰기

제안서는 크게 ① 표지, ② 목차, ③ 본문, ④ 참고 자료의 순서로 구성된다. 표지 및 참고 자료는 나중에 따로 작성하여 첨부할 수 있다. 목차는 제5장 1절에서 구상한 아이디어를 중심으로 작성하고 이를 바탕으로 내용에서 항목별로 상세하게 서술한다.

제안서를 작성할 때는 독자인 피제안자가 빠르게 정보를 확인할 수 있도록 해야 한다. 따라서 두괄식으로 핵심 내용을 먼저 설명하도록 구성하며, 문장은 짧고 간결하게 서술한다. 또한, 큰 제목과 작은 제목, 그리고 본문 등의 글자 크기와 서체 등을 정리하여 내용이 구분되면서도 서식에 통일감을 줄 수 있도록 한다.

Ⅰ. 표지

Ⅱ. 목차

Ⅲ. 본문

1. 서론
2. 제안 배경
3. 제안 내용
4. 예산
5. 기대 효과
6. 결론

Ⅳ. 참고 자료

제안서는 제안 내용을 쉽고 정확하게 전달하기 위해 표, 도표, 사진 등을 이용하여 정보를 시각화할 필요가 있다. 시각화한 정보는 제안서의 내용에 포함될 뿐만 아니라, 이후 제안서를 발표할 때도 사용하므로 꼭 필요하다.

1) 표지

표지에는 제안서의 내용을 한눈에 알아볼 수 있는 제목을 제시하고, 제안서를 제출하는 제안자의 소속, 제출 날짜, 이름을 쓰도록 한다.

〈제안서-애플리케이션 제작 기획〉

잠깐 살자 애플리케이션
(주거 재렌탈 플랫폼)

응모 분야: 학생과 아이디어 공모
제출일: 2018. 12. 6.
담당자: 대학 글쓰기 4조
강○○, 윤○○, 윤○○, 이○○, 전○○

학습활동 07 제5장 1절에서 기획한 제안 내용을 쉽게 전달할 단어나 문구를 작성해 보자.

2) 목차

목차는 제안서의 종류나 내용에 따라 달라질 수 있다. 제안서를 요구하는 기관이나 단체가 일정한 형식을 제공하는 경우가 많아 목차가 달라지기도 한다. 따라서 그에 맞는 제안서 목차와 내용을 확인하고 작성해야 한다. 특히, 글의 체계를 정확하게 전달하기 위해서는 목차 번호를 형식에 맞게 통일하여 표시해야 한다.

목차

1. 서론
2. 제안 배경
3. 제안 내용
4. 예산
5. 기대 효과
6. 결론

학습활동 08 준비하고 있는 제안서의 종류에 따라 그에 맞는 목차를 구성해 보자.

3) 본문

(1) 서론

서론에서는 제안서를 기획하게 된 이유와 취지를 설명해 준다. 제품의 필요성과 제안의 목적 등을 구체적인 상황으로 연결하고, 제안의 전반적인 내용을 간단하게 설명한다.

1. 서론

최근 몇 년 사이에 '이어살기'를 구한다는 내용의 글을 SNS에서 쉽게 볼 수 있다. 대구·경북에 있는 대학 커뮤니티를 중심으로 이어살기에 관한 글이 하루에도 100~200개 정도 올라오는 실정이다. 이처럼 많은 학생이 이어살기로 방을 내주거나 얻기를 원하지만, 이들이 서로 쉽게 연락을 주고받지는 못한다. 대학 커뮤니티에서 이어살기에 대한 정보를 주고받기는 하지만, 이러한 방식으로 이어살기와 같은 중요한 일을 결정하기에는 위험성이 크기 때문이다. 따라서 이러한 학생의 요구와 불편을 해결하기 위해 학교가 직접 주거 재임대 애플리케이션 서비스를 제공하도록 제안한다.

우선 학교가 주거 재임대 애플리케이션 서비스를 제공해야 하는 이유는, 이어살기가 학생의 주거 문제에서 발생하기 때문이다. 전국적으로 많은 대학생이 자신이 살던 지역을 떠나 다른 지역의 대학에 진학하는 실정이다. 이러한 상황 속에서 학생에게 주거비는 학비와 함께 가장 큰 경제적 문제가 될 수밖에 없다. 학교가 기숙사를 충분히 지어 학생의 주거 문제를 해결할 수 없는 상황이기에 현실적으로 학생의 주거 불편을 덜어 줄 방법을 모색해야 한다. 따라서 주거 재임대 애플리케이션 서비스를 학교가 직접 제공해야 한다.

(2) 제안 배경

제안 배경에서는 새로운 제안을 하기 전에 지금의 상황이나 제품 등이 어떠한 문제점이 있는지를 분석하여 밝히고, 제안 내용이 채택되어야 하는 이유를 서술한다. 이때, 통계 자료가 자주 활용되는데, 이는 객관적으로 자료를 제시하는 동시에 피제안자가 내용을 쉽고 빠르게 이해할 수 있도록 하기 위해서이다.

2. 제안 배경

2.1. 대학생의 주거 문제

타 지역 대학에 진학하는 경우 주거비가 큰 부담으로 작용하지만, 학교가 모든 학생에게 기숙사를 제공하지 못하는 실정이다. 결국 이는 주거비를 아끼려는 학생이 기존과 다른 주거 방식을 고민하는 방향으로 나아가게 된다. 그 결과로 이어살기와 같은 주거 방식에 대한 요구가 나타난다.

1) 낮은 기숙사 수용률

2013~2017년 기숙사 수용률

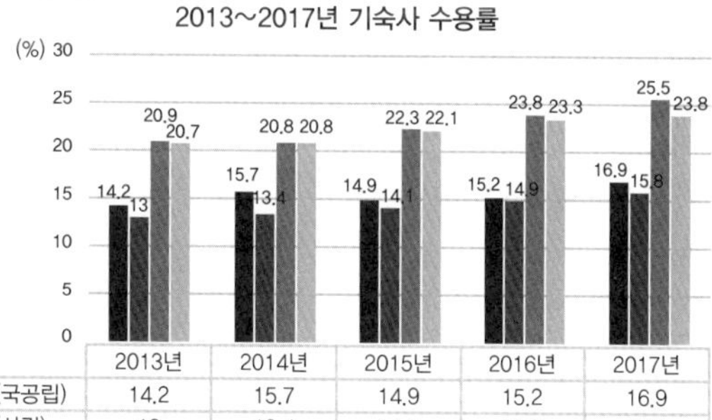

	2013년	2014년	2015년	2016년	2017년
■ 수도권(국공립)	14.2	15.7	14.9	15.2	16.9
■ 수도권(사립)	13	13.4	14.1	14.9	15.8
■ 지방(국공립)	20.9	20.8	22.3	23.8	25.5
■ 지방(사립)	20.7	20.8	22.1	23.3	23.8

출처: 「14. 기숙사」, 『대교연 통계』 통권 76호, 대학교육연구소, 2018. 7.

앞의 통계에서 보듯이 전국적으로 기숙사 수용률이 매년 증가하고 있지만, 아직 기숙사가 필요한 학생의 숫자에 비해서는 턱없이 부족한 실정이다. 제시한 통계를 살펴보면, 지방 국립대에 속하는 경북대의 경우 2017년 기숙사 수용률이 약 25%이다. 따라서 나머지 75% 정도의 학생은 다른 방식의 주거 형태를 선택할 수밖에 없다.

2) 이어살기에 대한 지속적인 수요

질문1. 이어살기를 시도한 적이 있습니까?

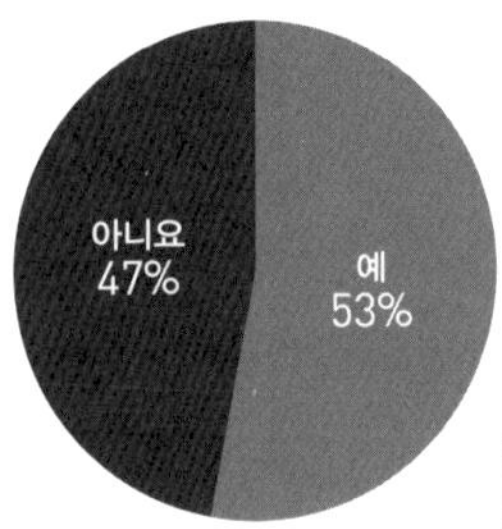

예	51명	53%
아니요	46명	47%

주거 문제를 해결해야 하는 학생 모두가 기숙사에서 생활할 수 없기에, 학생은 경제적으로 부담이 되는 주거비를 아끼기 위해 다양한 주거 방식을 고민할 수밖에 없다. 단기간 방을 빌려주고 빌리는 이어살기는 주거비를 아끼기 위해 선택하는 새로운 주거 방식이다. 위의 설문 조사 결과에서 보듯이, 설문에 참여한 학생 중 절반 이상이 이어살기를 시도한 적이 있다고 밝혔다. 학생의 주거 문제가 근본적으로 해결되지 않는다면, 이러한 수요는 점점 늘어날 수밖에 없다.

2.2. 기존 이어살기 서비스의 문제점

이어살기에 대한 글이 대학 커뮤니티에 많이 올라오지만, 실제 이어살기 서비스는 이러한 정보를 다루는 인터넷 사이트를 중심으로 이루어지고 있다. 그러나 이렇게 인터넷 사이트를 통해 이어살기를 진행할 경우 몇 가지 문제점이 발생할 수밖에 없다.

1) 신분 확인의 어려움

우선, 두 사람이 서로 신분을 확인하기 어렵다. 경북대 학생끼리 방을 공유한다고 해도 상대방이 정말 경북대 학생인지 아닌지 확인할 방법이 마땅치 않다. 신분을 확인하기 위해서는 서로 연락하여 직접 대면하는 방법밖에 없는데, 이 또한 완전히 신뢰할 수는 없다. 또 이렇게 일면식도 없는 상대를 직접 대면할 경우 사건·사고로 이어질 가능성도 있다.

2) 정보의 신뢰성 문제

기존의 이어살기 사이트에 등록된 글을 보면, 게시물이 필요한 정보를 정확하게 모두 포함하고 있지 않다.

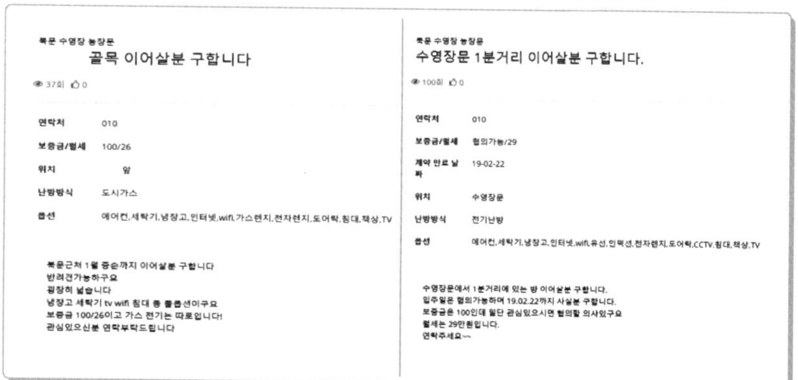

〈출처: 경북대 이어살기 http://leaseknu.com/〉

위의 인용처럼 대부분의 게시물은 자신이 제공하고 싶은 정보만 전달하며, 사진이 없기에 실제 방의 모습을 확인할 수 없다. 가끔 사진을 첨부한 게시물이 있다고 해도, 게시한 사진과 실제 방의 모습이 다른 경우가 많아 게시자와 게시물을 무조건 신뢰하기도 어렵다.

3) 사건·사고에 대한 대처 문제

이어살기의 경우 모르는 사람 사이에 거래가 이루어지는 경우가 많다. 따라서 서로 만나고 방을 빌리는 과정부터 방을 빌린 이후까지 다양한 사건·사고에 노출될 수밖에 없다. 예를 들어 빌려준 방의 기물이 파손되거나, 방을 빌린 사람이 물건을 훔치거나, 계약 조건을 위반하는 등의 문제가 쉽게 발생할 수 있다. 그러나 기존의 이어살기 사이트는 이러한 문제에 대해 어떠한 대처 방안도 없다.

2.3. 새로운 서비스의 필요성

1) 기존 서비스의 한계

질문 2. 기존 이어살기 서비스에 만족하십니까?

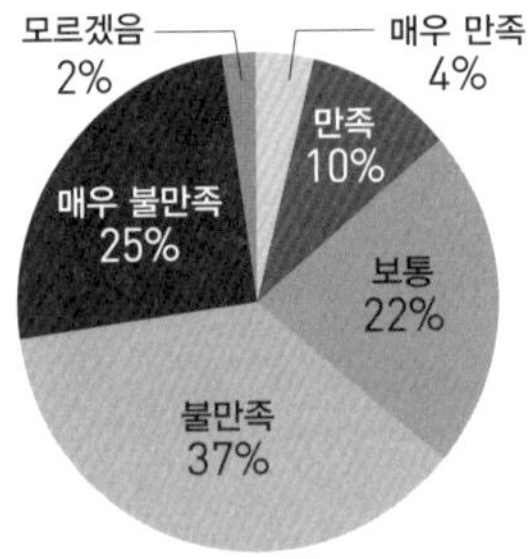

매우 만족	2명	4%
만족	5명	10%
보통	11명	22%
불만족	19명	37%
매우 불만족	13명	25%
모르겠음	1명	2%

위의 조사 결과에서 보듯 이어살기에 관심이 있는 학생도 기존의 이어살기 서비스에 대해 크게 실망하고 있다. 이어살기에 대한 학생의 관심과 수요가 있지만, 기존의 서비스가 학생의 요구를 적극적으로 반영하거나 불편을 해소하지 못한 결과라고 하겠다.

2) 새로운 서비스에 대한 기대

질문 3. 새로운 이어살기 앱을 사용할 의향이 있습니까?

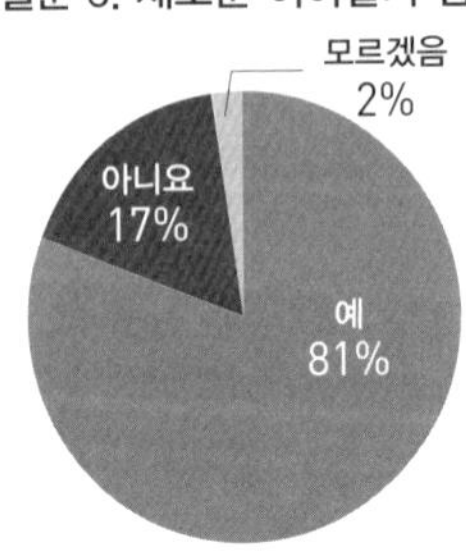

예	62명	81%
아니요	31명	17%
모르겠음	4명	2%

위의 설문 조사 결과를 보면, 많은 학생이 새로운 이어살기 앱을 사용하고자 한다는 사실을 알 수 있다. 기존 이어살기 서비스에 대한 불만이 많지만, 이어살기에 대한 수요가 있기에 이러한 결과로 이어졌다고 하겠다. 따라서 학생의 요구를 수용한 새로운 이어살기 서비스가 필요하다.

(3) 제안 내용

제안 내용에서는 제안 배경에서 지적한 문제점을 어떻게 해결할지 상세하게 서술한다. 문제 해결을 위한 운영 방법이나 실행 과정 또는 개발하고자 하는 제품의 특징 등을 구체적으로 서술한다.

> **3. 제안 내용**
>
> 3.1. 애플리케이션 특징
>
> 1) 같은 대학교 학생만 이용 가능
>
> 기존 부동산 애플리케이션을 사용하는 경우 허위 매물에 대한 문제가 많다. 하지만 '잠깐 살자 애플리케이션'은 학생증으로 사용자의 신분을 확인하여 서로 안심할 수 있도록 설계하였다. 특히 같은 학교 학생끼리 연결하여 상호 신뢰성을 높일 수 있도록 하였다. 또한, 이어살기를 계획하는 학생의 이용 방식에 맞게 등록 건수를 제한하여 실제로 매물을 가진 학생이 방을 등록하도록 했다. 이러한 방식으로 허위 매물과 관련된 문제를 방지할 수 있다.
>
> 2) 기타 비용 없는 저렴한 사용료
>
> 기존의 이어살기 서비스는 일정 부분 보증금을 요구하거나 과도한 서비스 이용료를 내야 하는 경우도 있다. 대체로 사업자가 이익을 얻기 위해 이러한 서비스를 제공하기 때문이다. '잠깐 살자 애플리케이션'은 학교가 직접 관리하므로 그 과정에서 비용을 최소화할 수 있다. 학교가 학생의 복지를 위하여 관리하기 때문에 학생은 기타 비용이나 높은 사용료를 내지 않고 저렴하게 이용할 수 있다.
>
> 3) 자유로운 임대 기간
>
> 자취방의 경우는 대체로 한 학기 또는 일 년 단위로 계약을 한다. 그러나 많은 학생이 이 기간 내내 방을 활용하는 것은 아니다. 또한, 단기간 학교 근처에서 지내야 해 급하게 방을 구하는 학생도 많다. 이에 '잠깐 살자 애플리케이션'은 일정 기간 방이 필요 없는 학생과 방이 필요한 학생을 연결하도록 설계했다. 이를 통해 며칠부터 몇 개월까지 다양한 조건으로 다양한 학생이

방을 임대하고 사용할 수 있다.

3.2. 애플리케이션 실행 방법

1) 회원 가입

우선 애플리케이션을 실행하면, 로그인, 회원 가입 버튼이 있는 첫 번째 화면을 확인할 수 있다. 통학생, 자취생 모두 '학생증'을 등록하여 신분을 확인한 후 애플리케이션을 사용할 수 있다.

2) 방 등록(사용자: 방을 임대할 학생)

자취생은 신분 확인 후 자신의 방에 대한 정보를 애플리케이션에 올린다. 이후 자신의 방 위치와 현재 다니는 대학교를 입력한다. 그리고 언제 방을 비우는지, 얼마 정도의 금액을 원하는지, 그동안 침구류를 쓸 수 있는지 등등 방에 대한 세부적인 정보를 입력한다.

3) 방 검색(사용자: 방을 구하는 학생)

방을 구하는 학생은 신분 확인 후 자신이 원하는 조건의 방을 검색할 수 있다. 자신이 다니는 대학가를 중심으로, 얼마 동안 방을 사용할지, 방의 물건을 사용할 수 있는지 등등의 조건에 맞게 방을 찾는다. 방을 등록한 사람에 대한 평가나 방에 대한 평가 등 이용 후기를 중심으로 방을 볼 수 있으며, 원하는 옵션에 맞게 검색 조건을 설정할 수 있다.

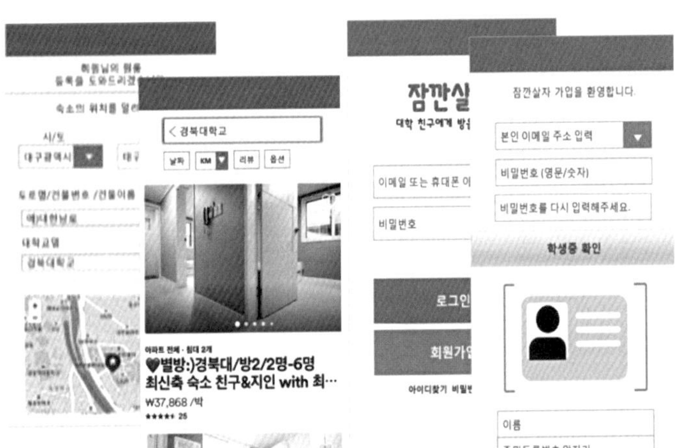

학습활동 09 제안서에 제시한 구체적인 해결 방안이나 실행 과정 혹은 개발하고자 하는 제품이나 서비스의 특징을 서술해 보자.

(4) 예산

예산은 제안 내용이 실현 가능한지를 따지기 위해 중요한 부분이다. 필요한 예산을 항목별로 제시하여 표시하도록 하고, 발생하는 수익에 대한 예산을 미리 책정해야 한다. 이때, 이익을 남기기 위한 제안서라면 손익 분기점이 꼭 필요하지만, 그렇지 않으면 차후 이익금을 어떻게 활용할 것인지에 대해 서술하는 것이 좋다.

> **4. 예산**
>
> 4.1. 재원 확보 계획
>
> 1) 대학회계 중 교육복지지원 사업 활용
>
> 대학회계에는 학생의 교육복지를 위해 사용되는 '교육복지지원' 사업에 관한

예산이 편성되어 있다. 2019년 기준으로 교육복지지원 사업에 책정된 예산은 77억 원이 넘는데, 이 중 장학금을 제외한 '학생활동 및 후생복지' 사업에 쓰는 경비 중 일부를 초기 비용으로 활용하고자 한다.

2) 학교 구성원의 기부금 모금

초기 비용을 확보하기 위해 졸업생과 재학생뿐만 아니라 다양한 학교 구성원이 기부를 하도록 할 계획이다. 이 제안이 이익을 남기기 위한 사업이 아니기에, 그 의의를 설명한다면 학교 구성원들의 호응이 있으리라 생각된다. 초기 비용이 많이 들지 않는 만큼 소액 기부를 통해 사업이 실현될 수 있도록 할 계획이다.

4.2. 비용

1) 초기 비용: 앱 개발 및 등록 비용

안드로이드와 IOS 앱을 같이 개발하는 경우 비용이 많이 들기 때문에 비용이 적게 드는 안드로이드 앱을 우선 개발하고자 한다. 여기에 플레이 스토어에 앱을 등록하는 비용이 추가된다.

○ 앱 개발: 약 7,500,000원

○ 앱 등록: 28,000원

○ 합계: 7,528,000원

2) 유지 비용: 앱 유지 및 관리 비용

네트워크 서버, 데이터베이스 구축 및 유지에 비용이 들고 애플리케이션 유지에도 비용이 든다. 이러한 애플리케이션의 경우 한번 만들어 놓으면 추가 사항이 발생하지 않는 한 수정 비용이 크게 들지 않는다. 그러나 관리를 위한 직원 혹은 아르바이트생을 두고자 한다. 직원 혹은 아르바이트생은 1일 8시간 일한다고 가정하였다. 또한, 예기치 못한 사고에 대비하여 이용자들을 위해 사용할 보험료를 별도로 마련하고자 한다. 이 보험료는 중개수수료의 20%로 가정하였으며, 중개는 현재 이어살기 서비스의 등록 건수 등을 고려하여 평균 하루 1건이 발생한다고 가정하였다.

○ 데이터 저장 및 서버 유지 비용: 무료(학교 서버 이용)

○ 업데이트 및 버그 수정 비용: 6개월간 180,000원

○ 인건비: 월 1,728,000원(1명×8시간×약 9,000원×약 24일)

○ 보험료: 일 1,200원(1일×1건×3,000원×2(양쪽 이용자)×20%)

○ 합계: 월 1,794,000원

4.3. 이익

중개수수료는 월세의 1%로 책정하고 앞서와 같이 하루 한 건의 중개가 이루어진다고 가정하였다. 또 매물 등록의 경우 매물이 상단에 위치할 수 있도록 하는 프리미엄 등록이라는 시스템을 둔다. 프리미엄 등록 시스템은 하루 동안 지속되며, 하루에 등록할 수 있는 프리미엄 매물을 다섯 것으로 제한한다. 광고비는 플레이 스토어 애드몹 광고비와 배너 광고비, 외부 스폰서 광고비로 가정하였다.

○ 중개수수료: 일 6,000원(3,000원×2(양쪽 이용자))

○ 프리미엄 등록비: 일 10,000원(1일×5건×2,000원)

○ 광고비: 월 1,600,000원(200,000원+600,000원+800,000원)

○ 월 이익: 2,080,000원

○ 월 순이익: 286,000원(이익 2,080,000원–비용 1,794,000원)

계획에 따르면 초기 비용이 회수되는 시점은 26개월 정도로 예상되며, 차후 매월 28만 원가량의 이익금이 발생한다. 이익금은 단계적으로 활용하여 수익성을 높이는 한편, 최종적으로는 학생의 주거 문제를 해결하는 데 활용하고자 한다. 우선 어느 정도 자금이 확보되면 IOS용 애플리케이션을 개발하고 출시할 계획이다. 처음에 재원을 충분히 확보한다면, 빠른 시일 내에 개발이 가능할 것이다. 이렇게 서비스가 확충된다면 자연히 이익금도 더 많이 발생하리라 예상된다. 향후 이익금을 활용하여 학생의 주거 문제를 해결하기 위한 지원금을 조성하고자 한다. 형편이 어려운 학생의 주거 임대 비용을 지원하여 이익금을 학생에게 돌려주는 선순환 구조를 만들 계획이다.

학습활동 10 제안 내용에 예산이 필요한 항목을 확인하고 구체적인 예산을 어떻게 반영할 것인지 상의해 보자.

(5) 기대 효과

다양한 면에서 기대 효과가 나타날 때 제안 내용이 채택될 가능성이 크다. 구체적이고 현실적인 기대 효과를 제시하여 설득력을 높일 필요가 있다.

> 5. 기대 효과
>
> 5.1. 사용자들의 신뢰성과 안전성 확보
>
> 학생증을 통해 신분 확인 후 같은 대학교 학생끼리 거래를 할 수 있고, 만일을 대비하여 사용자의 신분 정보를 통해 법적 절차를 밟을 수 있도록 명문화할 계획이다. 또한, 방 등록 건수에 제한을 두어 허위 매물에 대한 대안을 마련하였다.
>
> 5.2. 이어살기를 원하는 사용자들의 편한 거래
>
> 기존의 방식은 방을 구하는 사람을 찾는 데 어려움이 많았다. 많은 학생이

관심을 가지지만 다양한 원인으로 쉽게 접근할 수 없었기 때문이다. 하지만 '잠깐 살자 애플리케이션'은 방을 쉽게 등록할 수 있고, 등록된 방들을 한 번에 볼 수 있다. 따라서 이 애플리케이션을 이용할 경우 방을 임대하려는 학생과 방을 구하려는 학생이 서로 쉽게 접근할 수 있다.

5.3. 학교 이미지 제고와 복지 향상

학생 주거에 관한 문제는 사회적인 문제이면서 학교가 나서야 할 문제이다. 그러나 실상 이에 대해 고민하는 학교는 적다. '잠깐 살자 애플리케이션' 서비스를 통해 경북대학교가 나선다면, 학생을 우선으로 생각하는 학교라는 이미지를 제고할 수 있다. 또한, 이러한 서비스가 학교의 이익이 아닌 학생을 위한 것이기에, 학생의 복지 향상에도 큰 도움이 될 것으로 보인다.

학습활동 11 **제안 내용을 통해 향후 어떠한 변화가 있을지 구체적으로 생각하고 항목별로 정리해 보자.**

(6) 결론

결론에서는 제안 내용을 요약하고 강조하고 싶은 부분을 다시 한번 서술하도록 한다. 또한, 제안 내용과 어울리는 인용을 통해 깊은 인상을 남기는 것도 좋다.

6. 결론

최근 많은 학생이 이어살기로 방을 구하지만, 실제로 성사되는 경우는 많지 않다. 상대를 신뢰하기 어렵거나, 도난이나 기물 파손 혹은 몰래카메라와 같은 문제를 걱정하기 때문이다. '잠깐 살자 애플리케이션'은 이러한 고민을 해결해 주기 위해 기획되었다. 학생증을 이용한 신분 확인, 매물 건수 등록 제한으로 안전성이 보장된 서비스를 학생에게 제공하고자 한다. 또한, 여기저기 올라오는 이어살기에 관한 글을 일일이 찾아볼 필요 없이, 다양한 형태의 방을 한 번에 확인할 수 있게 했다. 서로 신뢰할 수 있고 쉽게 접근할 수 있는 시스템을 마련하여 이어살기를 하고자 하는 학생의 다양한 요구를 충족시키고자 한다.

대학생의 주거 문제는 개인의 문제로 남겨 둘 수 없다. 국가와 학교가 나서지 않는다면 쉽게 해결될 수 없는 큰 문제이다. 그러나 여러 가지 현실적인 문제로 인해 당장 근본적인 해결은 어렵다. 근본적으로 해결할 수 없다면 우선 학생이 원하는 서비스를 제공하여 주거 문제를 조금이나마 해결해 주어야 한다. 스티브 잡스는 "창의력은 연결하는 능력이다"라고 말했다. '잠깐 살자 애플리케이션'은 이어살기를 하고자 하는 학생을 이어 주고, 학생의 문제를 학교와 이어 준다. 학생의 주거 문제가 일시적이고 개인적인 문제가 아니기에 다양한 관계 속에서 같이 고민할 필요가 있다. 이에 이어살기를 위한 '잠깐 살자 애플리케이션'을 제안한다.

4) 참고 자료

제안서에는 참고한 자료의 출처를 반드시 밝혀야 한다. 이를 통해 표절에 대한 위험을 방지하고 제안서 내용의 객관성을 확보할 수 있다. 또한, 자신들이 실시한 설문 조사 양식을 첨부하여 설문 조사의 정확성과 객관성을 보여 줄 수 있다.

〈참고 자료〉

「14. 기숙사」, 『대교연 통계』 통권 76호, 대학교육연구소, 2018. 7.

박주원, 「돈 못 주겠다면 배움의 기회라도 달라」, 『중앙일보』, 2015. 5. 23.

배병우·남진, 「서울시 거주 대학생의 주거비 부담능력 분석」, 『서울도시연구』 제14권 제1호, 서울연구원, 2013. 3.

이선애, 「서러운 청춘 "최저임금 때문에 알바 잃고, 용돈 부족해 컵라면 끼니"」, 『아시아경제』, 2018. 11. 14.

경북대 이어살기, http://leaseknu.com/

비즈클래스, http://www.bizclass.co.kr/community/view/bid/best_article/id/509

<잠깐 살자 애플리케이션> 설문 조사

1. 이어살기를 시도한 적이 있습니까?

① 예　② 아니요

※ 1번 문항의 답이 '예'이면 2번 문항으로, '아니요'이면 3번 문항으로 가십시오.

2. 기존 이어살기 서비스에 만족하십니까?

① 매우 만족　② 만족　③ 보통　④ 불만족　⑤ 매우 불만족　⑥ 모르겠음

3. 새로운 이어살기 앱을 사용할 의향이 있습니까?

① 예　② 아니요　③ 모르겠음

학습활동 12 제안서를 작성하면서 참고한 자료를 종류별로 정리해 보자.

2.2. 제안서 발표하기

제안서를 작성했다고 해도 모든 내용을 발표할 수는 없다. 제안서는 세부 내용을 모두 포함하고 있지만 한정된 시간 내에 모든 내용을 발표하기는 어렵다. 따라서 한정된 시간을 활용해 자신이 준비한 제안 내용을 간결하고 정확하게 전달하는 방법이 필요하다. 짧은 시간에 자신이 준비한 내용을 정확하게 전달하기 위해서는 기존의 제안서 내용을 요약하고 다시 구성하는 과정이 필요하다.

제안 내용을 다시 정리했다면 이를 발표하는 과정도 중요하다. 발표를 위해서는 우선 요약한 제안 내용을 바탕으로 발표 자료를 만들어야 하며, 발표 자료를 만들 때는 자료를 시각화해야 한다. 자료의 시각화는 발표를 들을 청중에게 제안 내용을 쉽고 정확하게 전달할 수 있는 손쉬운 방법이다. 또한, 발표 자료를 만드는 과정 외에도 발표 시에 고려해야 할 다양한 요소들이 있다. 여기서는 제안 내용을 발표하는 데 필요한 과정을 크게 세 가지 정도로 나누어 알아

보고자 한다.

1) 한 장 제안서

최근 많은 직장에서는 길어지는 회의 시간을 줄이기 위해 애쓰고 있다. 또한, 발표 자료를 만들기 위해 많은 시간을 투자할 경우 오히려 업무 효율성을 떨어뜨린다고 판단하기도 한다. 이에 자신의 아이디어를 간략하게 정리하여 짧은 보고서로 작성하고 회의에 활용하는 경우가 많아지고 있다.

'한 장 제안서'의 핵심은 자신의 아이디어를 가능한 한 정확하고 간략하게 정리하는 데 있다. 따라서 제안 내용의 주제어를 찾아서 핵심 내용을 짧게 서술하는 과정이 중요하다. '한 장 제안서' 또한 소속된 단체나 기관에 따라 양식이 다양하다. 우선 필요한 항목을 확인할 필요가 있다.

제안 제목:	제안자:
1. 제안 배경	– – –
2. 제안 내용	– – –
3. 예산	– – –
4. 기대 효과	– – –
5. 첨부 및 기타	– – –

(1) 핵심어 찾기

필요한 항목을 확인했다면, 양식에 맞게 내용을 작성해야 한다. 내용을 작성하기 위해서는 중요한 핵심어를 찾아서 나열하는 방식이 가장 편리하다. 핵심어를 찾는 과정을 통해 중요한 내용을 쉽게 파악할 수 있기 때문이다. 이를 위해 제안서의 항목에 맞게 핵심어를 찾아 나열한다. 이때, 제안서에서 작성한 서론과 결론은 제외한다.

(2) 요약하기

제안서 항목에 따라 핵심어를 나열했다면, 이를 활용하여 다시 요약하는 과정이 필요하다. 제안서의 내용을 모두 제시할 수 없기 때문에 핵심어를 중심으로 정리하면 좋다. 요약하기는 나열한 핵심어를 단순히 재배치하는 과정이 아니다. 핵심어를 활용하여 문장을 만들고 이를 다듬어 내용을 정리하는 과정이다. 따라서 제안서의 항목별로 중요한 내용을 기준으로 다시 확인하고 요약하는 절차가 필요하다.

학습활동 13 작성한 제안서를 바탕으로 항목별로 핵심어를 찾고 필요한 내용을 정리해 보자.

(3) 구성하기

한 장 제안서의 내용은 제안서를 바탕으로 항목별로 요약한 내용을 중심으로 다시 서술하면서 구성한다. 기관이나 단체가 원하는 보고서의 양식이 있다면, 정리한 내용과 어울리는 양식의 항목에 내용을 정리하여 기술한다. 이때, 쉽고 명확하게 문장을 기술하도록 하며, 필요한 경우에는 세부 사항이 담긴 제안서를 첨부하는 것도 좋다.

잠깐 살자 애플리케이션	제안자: 4조 강○○, 윤○○, 윤○○, 이○○, 전○○
1. 제안 배경	– 대학생의 주거 문제 낮은 기숙사 수용률, 이어살기에 대한 지속적인 수요 – 이어살기의 어려움 신분 확인의 어려움, 관련 정보의 부정확성, 사건·사고 발생과 대처의 어려움 – 새로운 서비스의 필요 기존 서비스에 대한 불만, 새로운 서비스에 대한 기대
2. 제안 내용	– 학생증을 이용한 신분 학인 – 같은 대학교 학생만 이용 – 기타 비용 없는 저렴한 사용료 – 자유로운 임대 기간 설정
3. 예산	– 앱 개발 및 등록 비용: 약 7,528,000원 – 유지 보수 비용: 월 1,794,000원 – 월 순이익: 286,000원
4. 기대 효과	– 안전성 확보: 신분 확인, 방 등록 건수 제한 – 편리성 확보: 방 등록, 방 검색 – 학교 이미지 제고, 학생 복지
5. 첨부 및 기타	– 세부 예산 내역 – 설문 조사 양식 – 애플리케이션 디자인 파일

학습활동 14

작성한 제안서를 바탕으로 앞의 예와 같이 한 장 제안서를 작성해 보자.

2) 시청각 자료

흔히 프레젠테이션(Presentation)이라고 불리는 시청각을 활용한 설명은 청중을 대상으로 자신의 제안이나 계획을 발표하는 것을 의미한다. 이를 위한 글쓰기를 프레젠테이션 글쓰기라고 하는데, 자신의 제안이나 주장 혹은 설명 등을 시청각 자료를 통해 효과적으로 전달하는 데 그 목적이 있다. 효과적인 발표를 위해서는 시청각 자료를 만들고 그에 따라 발표를 진행하는 것이 좋다.

(1) 자료 시각화하기

자료의 시각화는 제안 내용을 쉽고 정확하게 전달하는 데 있어 가장 중요한 부분이다. 현 상황의 문제점을 파악하고 이를 해결하는 방안으로 여러 가지 형태의 제안을 제시할 때, 근거가 꼭 필요하다. 이러한 근거를 명확하게 제시하기 위해서는 조사한 자료를 분석하고 의미를 찾아내는 과정이 있어야 한다. 또한, 그 결과를 표, 도표, 사진, 도형 등으로 제시할 때 청중의 이해도를 높일 수 있다.

가. 핵심어

핵심어는 발표 자료에서 그 내용을 한 번에 알아볼 수 있도록 제시하는 중요 단어이다. 가장 중요한 단어를 배치하여 시각적으로 눈에 띌 수 있게 단순화한다. 이를 통해 청자가 시청각 자료에서 제시하는 내용을 쉽게 파악할 수 있도록 한다.

나. 표

표는 어떤 내용을 일정한 형식과 순서와 같은 기준에 따라 보기 쉽게 나타낸 것이다. 표를 활용하면 행과 열에 따라 기준을 정하고 그 기준에 맞게 자료들이 어떻게 배치되어 있는지를 쉽고 명확하게 제시할 수 있다.

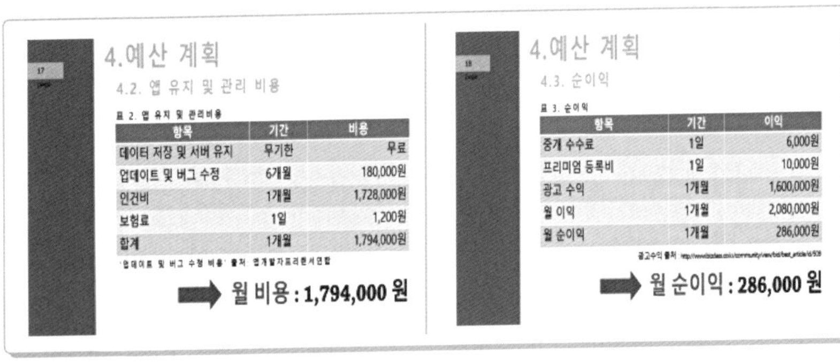

다. 도표

도표는 표로 나타낼 수 있는 내용을 그림으로 전달하여 더 쉽게 이해할 수 있도록 하는 표를 말한다. 표보다 가독성이 높기 때문에 시청각 자료에서 도표를 많이 이용한다. 주로 활용되는 도표로는 막대그래프, 꺾은선그래프, 원그래프, 레이더 차트 등이 있다. 설문 조사 결과를 도표로 제시할 때는 '조사 대상, 조사 일시, 조사 방법, 조사자' 등을 반드시 표시해야 하며, 조사 결과의 의미를 보여 줄 수 있는 제목을 다는 것이 좋다.

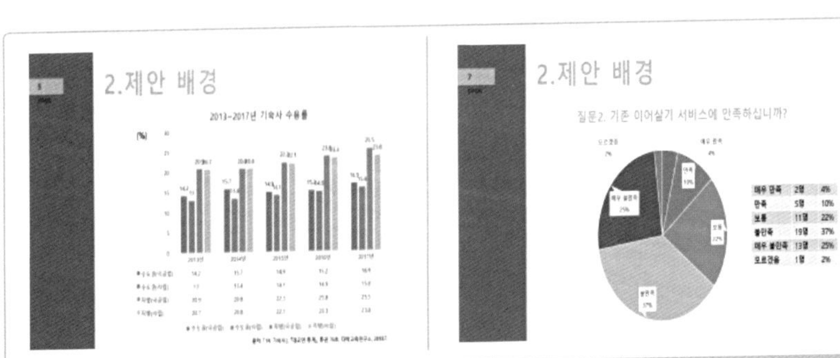

라. 그림 및 사진

그림이나 사진은 전달하고자 하는 정보를 쉽게 전달할 수 있는 수단이다. 활자 위주로 자료가 만들어지면 청자는 쉽게 지치고 이해하기 어려워한다. 말로 하거나 글로 설명했을 때 길어질 수 있는 내용이 한 장의 그림이나 사진을 통해 쉽게 이해 가능한 경우도 많다. 아래에 제시한 두 장표(슬라이드)를 비교하면 이를 알 수 있다. 오른쪽에 제시한 장표와 같이 그림이나 사진을 적절하게 활용하여 내용을 쉽게 전달한다면 청중의 관심을 유지하기에 더 효과적이다. 또한, 그림이나 사진을 활용했다면 그림이나 사진 밑에 반드시 출처를 밝혀야 한다.

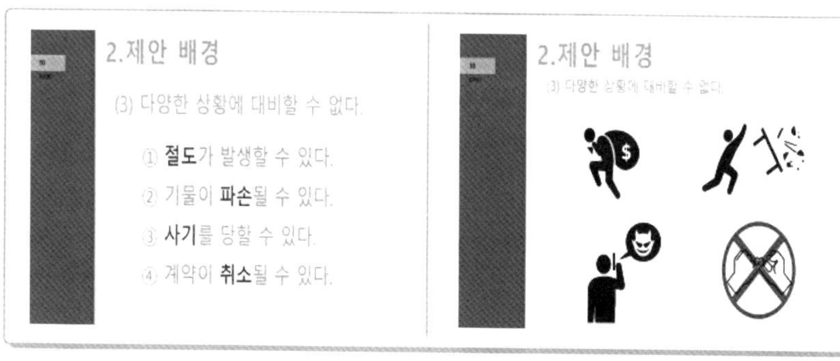

학습활동 15 작성한 제안서에서 시각화가 필요한 자료를 선택하고, 이를 시각화해 보자.

적·바·김!

적·바·림 !

적·바·림 !

참고 자료

제1장

[문헌 자료]

김경훤·김미란·김성수, 『창의적 사고 소통의 글쓰기』(3판), 성균관대학교출판부, 2016, 14쪽.

김애리, 『글쓰기가 필요하지 않은 인생은 없다』, 카시오페아, 2017, 53쪽.

박지원 지음, 염철 옮김, 「일야구도하기(一夜九渡河記)」, 『열하일기(熱河日記)』.

한미화, 「글쓰기는 살아남고 이겨내고 행복해지는 일이다」, 『글쓰기의 힘』, 한국출판마케팅연구소, 2005, 21쪽.

존 그레이 지음, 김경숙 옮김, 『화성에서 온 남자 금성에서 온 여자』(개정2판), 동녘라이프, 2012, 31~32쪽.

베르너 하이젠베르크 지음, 김용준 옮김, 『부분과 전체』(개정신판), 지식산업사, 2012, 214~215쪽.

[시각 자료]

김용민의 그림마당, 『경향신문』, 2014. 5. 16.

행정안전부, 2018년 말 기준 연령별 인구 및 최대인구 연령, 「2019 행정안전 통계연보」.

제2장

[문헌 자료]

구본권, 『로봇 시대, 인간의 일』, 어크로스, 2015.

웬델 월러치·콜린 알렌 지음, 노태복 옮김, 『왜 로봇의 도덕인가』, 메디치미디어, 2014.

유신, 『인공 지능은 뇌를 닮아 가는가』, 컬처룩, 2014.

제리 카플란 지음, 신동숙 옮김, 『인간은 필요없다–인공지능 시대의 부와 노동의 미래』, 한스미디어, 2016.

이동진, 「〈아바타〉, 블록버스터 영화의 새 이정표」, 인터넷 사이트 '이동진 기자의 영화 풍경' 2009. 12. 12., 2014. 12. 16. 검색

[시각 자료]

제임스 티소, 〈우리 구세주가 십자가에서 내려다 본 것은〉

[영상 자료]

홍옥희, 〈제임스 티소〉, 그림 읽어주는 여자, 유튜브 채널 〈KTV 스콘〉, https://www.youtube.com/watch?v=O9CaOlYlWrg&list=PLjJkBVTdisTtKofIVa0ZmpD_OgxS0MNw0&index=179

제3장

제2절

이양하, 「나무」, 『이양하 수필 전집』, 현대문학, 2009, 173~174쪽.

장정일, 「삼중당 문고」, 『길안에서의 택시잡기』, 민음사, 1997, 11~12쪽.

제4장

제1절

[문헌 자료]

대니얼 카너먼 지음, 이진원 옮김, 『생각에 관한 생각』, 김영사, 2018, 374~376쪽.

제프 마노 지음, 김주양 옮김, 『도둑의 도시 가이드』, 열림원, 2018, 280~282쪽.

칼 세이건 지음, 이상헌 옮김, 『악령이 출몰하는 세상』, 김영사, 2001, 80~81쪽.

사설 「보다 건강한 커뮤니티 문화를 만들자」, 『경북대신문』, 2019. 3. 25.

사설 「'대팍'의 도시재생 사례, 대구전역으로 넓혀야」, 『영남일보』, 2019. 6. 19.

[인터넷 자료]

차별금지법제정연대, 「'노키즈존은 아동 차별'이라는 인권위 결정을 환영하며」, 참여연대 홈페이지, https://www.peoplepower21.org/Solidarity/1538150, 2017. 11. 24.

「실업자수 사상 최대? 인구증가로 큰 의미 없어!–"고용동향은 인구·연령층 등 인구구조 변화 고려해야"(기획재정부 정책브리핑)」, 대한민국정책브리핑 홈페이지, http://www.korea.kr/news/truthView.do?newsId=148862909&call_from=rsslink, 2019. 6. 14.

「비만, 당뇨 등 예방을 위한 정책 방안, 설탕세(Sugar Tax)의 해외 과세 동향과 우리나라에의 시사점은?(보도자료)」, 대한민국국회 홈페이지, https://www.assembly.go.kr/assm/notification/news/news06/bodo/bodoView.do?bbs_num=48337&bbs_id=ANCPUBINFO_05&CateGbn=5&Gbntitle=N, 2020. 2. 18.

문재인, 「베를린선언(쾨르버재단 초청 연설)」, 대한민국청와대 문재인 대통령 연설문집, https://www1.president.go.kr/c/president-speeches, 2017. 7. 6.

사과집, 「지구가 평평하다고 믿는 사람들이 있다」, ㅍㅍㅅㅅ, https://ppss.kr/archives/198438, 2019. 5. 3.

[영상 자료]

banksyfilm, "Shredding the Girl and Balloon–The Director's half cut", https://youtu.be/vxkwRNIZgdY, 2018. 10. 17.

제2절

[문헌 자료]

김범석, 「황폐해진 삶의 터전에 '마음의 부흥' 위한 책방 열고 싶었죠」, 『동아일보』, 2018. 8. 18.

신선미, 「117년간 599명 수상·평균연령 57세…노벨과학상 '이모저모'」, 『연합신문』, 2018. 9. 28.

이진숙, 「우아한 삶을 위한 실용적 도구」, 『매일신문』, 2020. 12. 7.

임재양, 「개미, 그리고 소중한 노동」, 『매일신문』, 2020. 11. 13.

다니엘 린데만, 「악이 평범해지지 않도록 함께 노력해야 하는 이유」, 『중앙일보』, 2017. 3. 9.

홍준헌, 「서평」, 『매일신문』, 2019. 10. 19.

[인터넷 자료]

김환표, 「젠트리피케이션」, 『트렌드지식사전』5, https://100.daum.net/encyclopedia/view/54XX34300159, 2021. 08. 11.

이새윤, 「후쿠시마 원전 사고」, 『다음 백과』, https://100.daum.net/encyclopedia/view/47XXXXXXX117, 2021. 08. 11.

제5장

제1절

윤영돈, 『한 번에 OK 사인 받는 기획서 제안서 쓰기』, 랜덤하우스, 2008.

패트릭 포사이스 지음, 이진원 옮김, 『읽고 싶은 보고서·제안서』, 비즈니스맵, 2007.

글쓰기교재편찬위원회, 『과학기술 글쓰기』(개정판), 경북대학교출판부, 2016.

제2절

글쓰기교재편찬위원회, 『과학기술 글쓰기』(개정판), 경북대학교출판부, 2016, 247~296쪽.

김경태, 『스티브 잡스의 프레젠테이션』, 멘토르출판사, 2006, 182~234쪽.

임지룡·송창선·이문규·송지혜·정수진·홍미주·송현주 공저, 『삶을 위한 화법』, 정림사, 2013, 99~105쪽.